本书由教育部人文社科基金项目资助出版

基金题目：丝路经济带视野下清晋商西北与中亚贸易研究

项目批准号：15YJC790023

旅蒙山西商人与内蒙古城市经济近代化

（1860~1937）

——以归绥、包头为中心的考察

郭娟娟◎著

Shanxi Merchants in Mongolia and Economic Modernization
of Inner Mongolia City (1860–1937): An Investigation that
Took Guisui and Baotou City as the Center

经济管理出版社

ECONOMY & MANAGEMENT PUBLISHING HOUSE

图书在版编目（CIP）数据

旅蒙山西商人与内蒙古城市经济近代化（1860～1937）/郭娟娟著．—北京：经济管理出版社，2016.7
ISBN 978 - 7 - 5096 - 4461 - 4

Ⅰ.①旅…　Ⅱ.①郭…　Ⅲ.①晋商—关系—城市经济—研究—内蒙古—近代　Ⅳ.①F729

中国版本图书馆 CIP 数据核字（2016）第 135205 号

组稿编辑：宋　娜
责任编辑：杨国强　张瑞军
责任印制：黄章平
责任校对：赵天宇

出版发行：经济管理出版社
　　　　　（北京市海淀区北蜂窝 8 号中雅大厦 A 座 11 层　100038）
网　　　址：www. E - mp. com. cn
电　　　话：（010）51915602
印　　　刷：三河市文阁印刷有限公司
经　　　销：新华书店
开　　　本：720mm×1000mm/16
印　　　张：13.75
字　　　数：277 千字
版　　　次：2016 年 10 月第 1 版　　2016 年 10 月第 1 次印刷
书　　　号：ISBN 978 - 7 - 5096 - 4461 - 4
定　　　价：88.00 元

晋商与丝路经济丛书（总序）

　　丝绸之路形成于西汉时期，自古以来是横贯欧亚、连接东西交通的著名商贸通道。海上丝绸之路最早开辟于秦汉时期，是古代中国与世界其他地区进行经济文化交流交往的海上通道。19世纪，德国地理学家李希霍芬在他的著作《中国》中首次提出"丝绸之路"的概念，并沿用至今。近代以来，随着学术研究深入和考古发掘进步，丝绸之路的含义、范围被不断拓展。丝绸之路上的贸易物品不仅仅有丝绸，还有陶瓷等手工业品、茶叶、香料、金银珠宝、书籍乐器等。丝绸之路作为一条连接中西贸易的通道，不同时代亦有不同时代的"丝绸之路"，其意义已不仅仅限于以丝绸贸易为主的交通路线道路，而是一条连接中西贸易文化交流的历史通道。

　　2013年9月和10月，习近平主席在中亚和东南亚国家期间，分别提出建设"新丝绸之路经济带"和"21世纪海上丝绸之路"的战略构想，简称"丝路经济"。"新丝绸之路经济带"以中亚五国（哈萨克斯坦、吉尔吉斯斯坦、塔吉克斯坦、乌兹别克斯坦和土库曼斯坦）为主要对象，涉及中亚、西亚、南亚、欧亚，是一个多文明多民族交汇地带。"21世纪海上丝绸之路"则连通起东盟、南亚、西亚、北非、欧洲等各大经济板块的市场链，发展面向南海、太平洋和印度洋的战略合作经济带，以亚欧非经济贸易一体化为发展的长期目标。丝路经济带作为一项系统建设工程，涵盖国内省份较多，主要包括西北的新疆、陕西、甘肃、宁夏、青海5个省份和西南的重庆、四川、云南、广西4个省份，并逐步涉及东三省和内蒙古地区、浙江、福建、广东等地区。而要让沿线国家和地区有更多的沟通及包容认同，当以文化先行。

　　古丝绸之路自开通以来，始终是东西方人民经济贸易往来的重要通道，直至明清依然如此。晋人自古善经商，明清晋商作为当时举足轻重的一大商帮，其贸易范围北通俄罗斯，西通中亚直至欧洲，足迹遍布丝路经济带所涉及的各个省份及境外地区。据史料及相关考古资料显示，山西为北魏时期丝绸之路重心和承东启西陆路枢纽。清代晋商更在原有丝绸之路基础上，将贸易商品运至原有"草原丝路"沿途各个地区，开拓了"万里茶路"，延续并拓展了汉代和唐宋以来丝路贸易传统。晋商驰骋欧亚，在中国经济史上对丝路经济带所涉及地区的发展具有不可忽视的影响。

在国家"一带一路"大战略背景下，山西省应主动积极融入丝绸之路经济带建设，加快与周边省份经济、文化产业等各方面经济交流合作，促进基础设施建设互通互联合作及人才、信息、资源的高效配置，优化产业结构，为本省及全国经济发展带来更多机遇。

山西财经大学晋商研究院是学校独立设置的与院系平行的研究机构，是山西省重点学科（金融学和理论经济学）的核心学术机构，是山西省教育厅依托学校建设的山西省人文社会科学重点研究基地。在孔祥毅、黄鉴晖、葛贤慧等老一代晋商研究专家的努力和带领下，院晋商研究一直处于国内领先水平。经过多番酝酿，2016 年研究院从国家及地方经济发展需要出发，特推出"晋商与丝路经济丛书"。本丛书从晋商在历史上丝路经济带上的活动情况入手，兼具经济学、历史学、社会学、管理学、民俗学等多种研究方法，借古鉴今，一方面，可以通过全面了解晋商在丝路活动的概况，探讨历代国家政府经济外交政策得失；另一方面，可为今天山西如何融入国家"一带一路"战略大背景提供全新的视角。

山西财经大学晋商研究院

2016 年 5 月

序

　　山西商人为清代旅蒙商主力，也是活跃在内蒙古地区的一支主要商帮，对当地经济、文化影响深远。"旅蒙商"和"旅蒙山西商人"是两个概念，旅蒙商指清代在蒙古地区从事商贸活动的商人、商号和商帮的总称，包括山西、京津冀、陕甘宁、山东等地商人；旅蒙山西商人则指籍贯为山西各地往返于中原与蒙古、新疆地区从事边贸活动的商人群体。内蒙古城镇多为商人聚集之地，也是内蒙古地区最先开始近代化进程的地方，而山西商人聚集的归绥、包头是内蒙古地区近代化程度最高的城市。鉴于商人的性质，尽管清代旅蒙商在贸易过程中存在高利盘剥现象，但不可否认的事实是，当地城市经济近代化无一不渗透着山西商人的身影。

　　目前学界对旅蒙山西商人的研究，无论是晋商研究学者还是旅蒙商研究学者，较少将他们从晋商和旅蒙商群体中分离出来专门论述。晋商研究学者大多将清代蒙古地区山西商人的贸易活动纳入晋商经营区域进行概述，对近代山西商人的研究也以山西为立足点。旅蒙商研究学者又将研究的时间段截止到清末民初，对其后续发展关注不够。另外，研究内蒙古城市史的学者鉴于商人聚集对城市的影响，会提及旅蒙商或山西商人聚集对城市兴起的作用，但较少将二者作为整体进行研究。

　　鉴于此，本书将旅蒙山西商人与内蒙古城市经济近代化视为统一研究对象，从商人与城市经济近代化的视角切入，围绕旅蒙山西商人在内蒙古城市经济近代化背景下的发展态势这一核心问题，从历史学、经济学和社会学的角度进行多方面分析，对旅蒙商中山西商人所占比例、经营特点和内容、呈现如此经营特点的原因、内蒙古城市经济近代化过程中主营商业、工业和在商人组织中的发展态势、商人个人经历和命运轨迹等进行了探讨。

　　本书研究主要从以下几方面展开：山西独特的自然地理环境，孕育了清代旅蒙山西商人这一商人群体，而清代鼓励经商的政策保证了旅蒙山西商人商业二百余年的持续发展；对清代旅蒙山西商人两大商帮群体规模、结构、经营内容及其在内蒙古各地区的分布进行统计和阐述，进一步揭示了旅蒙山西商人和内蒙古城市发展的关系；旅蒙山西商人虽在清末民初遭受重创，但仍是各城市参与工业近代化的主体力量。随着平绥铁路开通，京津商人成为内蒙古城市商业新秀，旅蒙山西商人在开办近代工业中遭遇缺乏社会资金支持、经营方式陈旧、改革创新意识渐失等经营困境；在内蒙古城市金融近代化过程中，以旅蒙山西商人为主体的宝丰社调控金融市场的权利过渡到官办金融机构绥远平市官钱局手中，钱庄日渐倒闭的原因并非全部来自近代银行的竞争，与地方政局安定关系密切；旅蒙山西商人在清代传统商业行社中占有领导地位，民初传统行会改组为近代商会，他们又成为商会中的领袖人物，为内蒙古城市商人组织近代化做出了应有的贡献；旅蒙山西商人及家族的兴衰历史可谓特定年代内蒙古城市经济发展轨迹的缩影，以掌柜身份参与商业实践的旅蒙山西商人，转型投资近代工业的尝试失败，作为投资者的财东家族后人又大多远离了商业活动，这决定了旅蒙山西商人群体发展呈现整体下滑趋势。

总而言之，通过对上述问题进行考察和剖析，本书内容展示了近代内蒙古城市经济发展进程，旅蒙山西商人在适应时代和环境变革中的种种努力和难以避免的商业命运，也从微观角度揭示了商人群体及商业社会如何一步步走向中国近代社会。

前　言

　　山西商人为清代旅蒙商主力，也是活跃在内蒙古地区的一支主要商帮，对当地经济、文化风俗影响深远。然"旅蒙商"① 和"旅蒙山西商人"为两个概念，旅蒙商指清代在蒙古地区从事商贸活动的商人、商号和商帮的总称，包括晋、京津冀、陕甘宁、鲁等地商人，旅蒙山西商人则指籍贯为山西各地往返于中原与蒙古、新疆、俄罗斯等地从事边贸活动的商人群体。故对旅蒙山西商人的论述普遍见于晋商和旅蒙商研究的相关著述中，另外通史、移民史、内蒙古社会变迁和城市史类研究成果也会对此稍作评述。

　　20 世纪八九十年代以来，随着商帮研究热潮的掀起，晋商和旅蒙商逐渐成为学界研究的热点问题。迄今为止，研究晋商和旅蒙商的著述颇丰，尤以晋商研究为最，部分成果还取得了显著的社会经济效益。研究晋商的学者将旅蒙山西商人贸易活动纳入晋商经营区域之一进行概述；由于晋商在清代旅蒙商中占较大比重，研究旅蒙商的学者又将旅蒙山西商人纳入旅蒙商的范畴，不单独论述。

　　综观旅蒙山西商人研究，笔者认为目前有三个方面问题还需深入探讨：

　　其一，无论是研究晋商的学者还是研究旅蒙商的学者都认同山西商人为旅蒙商主力，因缺乏史料支撑，无法将山西商人活动从旅蒙商所包含的其他商人群体如京津冀、陕甘宁及山东商人群体中剥离出来，故以"旅蒙商"一概而论。这种统而论之的研究忽视了一个基本史实，即"旅蒙商"虽包括了在蒙经商的所有外省商人，然不同籍贯商人的经商理念、模式、规模、经营商品种类等呈现出明显的地域特征，即便同为山西商人，以祁、太、平为代表的晋中地区和以忻、代两地为代表的晋北地区商人也有很大不同，这不利于研究进一步精确和深入。

---

　　① 旅蒙商泛指清代到蒙古做生意的商人群体总称，学界认同的旅蒙商的定义有：卢明辉在《旅蒙商——17 世纪至 20 世纪中原与蒙古地区的贸易关系》（1995）一书序中认为旅蒙商是清代活跃于中国北部蒙古高原地区从事边境贸易的商人、商号和商帮的通称；邢野、王新民在《旅蒙商通览》（2008）一书中首页便先对旅蒙商的概念进行廓清，认为旅蒙行商，简称旅蒙商，又称边商。原指对晋、陕、冀、宁、京、津、唐、张、大商人北出塞外，或走关东，在漠南、漠北、东北等地区经商者的称谓等。

其二，研究山西商人的学者大多以山西为基点，追述晋商在中国其他省份或外国的经营活动和行为表现，鲜有对省外某一区域山西商人的活动进行专门探讨。

其三，研究旅蒙商的学者多将旅蒙商活动时间段局限于清末民初，对民国时期的活动关注不够，对这一阶段旅蒙山西商人的研究也停留在"晋商普遍衰败"的刻板印象上。事实上，进入民国，国家对旅蒙商的诸多政策限制放宽，如不准内地商人随意到蒙古地区经商贸易、不许在蒙古娶妻生子、禁止蒙汉通婚、不许带家眷前往等①，商人中的大部分人在内蒙古定居，成为长期居民。如曾任大盛魁掌柜的段履庄于民国后便"娶了一个蒙古女子，名叫阿木格森，岳父旺经立玛，岳母根补昌，现在还活着，有 70 多岁，和蒙古女子养的儿子叫段荣昌②"。

内蒙古城镇多为商人聚集之地，也是内蒙古地区最先开始近代化进程的地方，鉴于商人的性质，他们主动或被动参与了内蒙古城市经济近代化。山西商人会集的呼和浩特、包头是内蒙古地区近代化程度最高的城市，尽管存在清代旅蒙商对当地居民的高利盘剥现象，但不可否认的事实是当地城市经济近代化无一不渗透着山西商人的身影。

因此，从商人与城市经济近代化的视角切入，将山西商人置于主要经营区域即内蒙古城市近代化进程的大背景中进行考察，有助于突破立足于山西研究山西商人的局限。另还可探究山西商人在经营地商业面临社会变革时的反应和应对措施，将出生于山西、成人后活动于内蒙古地区的山西商人行为进行对接，总结山西商人在内蒙古城市近代化中的发展趋势和特定社会政治条件下的群体特征，揭示呈现如此发展趋势和特征的原因，可进一步挖掘晋商研究的深度，充实晋商研究理论探索的空间，对当今社会经济发展也具有一定现实意义。

一、研究现状与述评

他山之石，可以攻玉，任何研究都建立在前人的研究成果上。本书选题主要涉及三方面内容，即晋商、旅蒙商、内蒙古城市经济近代化研究，晋商与旅蒙商研究领域均有大量成果面世，与此相比，内蒙古城市经济近代化方面的成果较少，大多包含于城市史、边疆史、移民史、民族史、宗教史、建筑史、社会变迁史等相关著作中。故下文仅对与旅蒙山西商人及内蒙古城市近代化密切相关的成果进行综述。

---

① 马汝珩，成崇德. 清代边疆开发［M］. 太原：山西人民出版社，1998.
② 代林，马静. 大盛魁闻见录［M］. 呼和浩特：内蒙古出版集团，内蒙古人民出版社，2012.

（一）晋商研究成果中涉及旅蒙山西商人的研究及述评

晋商研究已有百年历程，著述颇丰。研究晋商的学者中较有代表性的有：20世纪三四十年代的陈其田、卫聚贤等，20世纪80年代之后的黄鉴晖、张正明、刘建生及其晋商研究团队、田际康、刘存善、孔祥毅、史若民、葛贤慧、王尚义、李希曾、张巩德、燕红忠、石涛、孙丽萍、高春平、雒春普等，日本的佐伯富、寺田隆信、松浦章、滨下武志、小野合子等。晋商研究领域主要集中在晋商兴衰历史、晋商经营管理、金融贸易活动、信用制度、晋商会馆、家族、晋商个案研究及其他等几个方面。专门研究旅蒙山西商人的成果较少，大多散见于晋商研究的部分章节中。

涉及旅蒙山西商人的晋商研究著作有：张正明的《晋商兴衰史》（1995）①是国内20世纪90年代以来最早研究晋商的著作之一，书中第三章第二节认为清代山西商人是旅蒙商中的主力军，第六章第一节介绍了旅蒙商三大商号中最大的商号大盛魁的历史及经营商品种类，第七章则在论述山西介休范氏、祁县乔氏和渠氏、榆次常氏的家族历史时对他们在蒙古地区的经营状况有所涉及；葛贤慧的《商路漫漫五百年》②（1996）在第二章中以《闯出西口的旅蒙商集团》对山西旅蒙商的历史进行了论述，其中包括早期旅蒙皇商范氏的经营活动。李希曾、穆雯瑛的《晋商史料与研究》③（1996）是一部论文集，书中收录了渠绍森的《山西旅蒙商》，田树茂、田中义的《晋商开辟的茶叶之路》，刘建生、刘鹏生的《茶叶——晋商与国际贸易的纽带》，陈春堂的《晋商对俄贸易概况》，孔祥毅的《清代北方最大的通事行——大盛魁》，刘静山的《山西祁县乔家在包头的"复"字号》，常士晔的《榆次常氏二百年从商记略》，高志昌、延光先的《多伦的山西会馆》，对旅蒙山西商人在蒙经商的情况有所介绍，但侧重于描述史实而非分析，具有史料性质。

黄鉴晖的《明清山西商人研究》④（2002）用翔实丰富的史料论证了山西商人的兴衰历史、经营区域、内容及方式、管理特色、商人家族和衰落原因，其中在第二章第二节论述了清代内外蒙古地区山西商人的活动情况，第三章在概述山西商人家族时也兼及介绍旅蒙山西商人的活动。刘建生的《晋商研究》（2002）在讲述晋商崛起和发展兴盛的背景时对山西茶商和驼帮有所概述。《明清晋商及民风》⑤（2004）是张正明的另一部力作，简单探讨了清代山西商人在蒙古的牧

① 张正明. 晋商兴衰史 [M]. 太原：山西古籍出版社，1995.
② 葛贤慧. 商路漫漫五百年 [M]. 武汉：华中理工大学出版社，1996.
③ 李希曾，穆雯瑛. 晋商史料与研究 [M]. 太原：山西人民出版社，1996.
④ 黄鉴晖. 明清山西商人研究 [M]. 太原：山西经济出版社，2002.
⑤ 张正明. 明清晋商及民风 [M]. 北京：人民出版社，2003.

区市场和对俄茶叶贸易。刘建生、刘鹏生、燕红忠的《明清晋商制度变迁研究》① （2005）从制度学的角度对晋商长时段的经营活动及其兴衰原因进行了深刻分析，启人深思。张世满的《逝去的繁荣晋蒙粮油故道研究》② （2008）对晋蒙粮油故道上商贸流通的商品种类、产地及流通情况和因这条商贸通道而勃兴的沿线城镇的论述，为研究山西商人聚集的内蒙古城市提供了珍贵的线索。冯改朵、张喜琴、刘建生、石涛等著的《西口研究——以杀虎口为中心》③ （2012）第一章《西口的自然环境与历史渊源》、第三章《西口的地理格局与明清北方军事文化》、第四章《政府对西口的控制及独特管理模式的嬗变》阐明了走西口的自然地理历史原因，旅蒙商得以进入清代蒙古地区的政治商业环境，第七章第二节《西口与旅蒙晋商》对清代旅蒙晋商兴衰历程、供销和交易方式和商号代表大盛魁有所论述。

其他论及旅蒙山西商人的著作还有田际康、刘存善的《山西商人的生财之道》④ （1986），张正明、薛慧林的《明清晋商资料选编》⑤ （1989），中国人民银行山西省分行和山西财经学院的《山西票号史料》⑥ （1990），史若民等的《平、祁、太经济社会史料与研究》⑦ （2002），王尚义的《晋商商贸活动的历史地理研究》⑧ （2004），程光、梅生的《儒商常家》⑨ （2004），孙建中的《晋商北路贸易》⑩ （2006），赵荣达的《晋商万里古茶路》⑪ （2006），常士宣、常崇娟的《万里茶路话常家》⑫ （2009），山西省戏剧研究所的《晋商会馆》⑬ （2009）等。

涉及旅蒙山西商人的晋商研究论文有：庞义才、渠绍森的《论清代山西驼帮的对俄贸易》⑭ （1983），刘文智的《清代前期的山西商人》⑮ （1987），魏丽英

① 刘建生，刘鹏生，燕红忠．明清晋商制度变迁研究［M］．太原：山西人民出版社，2005.
② 张世满．逝去的繁荣：晋蒙粮油故道研究［M］．太原：山西人民出版社，2008.
③ 冯改朵，张喜琴，刘建生，石涛等．西口研究——以杀虎口为中心［M］．太原：山西经济传媒集团，山西经济出版社，2012.
④ 田际康，刘存善．山西商人的生财之道［M］．北京：中国文史出版社，1986.
⑤ 张正明，薛慧林．明清晋商资料选编［M］．太原：山西人民出版社，1989.
⑥ 山西财经学院，中国人民银行山西省分行．山西票号史料［M］．太原：山西人民出版社，1990.
⑦ 史若民，牛白琳．平、祁、太经济社会史料与研究［M］．太原：山西古籍出版社，2002.
⑧ 王尚义．晋商商贸活动的历史地理研究［M］．北京：科学出版社，2004.
⑨ 程光，梅生．儒商常家［M］．太原：山西出版集团，山西经济出版社，2004.
⑩ 孙建中．晋商北路贸易［M］．太原：山西古籍出版社，2006.
⑪ 赵荣达．晋商万里古茶路［M］．太原：山西古籍出版社，2006.
⑫ 常士宣，常崇娟．万里茶路话常家［M］．太原：山西经济出版社，2009.
⑬ 山西省戏剧研究所．晋商会馆［M］．太原：山西出版集团，山西教育出版社，2009.
⑭ 庞义才，渠绍森．论清代山西驼帮的对俄贸易［J］．晋阳学刊，1983（4）：12－20.
⑮ 刘文智．清代前期的山西商人［J］．天津社会科学，1987（3）：70－74.

的《明清时期西北城市的"商帮"》①（1987），葛贤慧的《清代山西商人与边地贸易》②（1994），谢元鲁的《明清北方边境对外贸易与晋商的兴衰》③（1994），李易书的《清中后期蒙古地区的对俄茶叶贸易》④（1996），陶德臣的《晋商与西北茶叶贸易》⑤（1997），高春平、田晓红、高小平的《晋商与北部市场开发》⑥（2002），赵旭峰的《清代旅蒙晋商与蒙汉经济文化交流》⑦（2006），冀福俊的《清代山西商路交通及商业发展研究》⑧（2003～2006），乔南的《清代山西商人行商地域范围研究》⑨（2008），张淑利的《清末民初晋商由盛转衰原因探讨——以包头地区的旅蒙商为个案》⑩（2007），杨俊国、杨俊强的《清代新疆晋商初探》⑪（2008），王璐的《明清晋商对外贸易地理方向选择原因分析》⑫（2008），王玉萍的《清代山西商人在西北地区行商初探》⑬（2009），周建波、项凯标的《旅蒙晋商明清时代开发蒙古市场研究》⑭（2010），姚红的《明清时期西商与西北的民族贸易》⑮（2007～2010），王阿丽的《浅析清代晋商对蒙俄贸易的人员流动》⑯（2008～2011），殷俊峰的《内蒙古呼包地区晋风民居调查与空间研究》⑰（2008～2011），刘建生、任强、郭娟娟的《〈石艾乙巳御英保矿纪闻〉中"崇儒公"的史料辨析》（2011），刘建生、郭娟娟的《晋抚胡聘之与晚清山西矿案新

①　魏丽英．明清时期西北城市的"商帮"［J］．兰州学刊，1987（2）：15－20.
②　葛贤慧．清代山西商人与边地贸易［J］．山西财经学院学报，1994（2）：72－76.
③　谢元鲁．明清北方边境对外贸易与晋商的兴衰［J］．四川师范大学学报（社会科学版），1994（2）：69－75.
④　李易书．清中后期蒙古地区的对俄茶叶贸易［J］．中国边疆史地研究，1996（4）：49－56.
⑤　陶德臣．晋商与西北茶叶贸易［J］．安徽史学，1997（3）：40－44.
⑥　高春平，田晓红，高小平．晋商与北部市场开发［J］．晋阳学刊，2002（4）：41－44.
⑦　赵旭峰．清代旅蒙晋商与蒙汉经济文化交流［J］．忻州师范学院学报，2006（1）：58－60.
⑧　冀福俊．清代山西商路交通及商业发展研究［J］．山西大学经济与工商管理学院学报，2003～2006.
⑨　乔南．清代山西商人行商地域范围研究［J］．晋阳学刊，2008（2）：36－40.
⑩　张淑利．清末民初晋商由盛转衰原因探讨——以包头地区的旅蒙商为个案［J］．内蒙古社会科学（汉文版），2007（5）：48－57.
⑪　杨俊国，杨俊强．清代新疆晋商初探［J］．晋中学院学报，2008（1）：33－35.
⑫　王璐．明清晋商对外贸易地理方向选择原因分析［J］．山西高等学校社会科学学报，2008（1）：125－128.
⑬　王玉萍．清代山西商人在西北地区行商初探［J］．长治学院学报，2009（8）：21－23.
⑭　周建波，项凯标．旅蒙晋商明清时代开发蒙古市场研究［J］．商业研究，2010（4）：199－203.
⑮　姚红．明清时期西商与西北的民族贸易［D］．青海师范大学硕士学位论文，2007～2010.
⑯　王阿丽．浅析清代晋商对蒙俄贸易的人员流动［D］．山西大学经济与工商管理学院硕士学位论文，2008～2011.
⑰　殷俊峰．内蒙古呼包地区晋风民居调查与空间研究［D］．西安建筑科技大学硕士学位论文，2008～2011.

论》（2012），付海晏的《山西商人曹润堂与清末蒙旗垦务》①（2013）等。其中，刘建生的《〈石艾乙巳御英保矿纪闻〉中"崇儒公"的史料辨析》②（2011）、《晋抚胡聘之与晚清山西矿案新论》③（2012）对晋商在近代山西保矿运动中的表现有所论述。清末民初，风起云涌的山西保矿运动的领导人之一渠本翘、张士林等商人不仅筹划和领导了山西保矿，还对保矿运动的筹划经费给予大力资助；殷俊峰的《内蒙古呼包地区晋风民居调查与空间研究》④（2008～2011）从建筑学角度对内蒙古呼和浩特、包头地区民风民居进行了论述，提供了晋商曾经在此地进行大规模活动的历史实物遗存证据。

综观以上晋商研究论述旅蒙山西商人的成果，主要存在以下三个问题：其一，专门研究旅蒙山西商人的数量较少。至今专门研究旅蒙山西商人的著作仅有孙建中《晋商北路贸易》（2006）一书，少数几篇论文也对此进行了探讨，如庞义才、渠绍森的《论清代山西驼帮的对俄贸易》（1983），高春平、田晓红、高小平的《晋商与北部市场开发》（2002），赵旭峰的《清代旅蒙晋商与蒙汉经济文化交流》（2006），周建波的《旅蒙晋商明清时代开发蒙古市场研究》（2010）。其二，尽管涉及旅蒙山西商人的著述较多，然由于立足山西研究晋商，对旅蒙山西商人多概述性分析，内容简略，注重背景介绍，较少对其商业活动、群体结构深入论证。其三，所用史料来源单一，以口述史料居多，档案、碑刻、方志类资料还有待进一步挖掘。

（二）旅蒙商研究成果中涉及旅蒙山西商人的研究及述评

研究旅蒙商的成果相对晋商研究虽数量较少，但也硕果累累，在城市、经济、民俗、文化等方面均有论述。

旅蒙商研究中涉及旅蒙山西商人的著述有：卢明辉、刘衍坤的《旅蒙商——17～20世纪中原与蒙古地区的贸易关系》⑤（1995）是研究旅蒙商较早、较全面的一部专著，书中对旅蒙商源起的历史条件、初期边塞贸易情况、种类和行帮组织、经营内容及民国初年和新中国成立初期旅蒙商的发展走向进行了全面论述，因作者认为旅蒙商中绝大多数来自晋商，故在部分章节中对晋商的贸易情况着墨

① 付海晏. 山西商人曹润堂与清末蒙旗垦务［J］. 暨南学报（哲学社会科学版），2013（1）：77－85.

② 刘建生，任强，郭娟娟.《石艾乙巳御英保矿纪闻》中"崇儒公"的史料辨析［J］. 山西大学学报（哲学社会科学版），2011（1）：136－139.

③ 刘建生，郭娟娟. 晋抚胡聘之与晚清山西矿案新论［J］. 山西大学学报（哲学社会科学版），2012（3）：206－210.

④ 殷俊峰. 内蒙古呼包地区晋风民居调查与空间研究［D］. 西安建筑科技大学硕士学位论文，2008～2011.

⑤ 卢明辉，刘衍坤. 旅蒙商——17～20世纪中原与蒙古地区的贸易关系［M］. 北京：中国商业出版社，1995.

较多；邢野、王新民主编的《旅蒙商通览》①（2008）一书则是蒙、晋、陕等地专家、学者撰写的旅蒙商论文及旅蒙商后裔或当事人口述材料的汇总，为学界研究旅蒙商提供了丰富翔实的史料和线索；冯君的《清代归化城商业贸易的兴衰及其影响》②（2004～2007）论述了归化城兴起和旅蒙商的关系及旅蒙商最大商号大盛魁的经营历史和贸易路线；马春英的《旅蒙商与蒙古族谋生手段的变迁》③（2006～2009）一书在梳理旅蒙商在蒙古地区从商历史的基础上，将其对蒙古族生产、生活、风俗习惯的影响进行了概述，该书的第一章第四部分对旅蒙商中晋商在数量上占优势的原因进行了简要探讨；王艺丹的《旅蒙商与蒙古城市的形成和发展》④（2006～2009）论述了旅蒙商与外蒙古、内蒙古、边境城市形成的关系和对这些地区经济发展的意义；李学诚的《旅蒙商与内蒙古西部地区经济—文化变迁》⑤（2006～2009）分析了旅蒙商出现前和存在期间内蒙古西部政治、经济、文化和生态环境变化，对旅蒙商的积极、消极影响均有论述；张晓辉的《旅蒙商与近代包头经济—文化变迁》⑥（2008～2011）对旅蒙商在包头的发展历程、商业活动和对包头经济文化近代化影响有所阐及和分析；马红杰的《嘉道时期归化城的工商业》⑦（2008～2011）对嘉庆、道光年间归化城的手工业、商业、金融业情况进行了概述等。

　　除此之外，有关旅蒙商的论文还有卢明辉的《清代蒙古地区与中原地区的经济贸易关系》⑧（1982），牛国祯、梁学诚的《张库商道及旅蒙商述略》⑨（1988），陈东升的《清代旅蒙商初探》⑩（1990），邢亦尘的《试析旅蒙商业的

---

①　邢野，王新民．旅蒙商通览［M］．呼和浩特：内蒙古人民出版社，2008.

②　冯君．清代归化城商业贸易的兴衰及其影响［D］．内蒙古大学历史文化学院专门史硕士学位论文，2004～2007.

③　马春英．旅蒙商与蒙古族谋生手段的变迁［D］．内蒙古师范大学经济学院法学专业硕士学位论文，2006～2009.

④　王艺丹．旅蒙商与蒙古城市的形成和发展［D］．内蒙古师范大学经济学院法学专业硕士学位论文，2006～2009.

⑤　李学诚．旅蒙商与内蒙古西部地区经济—文化变迁［D］．内蒙古师范大学经济学院法学专业硕士学位论文，2006～2009.

⑥　张晓辉．旅蒙商与近代包头经济—文化变迁［D］．中央民族大学历史文化学院中国近现代史专业硕士学位论文，2008～2011.

⑦　马红杰．嘉道时期归化城的工商业［D］．内蒙古大学历史文化学院中国古代史硕士学位论文，2008～2011.

⑧　卢明辉．清代蒙古地区与中原地区的经济贸易关系［J］．内蒙古社会科学，1982（5）：21－29.

⑨　牛国祯，梁学诚．张库商道及旅蒙商述略［J］．河北大学学报，1988（2）：6－11.

⑩　陈东升．清代旅蒙商初探［J］．内蒙古社会科学，1990（3）：89－98.

宏观经营》①（1994），张百路的《旅蒙商经营之道及其启示》②（1996），宁有常的《近代最大的旅蒙商号大盛魁》③（1996），牛建山、张建国的《走西口·旅蒙商·晋商》④（2005），钱占元的《旅蒙商的兴衰》⑤（2005），张淑利的《清末民初晋商由盛转衰原因探讨——以包头地区的旅蒙商为个案》⑥（2007），姜永军的《呼伦贝尔地区的旅蒙商贸易》⑦（2007），刘国俊的《19世纪末科布多买卖城及旅蒙商》⑧（2007），望江湖的《晋籍旅蒙商》⑨（2008），王秀艳的《旅蒙商与呼伦贝尔地区少数民族经济—文化变迁》⑩（2010），李志国的《复杂的利益分配——旅蒙商予以蒙古负面影响的再认识》⑪（2011），鲍海燕的《旅蒙商对呼和浩特的影响——以大盛魁商号为例》⑫（2011），任晓凡的《乾隆年间旅蒙商票照申请制度初探》⑬（2012）等。

上述研究旅蒙商的研究成果，对旅蒙商兴起的历史背景、经营管理、著名商号、旅蒙商与内蒙古城市或地区经济文化变迁的关系等方面均有提及。然这些论述虽肯定山西商人在旅蒙商中占很大比例，因史料阙如，有的学者回避旅蒙商与旅蒙山西商人的概念区别，有的将旅蒙商等同于旅蒙山西商人进行概述。在没有准确区分旅蒙商与旅蒙山西商人概念前提下，对旅蒙商中各商帮群体所占比例及经营特点的论述较为模糊，导致对旅蒙商的研究无法进一步深入。

近两三年来，随着史料进一步挖掘，部分论文在观点上有新的创新，既打破了过去一味强调旅蒙商正面影响的倾向，也未滑向对其高利盘剥口诛笔伐的另一端，较能理性认识旅蒙商这一经济现象。如李志国的《复杂的利益分配——旅蒙商予以蒙古负面影响的再认识》（2011）一书在运用传统清实录、奏折、通史资料的基础上，通过考察调查报告、中国第一历史档案馆的档案等资料从旅蒙商的

① 邢亦尘. 试析旅蒙商业的宏观经营 [J]. 内蒙古师大学报（哲学社会科学版），1994（2）：57-62.
② 张百路. 旅蒙商经营之道及其启示 [J]. 北方经济，1996（5）：25-28.
③ 宁有常. 近代最大的旅蒙商号大盛魁 [J]. 文史精华，1996（3）：30-36.
④ 牛建山，张建国. 走西口·旅蒙商·晋商 [J]. 文史学刊，2005（10）：60-62.
⑤ 钱占元. 旅蒙商的兴衰 [J]. 思想工作，2005（6）：44-45.
⑥ 张淑利. 清末民初晋商由盛转衰原因探讨——以包头地区的旅蒙商为个案 [J]. 内蒙古社会科学，2007（5）：48-51.
⑦ 姜永军. 呼伦贝尔地区的旅蒙商贸易 [J]. 北方经济，2007（18）：72-73.
⑧ 刘国俊. 19世纪末科布多买卖城及旅蒙商 [J]. 文史月刊，2007（7）：42-43.
⑨ 望江湖. 晋籍旅蒙商 [J]. 商业文化，2008（10）：68-71.
⑩ 王秀艳. 旅蒙商与呼伦贝尔地区少数民族经济—文化变迁 [J]. 前沿，2010（17）：125-129.
⑪ 李志国. 复杂的利益分配——旅蒙商予以蒙古负面影响的再认识 [J]. 兰州学刊，2011（4）：142-150.
⑫ 鲍海燕. 旅蒙商对呼和浩特的影响——以大盛魁商号为例 [J]. 呼伦贝尔学院学报，2011（3）：10-22.
⑬ 任晓凡. 乾隆年间旅蒙商票照申请制度初探 [J]. 晋中学院学报，2012（2）：79-81.

成本核算开始，对旅蒙商利润在政府常规税收机构、捐输摊派、各级官员腐败摄取及蒙古王爷官员等各个利益集团之间的分配进行论述，从而得出结论：清代旅蒙商高利盘剥给蒙古地区以深重灾难须予以正视，同时也是整个社会制度下的综合产物①。

（三）城市史、移民史等其他成果中涉及旅蒙山西商人述评

涉及旅蒙山西商人或旅蒙山西商人与城市发展关系的研究成果有边疆史、移民史、城市史等方面的研究成果，其中代表性著述有：日本学者田山茂的《清代蒙古社会制度》②（1987）对蒙古明清两代社会制度变迁进行探讨的过程中，考察了汉族移民对其影响，因商人是移民的重要组成部分，在书中第二篇第三章及附录第二部分对商人在蒙古地区的经济活动及其至蒙古经商的原因做了阐述；日人后藤十三雄的《蒙古游牧社会》（1990）③第六章有旅蒙商在张家口的商业活动及组织形式与特征的相关记载。

黄丽生的《从军事征掠到城市贸易——内蒙古归绥地区的社会经济变迁（14世纪中叶至20世纪初）》④（1995）是研究归化城历史的一部力作，通过对归绥城市功能由军事征掠转向和平贸易的历史发展趋势进行探讨，深入分析了内蒙古现代化之前蒙古社会结构与民族关系的转型和经济社会变迁。第五章论述城市贸易时代即清至民初，归绥经济机能的扩张与变迁时对晋商在归绥的经营活动有所涉及，第四小节重点对大盛魁进行了个案分析。该著作可谓了解归化城市变迁及商业的重要论著。牛敬忠的《近代绥远地区的社会变迁》（2001）从清朝行政制度入手，研究了近代绥远地区风俗习惯、阶级阶层结构和较突出的社会问题及教育近代化等方面问题。

马汝珩、成崇德的《清代边疆开发》⑤（1998）是一部对了解清代蒙古经济社会历史发展脉络具有提纲挈领作用的著作，第二章第四、第五节对山西商人的商贸活动也有所涉及；安介生的《山西移民史》⑥（1999）在第七章第六节《山西移民与北部边疆的开发——试析走西口》中从历史地理学的角度，强调了山西移民走西口的概况及其在塞外开发中所做的贡献。作者运用翔实的史料说明山西移民在内蒙古从事的两大行业主要是种地与服贾，并且认为其活动有助于塞外农

　　① 李志国. 复杂的利益分配——旅蒙商予以蒙古负面影响的再认识［J］. 兰州学刊，2011（4）：149.

　　② ［日］田山茂. 清代蒙古社会制度［M］. 潘世宪译. 北京：商务印书馆，1987.

　　③ ［日］后藤十三雄. 蒙古游牧社会（蒙古文）［M］. 呼和浩特：内蒙古人民出版社，1990.

　　④ 黄丽生. 从军事征掠到城市贸易——内蒙古归绥地区的社会经济变迁（14世纪中叶至20世纪初）［J］. 中国台湾：台湾师范大学历史研究所专刊（25），1995（1）：7 - 14.

　　⑤ 马汝珩，成崇德. 清代边疆开发［M］. 太原：山西人民出版社，1998.

　　⑥ 安介生. 山西移民史［M］. 太原：山西人民出版社，1999.

业开发及商业与城镇的繁荣。

阎天灵的《汉族移民与近代内蒙古社会变迁研究》①（2004）以汉族移民社会为切入点，对汉族移民社会发展历程及与近代内蒙古社会的互动关系做了详尽全面的探讨。全书视角独特、资料丰富翔实。作者认为旅蒙商担当了塞外移民的"向导"角色，在塞外各省移民中，山西人的辐射范围是最大的。其中，书中引证山西商人在内蒙古各地分布及从事商业活动的资料对本书的写作弥足珍贵。乌云格日勒的《十八至二十世纪内蒙古城镇研究》②（2005）中对旅蒙商与内蒙古城镇发展关系的描述散见于各章节中。美国学者艾美霞的《茶叶之路》③（2007）运用丰富生动的档案和图片资料阐述了中国茶叶贸易的历程，书中第五章《王相卿和大草原上的茶叶贸易》和第六章《通往库伦的骆驼商队：戈壁上的喇嘛和喇嘛庙》对大盛魁的贸易组织经营情况着墨较多，同时也描述了旅蒙商的贸易情况。乌仁其其格的《18至20世纪初归化城土默特财政研究》④（2008）对内蒙古经济社会的发展历史有所论述。

另外提及旅蒙山西商人的相关论文还有乌云格日勒的《清代边城多伦诺尔的地位及其兴衰》⑤（2000）、王建革的《拨子商与近代东蒙的商业圈和物流》⑥（2005）、付丽娜的《察哈尔地区的商业与城市近代化（1840～1935）——以张家口、多伦诺尔、贝子庙城市（镇）为中心》⑦（2005～2008）、许檀的《清代多伦诺尔的商业》⑧（2007）、黄正林的《近代西北皮毛产地及流通市场研究》⑨（2007）、张娟的《交通运输与近代包头城市的兴起与发展（1850～1937）》⑩（2008～2011）、许檀的《清代山西归化城的商业》⑪（2009）、赵海荣的《蒙古商贸制度研究》⑫（2009）、李建国的《试析自然和人文环境对西北近代商贸经济

① 阎天灵. 汉族移民与近代内蒙古社会变迁研究［M］. 北京：民族出版社，2004.
② 乌云格日勒. 十八至二十世纪初内蒙古城镇研究［M］. 呼和浩特：内蒙古人民出版社，2005.
③ ［美］艾美霞. 茶叶之路［M］. 范蓓蕾，郭玮，张恕，张行军译. 北京：中信出版社，五洲传播出版社，2007.
④ 乌仁其其格. 18至20世纪初归化城土默特财政研究［M］. 北京：民族出版社，2008.
⑤ 乌云格日勒. 清代边城多伦诺尔的地位及其兴衰［J］. 中国边疆史地研究，2000（2）：79－86.
⑥ 王建革. 拨子商与近代东蒙的商业圈和物流［J］. 中国历史地理论丛，2005（3）：14－24.
⑦ 付丽娜. 察哈尔地区的商业与城市近代化（1840～1935）——以张家口、多伦诺尔、贝子庙城市（镇）为中心［D］. 内蒙古大学硕士学位论文，2005～2008.
⑧ 许檀. 清代多伦诺尔的商业［J］. 天津师范大学学报（社会科学版），2007（6）：37－42.
⑨ 黄正林. 近代西北皮毛产地及流通市场研究［J］. 史学学刊，2007（3）：103－112.
⑩ 张娟. 交通运输与近代包头城市的兴起与发展（1850～1937）［D］. 中央民族大学硕士学位论文，2008～2011.
⑪ 许檀. 清代山西归化城的商业［J］. 文史哲，2009（4）：119－129.
⑫ 赵海荣. 蒙古商贸制度研究［D］. 内蒙古师范大学硕士学位论文，2006～2009.

的影响》①（2012）等，在此不一一赘述。

二、研究思路及相关问题界定

内蒙古城市是清代中晚期及民国时期山西商人十分集中的区域，清末民初随着政府对内地人民进入内蒙古的限制松弛，他们中的大多数在这些城市定居下来。面临不可避免的城市近代化趋势，这些旅蒙山西商人或主动或被动地参与了内蒙古城市的近代化进程。基于此，本书旨在探讨旅蒙山西商人在内蒙古城市近代化进程的特征及发展趋势，分别对内蒙古城市商业、工业、金融业及商人组织中山西商人的发展概况进行论述，分析其成败的经验教训，为处于改革时期的商人群体发展提供了值得借鉴的经验教训。

本书在第二章介绍山西商人入蒙经商的社会历史背景基础上，于第三章对清代山西商人和内蒙古城市兴起的关系、旅蒙山西商人在内蒙古贸易商民中所占比例、旅蒙两大晋籍商帮的贸易概况、特点、原因进行了总结。第四章理清内蒙古城市政治、商业环境变动线索后，对清末民初旅蒙山西商人在内蒙古城市近代化过程中的商业和投资的近代工业现状进行分析，并从商人群体自身角度揭示其在商业角逐中份额渐减和投资近代工业失败的症结所在。第五章则将处于近代银行竞争夹缝中，旅蒙山西商人开办金融机构的经营困局如实展现。清代，旅蒙山西商人操控着内蒙古金融业，蒙地境内90%的旧式金融机构（包括当铺、钱庄、票号等）为旅蒙山西商人所开，民国年间地方政局动荡、近代银行的进驻及地方政府政策倾斜，旧式金融机构面临前所未有的冲击，其调控金融之权也逐渐过渡到新式金融机构绥远平市官钱局手中，旅蒙山西商人在其中如何生存和发展成为本章关注的重点。第六章勾勒了在内蒙古城市商人组织由行会向近代化商会转变过程中，旅蒙山西商人地位变动情况和职能转变。第七章将商人和商人家族鲜活的个体经历置于时代发展的洪流中，通过对商人和商人家族个案分析、探讨，并归纳其在内蒙古城市各行业近代化过程中整体趋向衰落的社会、经济、文化等深层次原因。

（一）相关问题界定

1. 时间界定

中国近代化一般是指中国近代史上的资本主义现代化，1840年鸦片战争，学界普遍将之作为中国近代化过程开始的标志②③。然而由于各地发展水平不一，

---

① 李建国. 试析自然和人文环境对西北近代商贸经济的影响［J］. 中国边疆史地研究，2012（4）：110－119.

② 许涤新，吴承明主编. 中国资本主义发展史（第二卷）［M］. 北京：人民出版社，2003.

③ 虞和平. 试论中国近代化的概念含义［J］. 社会学研究，1991（2）：111－117.

进入近代化的时间各有不同。内蒙古地区自清代便是内地人民和俄国进行贸易的必经之道，19世纪后半期，俄国开始染指内蒙古地区经济贸易，1860年中俄《北京条约》签订，俄国在内蒙古贸易范围扩大，获得自恰克图到北京、张家口沿途地方行销零星货物的权利，19世纪七八十年代外资势力通过皮毛贸易将蒙古地区纳入世界市场。然此时除内地人民集中的内蒙古地区城市如归绥、包头等周边地区属于农牧兼营经济外，原属清代蒙古的大部分地区仍为游牧经济。因此，即便是内蒙古商业最为繁荣的城市，真正开始自主经济近代化的时间也迟至民国。

20世纪30年代，在内蒙古经济近代化进入正常发展轨道之际，1937年日军侵华，内蒙古城市归绥（今呼和浩特）、包头相继沦陷，使得曲折发展的内蒙古城市经济又一次陷入浩劫之中。1945年抗日战争胜利后，国民政府专注内战，无心经济建设，城市经济凋敝，物价飞涨。至1949年中华人民共和国成立之后，内蒙古城市经济建设才获得重生，城市经济现代化得以全面展开。故为讨论方便，本书选取1860～1937年作为讨论内蒙古城市经济近代化的时间段。

2. 区域界定

清代、民国时期内蒙古、山西行政区划与今天有所不同，如清代内蒙古地区实行旗县并存的二元行政管理体制，内地人民集中的口外十二厅归山西归绥道节制等，民国时被划归绥远省、察哈尔、热河、奉天、黑龙江、吉林、甘肃等省全部或部分地区。故本书所讨论的内蒙古地区地理范围，以现今内蒙古行政区划为准，又清末民初步入近代化的内蒙古城市主要为内蒙古西部地区的归绥（今呼和浩特）、包头，这两个城市又是旅蒙山西商人聚集之地，因此本书特选取归绥、包头为考察中心，兼及山西商人占贸易优势的多伦诺尔和其他城镇。

另外，第二章及以后各章节内容提到的以祁（祁县）、太（太谷）、平（平遥）商人为代表的晋中地区商人指清代太原府、汾州府、平定州所辖地区商人，以忻、代商人为代表的晋北地区商人指清代大同府、宁武府、朔平府、忻州、代州、保德州所辖地区商人。

（二）资料基础

本书采用了档案、调查报告、报纸杂志、方志、清史稿、实录、奏折、族谱、碑刻、口述史料等文献资料，对山西商人及内蒙古近代化问题进行论述。

档案、调查报告和日记、报纸杂志资料。占有丰富而详尽的第一手资料对于系统研究史学问题非常重要，本书研究的旅蒙山西商人及城市经济近代化，非传统史学青睐的对象，使得与研究论题相关的资料较为分散和复杂。于是，档案、调查报告和日记、报纸杂志资料成为本书首选。书中笔者搜集到的档案资料有国家第一历史档案馆、土默特左旗档案馆、呼和浩特市档案馆、内蒙古自治区档案馆等与旅蒙商人及城市经济近代化相关的馆藏资料，或由这些单位已整理成册的档案选集，如《土默特历史档案集萃》、《旅蒙商档案集萃》、《土默特历史档案选》、《1945～1949年归绥市工商业同业公会档案简况》等。

调查报告、日记及当时报刊刊登的相关报道资料多为当事人亲身经历，较为可信。如俄国人阿·马·波兹德涅耶夫的《蒙古及蒙古人》是一部作者到蒙古地区进行实地调查的考察日记，该著作第一卷①、第二卷②中记载了清末蒙古地区的商业贸易情况，第一卷记载了他在恰克图、库伦、乌里雅苏台、科布多、张家口等地的经历。第二卷记载了他从库伦（今乌兰巴托）出发经张家口到达北京，再从北京到张家口进入内蒙古，并走访了归化城、多伦诺尔、土默特地区、上都、克什克腾旗、巴林、乌珠穆沁旗等地的经历。该著作为今天了解当时蒙古地区牧业、农业、手工业、商业、城镇的发展情况提供了较为全面的资料。从他的调查日记中可看出在蒙地经营商业者主要是中国内地商人，即旅蒙商；日人金堀诚二的《中国封建社会的构造》对归绥地区的调查、江上波夫等的《蒙古高原行纪》对锡林郭勒、乌兰察布等蒙古地区的考察等。民国时期，边疆问题日益为国人关注，当政者或民间组织的调查报告资料弥足珍贵。如马鹤天的《内外蒙考察日记》、绥远省民众教育馆的《绥远省分县调查概要》、林竞的《蒙新甘宁考察记》、杨溥的《察哈尔口北六县调查记》、黄书弼的《第二次蒙新考察记》、贺扬灵的《察绥蒙民的经济解剖》等，还有民国时的《西北论衡》、《禹贡半月刊》、《西北导报》、《实业杂志》、《实业公报》等报刊资料。

方志资料。如《绥远通志稿》、《归绥县志》、《万全县志》、《绥远全志》、《包头市志》、《呼和浩特市志》、《玉泉区志》、《内蒙古自治区志·商业志》、《萨拉齐县志》、《土默特志》、《察哈尔省通志》、《口北三厅志》及清至民国山西中部和北部地区各州县县志等。

官方纂修正史、奏折、实录资料。如《清史稿》、《大清会典》、《清实录》、《理藩院则例》等。

碑刻、族谱和口述史料。如张正明、李永红等编的《山西碑刻资料》、榆次的《常氏家乘》、忻州的《邢氏族谱》、《徐氏族谱》、《刘氏族谱》，政协文史资料中当事人口述史料、《旅蒙商闻见录》等。

今人著述。如黄鉴晖的《明清山西商人研究》、张正明的《晋商兴衰史》、刘建生的《晋商研究》、卢明辉和刘衍坤的《旅蒙商——17～20世纪中原与蒙古

---

① ［俄］阿·马·波兹德涅耶夫. 蒙古及蒙古人（第一卷）［M］. 刘汉明译. 呼和浩特：内蒙古人民出版社，1989.

② ［俄］阿·马·波兹德涅耶夫. 蒙古及蒙古人（第二卷）［M］. 刘汉明译. 呼和浩特：内蒙古人民出版社，1989.

地区的贸易关系》、黄丽生的《从军事征掠到城市贸易——内蒙古归绥地区的社会经济变迁（14世纪中叶至20世纪初)》、邢野和王新民的《旅蒙商通览》等。

三、研究方法

本书选题属于区域经济史的研究范畴，基于区域史的跨学科交叉性质，在研究方法上采用了历史学、经济学和社会学相结合以及史料学与档案学相结合的研究方法，对相关史料进行多层面、多视角的解读。具体如下：

首先采用了历史文献分析法。历史研究离不开史料整理、甄别、归类、整理，并运用史论结合的方法对各类史料进行深入而透彻的分析，以期如实描述史实并启人深思。为保证论文结论的科学性和客观性，本书对相关数据做了一定的定量统计分析。

其次，经济学和社会学的研究方法。商人和城市近代化现象兼具社会和经济现象特点，经济学、社会学的相关理论概念为本书提供了理论框架和指导思想。

最后，实地调查方法。在搜集和阅读了大量历史文献基础上，为进一步寻找第一手资料和体会历史语境，对旅蒙山西商人活动遗存进行了实地调查。一方面搜集到许多弥足珍贵的第一手资料；另一方面在一定程度上实践了"二重证据法"，拓展了思维，开阔了视野。

前面已论述过，目前学界对旅蒙山西商人的研究主要存在四种趋向，首先，无论是晋商研究学者还是旅蒙商研究学者，较少将之从晋商和旅蒙商群体中分离出来专门论述；其次，晋商研究学者一般将旅蒙山西商人的商业活动纳入晋商经营区域进行概述，对近代晋商的研究也多以山西为立足点；再次，研究旅蒙商的学者又将研究时间段集中在清末民初，对其后续发展关注不够；最后，研究内蒙古城市史的学者鉴于商人聚集对城市的影响，在探讨商业较为发达的城镇时，一般会提及旅蒙商或山西商人聚集对城市兴起的作用，而较少将二者作为整体进行研究。故本书特将旅蒙山西商人与内蒙古城市经济近代化视为统一研究对象。

本书内容创新体现在以下四个方面：第一，将旅蒙山西商人与其他省份商人、旅蒙山西商人两大商帮所占比例进行量化尚属首次；第二，对内蒙古城市经济近代化过程中，旅蒙山西商人在近代工业、金融、商会组织的发展态势进行了系统论述；第三，对内蒙古城市近代化过程中，金融业中山西商人所开店铺数量和比例，及其在商业组织成员及领导成员中所占比例进行了简略统计；第四，第七章对旅蒙山西商人个体和商人家族进行分析时，分别探讨了对经营地实际进行商业运作的掌柜经商经历和居于籍贯地的晋商家族代际流动趋势，有助于多角度认识衰落时期山西商人群体的发展趋势。

此外，本书还存在一定的不足之处，目前关于内蒙古地区商业、经济方面的各类史料，大多以某一地区、某一行业统而论之，将其与旅蒙山西商人和内蒙古城市经济近代化的资料单独区分开来，具有一定难度。如《绥远通志稿》第八册卷六十三《政党法团》中有关于绥远商会每届领导成员姓名、职务的记载，但对他们的籍贯并无说明，只在概述中交代晋籍商人较多，这为对商会中山西商人所占比例进行准确统计增加了难度，需采用其他史料进行互相佐证分析。由于史料的甄别和选择存在一定困难，尽管笔者在写作过程中对所用史料反复考量，但难以避免纰漏和失误。另本书所讨论时间段内，内蒙古城市有近代工业的地方虽然集中在内蒙古西部城市归绥、包头两地，但并不代表其他城市没有近代化迹象。由于资料缺失，书中未对内蒙古东部城市如赤峰、通辽、呼伦贝尔等城市山西商人的活动概况论述，实为本书最大的遗憾，也为今后继续探讨留下了努力的空间。

目　　录

第一章　山西商人入蒙从商的
社会历史背景

第一节　自然地理环境

　　自然地理环境指人类生存的自然地域空间，包括地理位置、地形地貌、气候、资源、自然灾害等。清代以来，山西商人成批入蒙经商，与山西所独具的自然地理条件关系密切。日本学者寺田隆信先生在其论著《山西商人研究》[①] (1986) 中认为：晋商崛起于明代"开中法"实施后北部边塞军事地区的形成。这一说法得到国内晋商研究学者的普遍认同。时隔 18 年，随着晋商研究不断深入，王尚义先生在《晋商商贸活动的历史地理研究》[②] (2004) 中提出晋商贸易活动向北扩展首先得益于地缘优势而形成了对边贸市场的绝对优势。此外，佘可文的《初议历史地理环境中晋商的兴衰》(1997)、范金民的《明代地域商帮兴起的社会背景》(2006)、郭士忠的《也谈山西商人兴起的地理条件》(2006)、成艳萍的《资源禀赋与晋商的茶叶贸易》(2007)、闫彩丽的《晋商徽商兴起原因比较研究——从地理环境看其相同点》(2010)、吕艳伟的《试述地理环境在晋商形成中所起的作用》(2011) 等文章也着重论述了自然地理环境对于晋商兴起的重要性。本部分拟从地形气候、交通道路、人口及资源状况三个方面对山西地理环境进行概述。另外，本书所探讨的地理区域以今天山西省所辖地区为准。

　　山西位于黄河中游东岸，华北平原西面的黄土高原上，地处北部游牧区与中原传统农业区的过渡地带，同时也是北方游牧民族入侵中原的必经之路，北部地区以长城为界与内蒙古自治区毗连。山西形势素有"表里山河"之称，清代地

---

①　[日] 寺田隆信. 山西商人研究 [M]. 张正明等译. 太原：山西人民出版社，1986.
②　王尚义. 晋商商贸活动的历史地理研究 [M]. 北京：科学出版社，2004.

理学家及学者顾祖禹曾有精辟论断：

山西之形势，最为完固。关中而外，吾必首及夫山西。盖语其东，则太行山为之屏障，其西则大河为之襟带；于北则大漠、阴山为之外蔽，而勾注、雁门为之内险，于南则首阳、底柱、析城、王屋诸山，滨河而错峙；又南则孟津、潼关，皆吾门户也。①

由于地理位置险要，在战争年代，军事战略地位突出，为"京师之藩屏，中原之保障"，在和平时期，则是游牧民族与汉族进行贸易互市的前沿阵地。清代统一蒙古各部后，朔平府境内（今山西省右玉县）的杀虎口被开辟为入蒙经商贸易的重要孔道，此时晋商得益于此而再度兴起。

山西现今疆域轮廓呈东北斜向西南的平行四边形，南北间距较长，位于北纬34°35′～40°43′，东经110°15′～114°32′，太行山以西，黄河之东。整体地势北高南低，海拔高低相差2800多米，地貌以山地为主，兼具高原、丘陵、河谷盆地等多种地貌类型，东西各为太行山和吕梁山，恒山、五台山、云中山、系舟山、太岳山、中条山分布其间。从北到南中间凹陷地带，镶嵌着大同、忻定、太原、临汾、运城及上党盆地。② 山西群山怀抱之中自北而南的一系列盆地是农业种植区。

山西省属暖温带、温带大陆性季风气候。由于其多样化的地形特征及气候条件，十年九旱，南北气候差异明显。北部地区冬季漫长、寒冷干燥；夏季南长北短，雨热同期；春季气温多变，风沙较大；秋季短暂，晴干温和，全省年平均气温介于3.6℃～13.8℃，昼夜温差大，南部气温高于北部，南北气温平均相差10℃多；年平均降水量为518毫米，低于全国平均值，各地降水量分布不均匀，从东南往西北逐渐减少，山区多于盆地。③

一、山西至内蒙古地区的商路交通

鉴于自然地理条件，清代山西的商路主要有陆路、陆路和水路相结合两种交通形式，清代内蒙古地区是山西商人前往经商的贸易重地之一，故通往内蒙古地区的交通在当时的生产力条件下，十分发达。

首先对清代山西通往内蒙古的陆路交通进行介绍。清代通往北部的主干路主要有两条，均以太原为始点，主要经杀虎口、张家口向北通蒙古地区，这样杀虎口、张家口就成为山西通往蒙古地区各条线路的交会点。一条线路为：太原—忻州—崞县—山阴—大同—丰镇市。行到丰镇县治集贤庄后，与归绥至察哈尔的道路相合。丰镇至归绥的线路为：集贤庄—天成村—凉城县治—石匣子沟—西沟

---

① 顾祖禹. 读史方舆纪要［M］. 卷三十九《山西方舆纪要序》，北京：中华书局，2005.
②③ 山西史志研究院. 山西通志·地理志［M］. 北京：中华书局，1996.

门—黑炭板申—羊盖板申—大黑河—归绥县。以丰镇为岔路口，"经集贤庄、大庄科、平顶山出省境"，可至张家口，共三百六十里，可东通平津①，而由丰镇南行，经得胜口至山西大同一百里，也可南通太原。另一条线路为：太原—大同—左云—右玉杀虎口—和林格尔厅—绥远厅。在《晋政辑要》中对第二条路有明确记载：

"自阳曲县临汾驿起，七十里阳曲县成晋驿，七十里忻州九原驿，八十里崞县原平驿，一百里代州雁门驿，五十里代州广武边站，六十里山阴县山阴驿，六十里应州安银子驿，六十里怀仁县西安驿，七十里大同县瓮城驿，由瓮城驿分道，一百里丰镇厅站，六十里左云县高山军驿，六十里左云县左云军站，六十里右玉县右玉军站，由右玉军站分道，一百二十里和林格尔厅站……又由右玉军站二十里八十家蒙古站，六十里归化城蒙古站，一百四十里归化厅站，由归化城分道，五里绥远城将军驻所。②"

这条线路出右玉杀虎口后，到归绥的具体线路也有三条：

（1）杀虎口—八十家子—新店子—上土城（即古盛乐）—和林—沙尔沁—大黑河—归绥，其中归绥经大黑河至沙尔沁七十里，在沙尔沁出归绥县，入和林境，沙尔沁到上土城三十里，至和林县二十里，至新店子八十里，至八十家子二十里，入杀虎口，至山西县治二十里。自杀虎口东行，可到大同、张家口，南行可至太原③。这条道路为乾嘉年间杀虎口通往归绥的主干通道，也称旧道。

"案清时归绥城通京大道，均经杀虎口，其路线由归化南渡大小黑河，经羊盖板河、什拉乌素河、一间房子、上土城。即古定襄郡也。再由和林县上胡同坝底、新店镇、佛爷沟而抵杀虎口，路极坦平。乾嘉以后，入京车马，均行于此，即今（民国）所谓旧道也。④"

（2）归绥—宁远—右玉—左云—大同、阳高、天镇—直隶怀安—宣化—怀来—昌平—京师。清代归绥到北京的道路，部分行经山西境内，成为山西出入内蒙古地区的重要通道。

"自绥远城起，五里归化城站，一百四十里宁远厅站，八十里右玉县右玉军

————————

①③④　绥远通志馆.（民国）绥远通志稿［M］.第十册卷八十《车驼路》，呼和浩特：内蒙古人民出版社，2007.

②　刚毅.晋政辑要［M］.卷31《兵制、邮政》，上海：上海古籍出版社，1997.

站，六十里左云县左云军站，六十里大同县大同军站，六十里大同县聚乐军站，六十里阳高县阳和军站，六十里天镇县天成军站入直隶界。①"

但这条道路的兴起晚于第一条道路，在咸丰年间，有僧人募修凉城县石匣子沟，即古参合陉后，由于路途平坦，成为商民、仕宦来往归化城的必经之道，伊盟七旗、乌拉特三公旗也经由此道进京入贡。

"至咸丰间，有善僧修筑凉城县石匣子沟，即古参合陉也。大道成功，向之崎岖山径，至是宽平可行，于是仕宦、商旅，由山西往来归化者，皆径行于此，而旧道遂废，其路线由归化东南，过大、小黑河、羊盖板河，经舍必崖、西沟门。由此沿石崖子沟，过坝梁至宁远（今凉城县治）。转南行入永兴沟，越将军梁，沿王嫱河而抵杀虎口，是即所谓新道也。较旧道近四十里，新旧二道，在昔车马络绎，经冲繁之途，而伊盟七旗、乌拉特三公旗之入贡，亦均取道于此焉。②"

（3）杀虎口—八十家子—佛爷沟—史家窑子—三十二号—前后石门子—前后坝—坑板石—报马房子—黑廊窑子—茶坊沟—公喇嘛—羊盖板河—大、小黑河—归化，这条路为民路，较偏僻，崎岖难行，可通行车马，主要为马群必经之路。同时，可避开和林县和凉县两个收税点，亦有不少商民通行。

"由归化东南行，经大、小黑河、羊盖板河、公喇嘛入茶坊沟，经黑廊窑子、报马房子、坑板石、前后坝、前后石门子、三十二号、史家窑子、佛爷沟、八十家子而入杀虎口，此路虽山石崎岖，亦可通车，凡入内地马群，此为必经之路，以其路较僻静，行程可免耽延，且不经和、凉二县税局，减少中途盘查至烦也。③"

上述杀虎口到归绥的三条通道，在民国京绥铁路通车后，均遭到现代交通工具的冲击而衰落。

"迨入民国，京绥铁路通大同、丰镇后，石匣沟新路。行者渐少，其后行客

---

① 刚毅. 晋政辑要［M］. 卷31《兵制、邮政》，上海：上海古籍出版社，1997.

②③ 绥远通志馆.（民国）绥远通志稿［M］. 第十册卷八十《车驼路》，呼和浩特：内蒙古人民出版社，2007.

以匪患而裹足，此路更行冷落矣。①"

此外，清代山西商人在从事远距离长途茶叶贸易的过程中，形成了中经山西的三条商路，其中两条通道中转平遥、祁县、太谷，经忻州至黄花梁，一条向西经杀虎口通往归化，一条向东经张家口至多伦。具体线路为：

（1）平遥、祁县、太谷—太原—忻州—黄花梁—杀虎口—归化（呼和浩特）—库伦（乌兰巴托）—恰克图—伊尔库茨克—新西伯利亚—莫斯科—彼得堡。

清末山西忻州商人杰出代表程化鹏在向清廷所上的奏折《奏为查明归化城商民请由俄边假道通商贩运茶斤行走路径事》中就提到了这条商道，其原书为："此项千两朱兰茶有茶商由建德贩至河南十家店，由十家店发至山西祁县、忻州，由忻州而至归化城，与走新疆之商运至乌鲁木齐、塔尔巴哈台等处售卖。②"

（2）平遥、祁县、太谷—太原—忻州—黄花梁—张家口—多伦—齐齐哈尔—满洲里。

第三条属于天津到张家口的茶叶贸易通道，天津和张家口分别是清代内地和西北地区茶叶贸易的重要集散地，具体路线为：天津—北京—张家口—大同—杀虎口—包头—宁县—张家口。

山西至内蒙古地区的陆路衔接水路交通情况。清代山西通往内蒙古地区的出口，除了杀虎口和张家口外，还有黄河沿线渡口河曲、保德、碛口等。河曲渡口成为入蒙贸易的通道始于康熙三十六年（1697 年），清政府"特允鄂尔多斯之请，河保营地区始与蒙古交易，自此河曲地方人烟稠密，商贾辐辏，逐渐繁盛"③。同年，康熙帝曾谕大学士伊桑阿，"将湖滩河朔积贮米或五千石……顺流而下，（运）至保德州④"。

经过河曲渡口入蒙的具体线路为：山西河曲县—马乍渡—十里长滩—九枝榆树沟—湖滩和硕渡—托克托县城—关四窑子—什力邓—三两庄—红津桥—归绥城。这条商道在《绥远通志稿》中有明确记载：

①　绥远通志馆．（民国）绥远通志稿［M］．第十册卷八十《车驼路》，呼和浩特：内蒙古人民出版社，2007.

②　中国第一历史档案馆藏．录副奏折：同治六年十二月初十日奏为查明归化城商民请由俄边假道通商贩运茶斤行走路径事．档号 03 - 4981 - 005.

③　（清）刘日煊．移驻县治碑记［M］．引自河曲县县治编纂委员会编．《河曲县志》卷二十四《艺文·碑记》，太原：山西人民出版社，1989.

④　《清圣祖实录》卷一八三，转引自张世满．晋蒙粮油故道初探［J］．清华大学学报（哲学社会科学版），2009.

"由归绥县城南行，经红津桥、三两庄、什力邓、关四窑子、托克托县城、湖滩和硕渡、九枝榆树沟、十里长滩、马乍渡至山西河曲县四百里，需时六日可达。归绥至红津桥四十里，以次至三两庄三十里。自此出归绥境，入托克托境，至什力邓二十里，至关四窑子四十里，至托克托县三十里。自湖滩和硕渡河，入准格尔旗至九枝榆树沟二十里，至十里长滩一百四十里，至马乍渡六十里，渡河入山西境，至河曲县二十里。①"

保德渡口的贸易吞吐量也较大，其"赖有黄河，北由包头，南去河南，输运便通，商务受其利"。同时，保德地瘠民贫，当地粮食主要取自蒙古，居民也多往蒙古地区谋生，故此地"商贾全赖河上水运粮油，他物绝少②"。

碛口位于今天临县境内，山西吕梁山中的黄河边上，享有明清"水旱码头小都会、九曲黄河第一镇"的美誉，也于康熙年间开通。

"康熙年间，岁大祲，三锡恻然隐忧，因念北口为产谷之区，且傍大河，转运非难，遂出己资于碛口招商设祠，由是舟楫胥至，粮果云集，居民就得市。③"

据张世满教授在《晋蒙粮油故道初探》（2009）中的考证，这条陆路衔接水路交通的具体线路为：内蒙古自治区西部阿拉善盟左旗旧磴口黄河码头—磴口县—临河区—杭锦旗—五原县—乌拉特前旗—包头市—达拉特旗—土默特右旗—托克托县—准格尔旗—清水河—山西偏关县—河曲县—保德县—兴县—碛口，水路交通与上书《绥远通志稿》卷八十《车驼路》中的记载相符，在碛口水路与陆路交通连接，由碛口经南沟—离石—吴城—翻黄栌岭—汾阳—文水—交城—清徐，直至太原，水路长达1120公里，陆路240公里，总路程1360公里④。

二、人口资源状况

山西南北自然地理气候差异明显，人口资源分布情况也略有不同。南部地区临汾、运城盆地土地丰饶、气候温和，历来是山西传统的农业区；中部地区为山西政治、经济文化中心，农耕条件不及南部，强于北部；北部地区气候寒冷，无霜期短，不利于农耕，常年粮食供给不足，"十年九旱"成为山西北部气候特征

① 绥远通志馆.（民国）绥远通志稿［M］.第十册卷八十，呼和浩特：内蒙古人民出版社，2007.
② （清）吴大猷.（光绪）保德乡土志［M］.第一章《境地》，第二章《商务》，第六章《户口》，民国五年石印本，1899.
③ （清）姚启瑞，方渊如，刘子俊纂修.永宁州志［M］卷二二《孝义》，光绪七年刻本，山西大学图书馆藏，1899.
④ 张世满.晋蒙粮油故道初探［J］.清华大学学报（哲学社会科学版），2009（2）：111.

的真实写照。虽然山西大部分土地非沃衍之田，但自古盐铁资源丰富，或位于交通要道的地区经济繁荣，商贾辐辏，为明清两代晋商向外拓展奠定了良好的经济基础。清代中国依旧是传统的农业国家，尽管学界普遍认为明清时期山西从商风气较为浓厚，然农耕仍为百姓赖以生存的本业。因此，总而言之，土狭人稠为明清山西地区基本的人口资源状况。巨大的人口压力迫使富余人口出外经商或做工寻求谋生，成为促成山西经商风气浓厚的一个不可忽视的因素。清人孙家淦的《请开籴禁疏》中提到"山西平（阳）、汾（阳）、蒲（州）、解（州）等处，人稠地狭，本地所出之粟，不足供居民之用，必仰给于河南、陕西二省[1]"；清人康基田《晋乘蒐略》也载：

> "山西土瘠民贫，生物鲜少……太原以南多服贾远方，或数年不归，非自有余而逐什一也。盖其土之所有不能给半，岁之食不能得，不得不贸迁有无，取给他乡；太原以北岗陵丘阜，硗薄难耕，乡民唯以垦种上岭下坂，汗牛痛仆，仰天待命。[2]"

安介生在《山西移民史》中认为"田地贫瘠与狭小决定了当地农业生产的落后及粮食供应的紧张"，而摆脱这一困境的主要出路就是"经商贸易"[3]，其他研究山西人口资源及晋商的学者[4]也表达了类似的观点。明清时期山西人地关系变化情况如表1-1所示。

表1-1中数据显示清代山西人均亩数由清初顺治年间的6.5亩下降至3.25亩，其他相关研究表明："明洪武二十六年（1393年）至1949年，山西省人均耕地由10.82亩降至4.88亩"，其中清嘉庆十七年（1812年）人均耕地为3.95亩。[5] 据清代山西各地区县志及相关文献记载，有关山西人多地少而外出经商或做工的记载也比比皆是。

---

① 孙家淦《孙文定公奏疏》卷三《请开籴禁疏》，转引自张正明，薛慧林. 明清晋商资料选编 [M]. 太原：山西人民出版社，1989.

② （清）康基田《晋乘蒐略》卷二，转引自张正明，薛慧林. 明清晋商资料选编 [M]. 太原：山西人民出版社，1989.

③ 安介生. 山西移民史 [M]. 太原：山西人民出版社，1999.

④ 有关论述山西人口资源的论著有：安介生的《山西移民史》（1999），刘建生、刘鹏生的《晋商研究》（2002），梁四宝、武芳梅的《明清时期山西人口迁徙与晋商的兴起》（2001），韩晓莉的《明清山西人地关系的演变及调整》（2002），梁四宝、燕红忠的《清代边疆开发的经济动因及其影响》（2003），吴瑞娟的《人口迁徙在明清晋商发展中的作用》（2010）等。

⑤ 刘建生. 晋商研究 [M]. 太原：山西人民出版社，2002.

表1-1　清代前中期山西人口与耕地情况统计表①

年代	人口	耕地面积（亩）	人均耕地面积（亩）
顺治十八年（1661 年）	1527632（丁）	40787125	6.5
	5758407（口）		
康熙二十四年（1685 年）	1649666（丁）	44522136	6.57
	6602921（口）		
雍正二年（1724 年）	1768657（丁）	49242600	6.56
	8246435（口）		
乾隆三十一年（1766 年）	10468309	53548135	5.12
嘉庆十七年（1812 年）	14004210	55279052	3.95
咸丰六年（1856 年）	16016000	53285401	3.33
同治十二年（1873 年）	16384000	53285401	3.25

　　晋中地区：太谷"民多而田少，竭丰年之谷，不足供两月，故耕种之外，咸善谋生，跋涉数千里，率以为常，土俗殷实，实由于此焉②"；汾阳"地狭人稠，岁之所入，不过秫麦谷豆③"；介休"土狭人满，多挟资走四方，山陬海澨皆有邑人，固繁庶之地也④"；平定州（今山西阳泉市，清代领寿阳、乐平、盂县三县）"山多田少，一岁所入不足支半岁……贫者不厌糟糠，恒食力于他乡⑤"等。

　　晋北地区：忻州地区"晋俗以商贾为重，非弃本而逐末。土狭人稠，田不足于耕也。太原、汾州所称饶沃之数大县，及关北之忻州，皆服贾于京畿、三江、两湖、岭表，东西北三口，致富在数千里，或万余里外，不资地力⑥"，乾隆时期的《忻州志》也载"土满人稠，耕农之家十居八九，贸易商贩者十之一

　　① 韩晓莉. 明清山西人地关系的演变及调整［J］. 沧桑，2002（6）：53-54. 文中数据来源：清代人口统计在乾隆六年（1741 年）以前，以"人丁"为单位，乾隆六年以后以人口为单位，本文采用回测法将"人丁"换算为"人口"，表中所列顺治十八年、康熙二十四年、雍正二年的人口数字为换算的人口数。资料来源：《清朝文献通考》卷十九，户口；（嘉庆）《大清会典》卷十一；梁方仲《中国历代户口、田地、天赋统计》第 380 页。

　　② （清）郭晋修，管粤秀纂. （乾隆）太谷县志卷三《风俗》［M］. 台北：成文出版社，1989.

　　③ 咸丰《汾阳县志》卷十《杂识》，转引自张正明，薛慧林. 明清晋商资料选编［M］. 太原：山西人民出版社，1989.

　　④ 徐品山纂，陆元锡等修，熊兆占等. 介休县志［M］卷一二《艺文》，嘉庆二十四年刻本.

　　⑤ （清）赖昌期，张彬等. 平定州志［M］，光绪八年刻本.

　　⑥ （清）徐松龛. （光绪）五台新志［M］. 南京：凤凰出版社，2005.

二①"；马邑"地广人稀，土瘠民贫②"；左云"近边，天气极寒，地瘠民贫③"；宁武"地处高寒，四时多风……宁武人邑居者……远之归化绥远诸城，鬻艺于军营，或无地以耕，方多去出佃塞外④"；大同"奇寒酷冷，地瘠民贫⑤"；崞县"民贫土瘠⑥"；灵丘"地土砂碛……岁丰亩不满二斗，稍歉则籽粒半失⑦"；定襄"地狭民贫⑧"。

晋南地区：曲沃"土狭人满，每挟资走四方，所至多流寓其间⑨"；吉州"僻处万山，土瘠民贫⑩"；浮县"土瘠民贫，兼以人密地稀，田亩岁入，仅资口食⑪"；绛州（今新绛县）"非不宜农，而本地产收之粮，恒不敷本地居民之食，岁常仰给于绛以南之大平原⑫"；闻喜"县男子十三四万，竭地力不足糊口⑬"。

晋东南地区：上党（包括今天长治、晋城两市）"山高地狭⑭"；阳城"县居深山、民贫土瘠，稼穑尤难，非肩负贩，不足佐其耕获⑮"；壶关"气候高寒……乃贫民至苦生计⑯"。

可见，山西农耕条件并不理想，"土狭人稠"和"土瘠民贫"是描述山西省人口资源状况出现频次最高的两个词语。由于客观自然条件限制，本地居民在农耕之余经商或做工以补本业的不足，适遇社会历史条件成熟，客观上促成了晋商

①　（清）周人龙原本，窦谷邃增订．（乾隆）忻州志［M］．卷二《物产》，南京：凤凰出版社，2005.

②　（民国）陈廷章修，霍殿鳌纂．马邑县志［M］．卷四《续艺文》，南京：凤凰出版社，2005.

③　（清）李翼圣原本，余卜颐增修，兰炳章增纂．（光绪）左云县志［M］．卷一《气候》，南京：凤凰出版社，2005.

④　（清）魏元枢，（清）周景桂纂修．（乾隆）宁武府志［M］．卷九《风俗》，南京：凤凰出版社，2005.

⑤　（清）杨笃纂，洪汝麟、鲁彦光修．（道光）大同县志［M］．记二《风土记》，南京：凤凰出版社，2005.

⑥　（清）贾瀜纂，（清）郡丰锁、顾弼修．（乾隆）崞县志［M］．南京：凤凰出版社，2005.

⑦　（清）宋起凤原本，（清）岳宏誉增订．（康熙）灵丘县志［M］．卷一《风俗》，南京：凤凰出版社，2005.

⑧　（清）王时炯．（雍正）定襄县志［M］．卷一《风俗》，南京：凤凰出版社，2005.

⑨　（清）张鸿逵、茅丕熙纂修．（光绪）续修曲沃县志［M］．卷一九《风俗志》，南京：凤凰出版社，2005.

⑩　（清）吴葵之、裴国苞．（光绪）吉州全志［M］．卷六《风俗》，南京：凤凰出版社，2005.

⑪　（民国）乔本情、张桂书、卫怀仁．浮山县志［M］．卷三二《风俗》，南京：凤凰出版社，2005.

⑫　（民国）李焕扬．新绛县志［M］．《叙》，南京：凤凰出版社，2005.

⑬　（民国）余宝滋修，杨跋田等纂．闻喜县志［M］．卷六《生业》，台北：成文出版社，1968.

⑭　（清）张淑渠、姚文瑛．（乾隆）潞安府志［M］．卷八《风俗》，南京：凤凰出版社，2005.

⑮　（清）赖昌期、高乃炘、李瑞映．（同治）阳城县志［M］．卷五《风俗》，南京：凤凰出版社，2005.

⑯　（清）茹金．（道光）壶关县志［M］．卷一《沿革制》，南京：凤凰出版社，2005.

的崛起。这也使清代商贾聚集的山西中部地区出现了有趣的历史现象，即农耕条件优越，然商风较淡的地方反而不如从商人数比例较大的地方富庶。如原邑（太原）"在郡属县中为最贫，而土地最为沃衍……故贫民易于谋生，贸易外乡者寥寥焉，其贫以此不至饥寒流之亦亦以此"。

第二节　清至民国初年山西、内蒙古的行政区划

清代至民国，山西与内蒙古的行政区划与今天两省所辖地区有所不同，如清代归绥两厅（今呼和浩特市）归山西管辖。同时，清代旅蒙商人数众多，晋籍商人占绝大多数，由于山西各地区商人的兴起时间、缘由及发展历程、所属阶层等有着明显的区域特色，因此，笔者将在内蒙古经营的晋商分为以祁、太、平为代表的山西中部地区商人；以忻、代两州为代表的山西北部地区商人及南部商人。为避免由于地理范围差异而引起的混淆，有必要将本书所讨论时间段内两省的行政区划变化进行解释和说明。

一、清至民国山西省行政沿革

清代山西的行政区划基本上沿袭明制，在明代五府、三直隶州的基础上，于雍正二年（1724 年）增平定、忻、代、保德、解、绛、吉、隰八个直隶州，次年（1725 年）增宁武、朔平两府。雍正六年（1728 年）将蒲、泽二州升为府。乾隆三十七年（1772 年）将吉州改为府隶州，属平阳府；同年升霍州为直隶州。至此，有清一代山西省共有九府、十直隶州、六属州、八十五县、十二直隶厅（此十二厅均不在山西境内）[①]。如表 1 - 2 所示。

表1－2　清代山西府、州、县表

府、直隶州	治所	辖县（散州）及今地望
太原府	阳曲（太原）	阳曲（太原）、太原（太原晋源）、太谷（太谷）、祁（祁县）、交城（交城）、文水（文水）、兴县（兴县）、岢岚州（岢岚州）、榆次（榆次）、徐沟（清徐沟）、岚县（岚县）（十县一州）

① （清）曾国荃，王轩等纂修，高可、刘英编.山西通志（卷四～卷五）[M].北京：中华书局，1990.

续表

府、直隶州	治所	辖县（散州）及今地望
汾州府	汾阳	汾阳（汾阳）、平遥（平遥）、介休（介休）、孝义（孝义）、临（临县）、宁乡（中阳）、永宁州（离石）、石楼（石楼）（七县一州）
潞安府	长治	长治（长治城区）、长子（长子）、屯留（屯留）、潞城（潞城）、壶关（壶关）、襄垣（襄垣）、黎城（黎城）（七县）
泽州府	凤台（晋城）	凤台（晋城）、高平（高平）、阳城（阳城）、陵川（陵川）、沁水（沁水）（五县）
平阳府	临汾	临汾（临汾）、岳阳（安泽）、洪洞（洪洞）、浮山（浮山）、翼城（翼城）、曲沃（曲沃）、汾西（汾西）、襄陵（襄汾县襄陵镇）、太平（襄汾汾城）、乡宁（乡宁）、吉州（吉县）（十县一州）
蒲州府	永济	永济（永济西南）、临晋（临猗临晋镇）、虞乡（永济，清复置）、荣河（万荣宝井镇）、万泉（万荣古城村）、猗氏（临猗）（六县）
大同府	大同	大同（大同）、怀仁（怀仁）、山阴（山阴城）、阳高（阳高，清复置）、天镇（天镇，清置）、广灵（广灵）、灵丘（灵丘）、浑源州（浑源）、应州（应县）（七县二州）
宁武府	宁武	宁武（宁武）、偏关（偏关）、神池（神池）、五寨（五寨）（四县均为清置）
朔平府	右玉	右玉（右玉）、左云（左云）、平鲁（平鲁旧城）、朔州（朔城区）（三县一州，三县均为清置）
平定州	平定	盂（盂县）、寿阳（寿阳）（二县）
沁州	沁县	武乡（武乡）、沁源（沁源）（二县）
辽州	辽县（左权）	和顺（和顺）、榆社（榆社）（二县）
绛州	新绛	垣曲（垣曲古城）、闻喜（闻喜）、绛（绛县）、稷山（稷山）、河津（河津）（五县）
解州	解州（运城解州）	安邑（运城安邑）、夏（夏县）、平陆（平陆老城）、芮城（芮城）（四县）
霍州	霍县	赵城（洪洞赵城）、灵石（灵石）（二县）
隰州	隰县	大宁（大宁）、蒲（蒲县）、永和（永和）（三县）
忻州	忻县（忻府区）	定襄（定襄）、静乐（静乐）（二县）
代州	代县	五台（五台）、崞（原平）、繁峙（繁峙）（三县）
保德州	保德	河曲（河曲）（一县）

资料来源：张纪仲. 山西历史政区地理［M］. 太原：山西古籍出版社，2005.

山西巡抚的管辖范围还包括清政府设在今天内蒙古地区的十二个直隶厅，即归化、绥远城厅（今呼和浩特市）、和林格尔厅（今和林格尔，乾隆六年（1741年）设）、清水河厅（今清水河）、托克托城厅（今托克托）、萨拉齐厅（今土默特右旗）、宁远厅（今凉城县）、丰镇厅（今丰镇）、陶林厅（今察哈尔右翼中旗）、武川厅（今武川县）、兴和厅（今兴和县）、五原厅（今五原县），清末又增设东胜厅（今鄂尔多斯市东胜区）。以上十二厅，归化城厅设于雍正元年（1723年），绥远城厅设于乾隆初年，和林格尔厅、清水河厅、托克托城厅于乾隆六年（1741年）设。萨拉齐厅设于乾隆六年（1741年），乾隆二十五年（1760年）清政府将善岱厅并入，升为通判厅；宁远厅于雍正三年（1725年）设，隶属朔平府，丰镇厅于乾隆十五年（1750年）设，隶属大同府，光绪十八年（1892年）改丰、宁二厅为归绥道管辖；光绪二十九年（1903年），由于汉民垦地日广，增设陶林、五原、兴和、武川四厅；不久，于光绪三十三年（1907年）设东胜厅。具体历史沿革如下：

　　"至于道厅及驻防汉军之增设，则肇始于雍、乾两朝，盖最初设归化城理事同知。在雍正元年，迨逮乾隆初，始筑绥远城为防军驻所，并设绥远城理事同知及五路协理通判。乾隆六年（1741年），设归绥道，辖归、绥两同知暨归、萨、托、和、清、善、昆等七协理通判。后裁善岱、昆都伦二协理。继又裁归化通判。同治间，改萨拉齐通判为同知。凡此诸厅，皆设于土默特左右两境内。光绪十八年（1892年），又以大同府属之丰镇厅、宁远厅理事通判改隶归绥道，此二厅原设于察哈尔右翼四旗界，自是改各理事厅为抚民厅，仍加理事卫，唯绥远城之理事同知如故。迨二十九年（1903年），又因绥境垦地日广，农民之生齿渐繁，于是更分丰镇之东部设兴和厅，分宁远之北部设陶林厅，分归化之山后地设武川厅，分萨拉齐之西部后套地设五原厅。未几，又辟鄂尔多斯中部，置东胜厅，是即清末所谓塞北归绥道属之十二厅也。①"

　　民国成立后，废除府、州、厅的名称，改省、县二级制，后因省辖县太多，地方行政变为省、道、县三级制。山西省被分为雁门、冀宁、河东三道，行政区划除将塞外归化十二厅并入新设的绥远、察哈尔、热河三省外，其余地方仍承清制，如表1-3所示。

　　① 绥远通志馆.（民国）绥远通志稿（第一册卷一）［M］. 呼和浩特：内蒙古出版社，2007.

表1-3　民国山西省、道、县表

道名	治所	辖县（105县）	备注
冀宁道	阳曲（太原市）	阳曲、太原、榆次、太谷、祁县、徐沟、清源、交城、文水、岚、兴、岢岚、汾阳、平遥、介休、孝义、中阳、石楼、离石、方山、临县、长治、长子、屯留、潞城、壶关、黎城、襄垣、平顺、晋城、高平、阳城、陵川、沁水、平定、盂县、寿阳、昔阳、沁、武乡、沁源、辽县（左权）、和顺、榆社	清源、方山、平顺、昔阳为民国恢复的县，改永宁州为离石县，改宁乡县为中阳县，改凤台县为晋城县
雁门道	大同	大同、怀仁、山阴、阳高、天镇、广灵、灵丘、浑源、应县、右玉、左云、平鲁、朔、宁武、偏关、神池、五寨、定襄、静乐、保德、河曲、代县、繁峙、崞县（原平）、五台、忻州（二十六县）	
河东道	运城	临汾、安泽、洪洞、浮山、翼城、曲沃、汾西、襄陵、汾城、乡宁、吉、永济、临晋、虞乡、荣河、万泉、猗氏、新绛、垣曲、闻喜、绛、稷山、河津、解、安邑、夏、平陆、芮城、霍、赵城、灵石、隰、大宁、蒲、永和（三十五县）	改绛州为新绛县，改岳阳县为安泽县，改太平县为汾阳县

资料来源：张纪仲. 山西历史政区地理［M］. 太原：山西古籍出版社，2005.

由上，本书所述山西省，按照今天山西的行政区划，将清末归化等十二厅列入山西省地理范围之外。根据各州县的地理位置，将太原府、汾州府、平定州所辖地区归为山西中部地区；将大同府、宁武府、朔平府、忻州、代州、保德州所辖地区归为山西北部地区；将平阳府、蒲州府、解州、霍州、隰州所辖地区归为山西南部地区；潞州府、泽州府所辖地区为晋东南地区，也即上党地区。

二、清至民国内蒙古行政沿革

清政府对内蒙古地区①实行旗县并存的二元行政管理，即对游牧型的蒙古社会采用盟旗制，对入蒙定居的汉族农耕社会实行府厅州县制②。清廷在漠南蒙古设六盟四十九旗，六盟分别是哲里木盟、卓索图盟、昭乌达盟、锡林郭勒盟、乌兰察布盟和伊克昭盟，如表1-4所示。

---

① 清代蒙古地区分为漠南、漠西、漠北、阿拉善、青海蒙古，今天内蒙古自治区所辖地方的地理范围和清代漠南蒙古地区相近。清政府在漠南蒙古设六盟四十九旗，在漠北蒙古喀尔喀设四盟八十六旗，在漠西蒙古设八盟六十二旗（青海蒙古和阿拉善不设旗）。

② 张永江. 论清代漠南蒙古地区的二元管理体制［J］. 清史研究，1998（2）：39.

表1-4 清代内蒙古盟旗、厅县表①

盟	旗、府、厅	辖区	今地望
哲里木盟	旗	科尔沁右翼中、前、后，左翼中、前、后六旗，郭尔罗斯二旗，杜尔伯特旗，扎赍特旗	位于内蒙古东部，地域大约包括今内蒙古兴安盟和通辽市、科尔沁左翼中、后二旗以及黑龙江省杜尔伯特蒙古族自治县、大庆市、安达县、林甸县、泰来县、肇东市、肇州县、吉林省白城地区、长春市、农安县、德惠市、双辽市、梨树县、公主岭市、辽宁省康平县、昌图县、法库县、彰武县等地区的全部或部分
	府、厅	长春府所辖农安县、长岭县、德惠县；昌图府所辖奉化（今吉林梨树县）、怀德（今吉林省公主岭市）、康平三县和辽源州（今吉林通辽县）；洮南府所辖靖安县、开通县、安广县、醴泉县、镇东县、彰武县、法库县、大赍厅、肇州厅、肇东分防、安达厅、景星镇	
卓索图盟	旗	喀喇沁左、中、右三旗；土默特左、右旗；锡埒图库伦扎萨克喇嘛旗	大约相当于今内蒙古赤峰市喀喇沁旗、宁武县和辽宁省朝阳地区、阜新蒙古族自治县及河北省平泉县北部、承德、围场的一部分
	府、厅、州	承德府所辖平泉一州、滦平、丰宁、赤峰、建昌、朝阳五县。光绪二十九年（1903年），朝阳县升为府，下增设建平、阜新、绥东三县	
昭乌达盟	旗	扎鲁特左、右旗；阿鲁科尔沁旗；巴林左、右二旗；克什克腾旗；翁牛特右、左二旗；敖汉左、右旗；奈曼旗；喀尔喀左翼旗	相当于今赤峰市克什克腾旗、林西县、巴林左右二旗、阿鲁科尔沁旗、翁牛特旗、敖汉旗、赤峰市郊和哲里木盟的开鲁县、奈曼县、扎鲁特旗
	府、厅、州县	赤峰直隶州辖开鲁、林西（商业为山西商人掌握）二县	
锡林郭勒盟	旗	乌珠穆沁右旗、左旗，浩奇特左、右旗，阿巴嘎左、右旗，阿巴哈纳尔左、右旗；苏尼特左、右旗	相当于今锡林郭勒盟东、西乌珠穆沁旗、锡林浩特市、阿巴嘎旗、苏尼特左右旗和二连浩特市
乌兰察布盟	旗	四子部落旗，喀尔喀右翼旗，茂明安旗，乌喇特前、中、后旗	相当于今乌兰察布市四子王旗、达尔罕茂明安联合旗、巴彦淖尔乌拉特中、后旗及杭锦后旗、五原县、乌拉特前旗和包头市固阳县、乌兰察布市武川县的大部分
	厅	武川厅、五原厅	

① 本表据周清澍．内蒙古历史地理［M］．呼和浩特：内蒙古大学出版社，1991；绥远通志馆．（民国）绥远通志稿（第一册卷一）［M］．呼和浩特：内蒙古出版社，2007.

续表

盟	旗、府、厅	辖区	今地望
伊克昭盟	旗	鄂尔多斯左翼中旗、鄂尔多斯左翼前旗、鄂尔多斯左翼后旗、鄂尔多斯右翼前旗、鄂尔多斯右翼后旗、鄂尔多斯右翼中旗、鄂尔多斯右翼前未旗	相当于今鄂尔多斯市的全部和巴彦淖尔盟临河、五原、磴口及杭锦后旗、乌拉特前旗的一部分及陕西省榆林、神木、横山、靖边、府谷等县长城以北地方
套西二旗		阿拉善额鲁特旗	相当于今阿拉善盟阿拉善左旗的全部和阿拉善右旗的大部，以及巴彦淖尔市磴口县与乌海市的一部分
		额济纳土尔扈特旗	大体相当于阿拉善盟额济纳旗和阿拉善右旗西南的一小部分
呼伦贝尔八旗（与察哈尔八旗对称外八旗）		镶白、正蓝、镶黄、正白、正黄、正红、镶红、镶蓝八旗；光绪三十四年（1908年），由于旗制渐废，设呼伦直隶厅、胪滨府（今满洲里市）、吉拉林设治局	相当于今呼伦贝尔市大兴安岭以西至中俄、中蒙交界地带
布特哈总管八旗		光绪三十四年（1908年），改设布西县；宣统二年（1910年），在东路布特哈地方设纳河抚民同知厅，厅治为今黑龙江省纳河县境内	大体相当于呼伦贝尔市大兴安岭以东诸旗和黑龙江省龙江、纳河、嫩江三县的一部分
察哈尔	旗及牧场	正蓝旗、镶白旗、正白旗、镶黄旗、正黄旗、正红旗、镶红旗、镶蓝旗	相当于今乌兰察布市集宁区，察哈尔右翼前、中、后三旗，卓资县、商都县、化德县、丰镇市、凉城县、兴和县和锡林郭勒盟正蓝旗、正镶白旗、镶黄旗、太仆寺旗、多伦县及河北省张北、康保、尚义、沽源等县的一部分
	厅	雍正二年（1724年）设张家口、多伦诺尔、独石口三厅；乾隆元年（1736年）设东翼正白、镶白、镶黄、正蓝四旗直隶厅，四十三年改为丰宁县；丰镇、宁远、兴和、陶林四厅	
归化城土默特	旗	归化土默特二都统旗和扎萨克旗	相当于呼和浩特、包头二市及清水河、和林格尔、武川县的一部分
	厅	归化厅、绥远城厅、萨拉齐厅、清水河厅、和林格尔厅、托克托城厅	

民国北京政府时期，内蒙古行政建置沿袭清末旧制，将府、厅、州等名称按

新的行政建置改称县。1914年，北京政府设立热河、察哈尔、绥远特别行政区。1913年11月，袁世凯将绥远和山西分治后，绥远管辖原口外十二厅即归化、萨拉齐、托克托、和林格尔、清水河、丰镇、宁远（同年改称凉城）、兴和、陶林、武川、五原、东胜县，与乌兰察布盟、伊克昭盟、土默特总管旗、察哈尔都统所属察哈尔右翼四旗。1914年，绥东4县即丰镇、凉城、兴和、陶林划属察哈尔特别区域。1919年，置固阳设治局，1926年升格为县；1922年，设包头设治局；1926年，设大佘太、临河设治局。至1928年，北京政府在其统治期间，绥远特别行政区治下有归化、萨拉齐、托克托、和林格尔、清水河、武川、五原、东胜县8县，包头、大佘太、临河3设治局，土默特左右翼2旗和乌、伊两盟各旗；察哈尔特别行政区至1916年管辖张北、多伦、沽源、丰镇、凉城、兴和、陶林、商都、宝昌、康保和集宁11县和锡林郭勒盟10旗及察哈尔8旗。现宁远县（今内蒙古凉城县）、丰镇县、兴和县、陶林县（今内蒙古察右中旗驻地科布尔镇）、多伦县属今内蒙古境内；热河辖原直隶都统区管辖的15县[1]和内蒙古卓索图盟7旗和昭乌达盟12旗。另在1914年，北京政府设立热、察、绥三个特别行政区之前，哲里木盟、呼伦贝尔、西布哈特地区及阿拉善、额济纳旗已分别划归奉天、黑龙江、吉林、甘肃省[2]。

南京国民政府时期至抗战前，国民党于1928年将绥远、热河、察哈尔特别行政区改设为绥远、热河、察哈尔3省。绥远除原辖区外，另辖由察哈尔兴和道划分过来的丰镇、陶林、凉城、集宁4县及察哈尔部右翼4旗。抗战前，绥远省辖16县、2设治局和乌兰察布盟4部6旗、伊克昭盟1部7旗，土默特旗、察哈尔右翼4旗，另1929年包头、临河2设治局也均升格改县；察哈尔省辖16县、3设治局、察哈尔部4旗、锡林郭勒盟5部10旗和4大牧群及达里岗牧厂，另外，1934年设化德设治局；热河省辖15县、3设治局和卓索图盟7旗、昭乌达盟13旗[3]。

由上，清代至抗战前，内蒙古地区的地理范围与今日有很大不同，如清代内蒙古地区实行旗县并制的行政区划，由山西归绥道节制的口外十二厅和盟旗在地理范围上交错并存，现在黑龙江、吉林、辽宁、河北一部分地区也属于内蒙古地区等，民国时又将其分为绥远、察哈尔、热河三省，而与山西省毗邻的土默特、卓索图盟、昭乌达盟等内蒙古西部地区是晋籍商人最为集中的地方，故本书所讨

① 白眉初. 《中华民国省区全志》之京直绥察热五省区志·热河特别区域志［J］. 北平师范大学史地系，1924：1－2.

② 曹永年. 内蒙古通史［M］. 呼和浩特：内蒙古大学出版社，2007.

③ 据绥远通志馆.（民国）绥远通志稿（第一册卷一）［M］. 呼和浩特：内蒙古出版社，2007；曹永年. 内蒙古通史［M］. 呼和浩特：内蒙古大学出版社，2007；周清澍. 内蒙古历史地理［M］. 呼和浩特：内蒙古大学出版社，1991.

论的内蒙古地区的地理范围，以现在内蒙古行政区划为准（见表1-5）。

表1-5 内蒙古行政区划图

市、盟	行政区划
呼和浩特市	玉泉区、新城区、回民区、赛罕区、托克托县（城关镇）、土默特左旗（察素齐镇）、武川县（可可以力更镇）、和林格尔县（城关镇）、清水河县（城关镇）
包头市	昆都仑区、青山区、东河区、九原区、石拐区、白云矿区、固阳县（城关镇）、土默特右旗（萨拉齐镇）、达尔罕茂明安联合旗（百灵庙镇）
乌海市	渤海湾区、乌达区、海南区
赤峰市	红山区、元宝山区、松山区、宁城县（天义镇）、林西县（林西镇）、喀喇沁旗（锦山镇）、巴林左旗（林东镇）、敖汉旗（新惠镇）、阿鲁科尔沁旗（天山镇）、翁牛特旗（乌丹镇）、克什克腾旗（经棚镇）、巴林右旗（大板镇）
乌兰察布市（集宁市）	集宁区、丰镇市、兴和县、卓资县、商都县、凉城县、化德县、察哈尔右翼前旗、察哈尔右翼中旗、察哈尔右翼后旗、四子王旗
锡林郭勒盟（锡林浩特市）	锡林浩特市、二连浩特市、多伦县、阿巴嘎旗、西乌珠穆沁旗、东乌珠穆沁旗、苏尼特右旗、苏尼特左旗、太仆寺旗、正镶白旗、正蓝旗、镶黄旗
呼伦贝尔市	海拉尔区、满洲里市、牙克石市、额尔古纳市、根河市、陈巴尔虎旗、阿荣旗、新巴尔虎左旗、新巴尔虎右旗、鄂伦春自治旗、莫力达瓦达斡尔族自治旗、鄂温克自治旗
通辽市	科尔沁区、开鲁县、科尔沁左翼中旗、科尔沁左翼后旗、库伦旗、奈曼旗、扎鲁特旗
鄂尔多斯市（东胜区）	东胜区、准格尔旗、乌审旗、伊金霍洛旗、鄂托克旗、鄂托克前旗、杭锦旗、达拉特旗
巴彦淖尔市	临河区、五原县、磴口县、杭锦后旗、乌拉特中旗、乌拉特前旗、乌拉特后旗
阿拉善盟	阿拉善左旗、阿拉善右旗、额济纳旗
兴安盟	乌兰浩特市、阿尔山市、突泉县、扎赉特旗、科尔沁右翼前旗、科尔沁右翼中旗
霍林郭勒市	省直辖

第三节 山西商人入蒙经商的政治背景

清代旅蒙山西商人崛起一方面和山西省毗邻内蒙古优越的地理位置有关，另一方面得益于清初统一边疆的随军贸易及清政府对边疆地区实行的一系列经济政策。

康熙五十九年（1720 年），西北边疆准噶尔部起兵对抗清廷，清政府调集重兵平叛。为解决军队的粮草供给问题，在蒙古和新疆实行屯垦政策，同时召集部分山西商人随军代运军粮。这些商人在贩运军需的同时，兼与蒙古地区居民做以布帛、绸缎、茶等交换马匹等沿途贸易。乾隆二十年（1755 年），清廷允许随军商人私带货物，规定"由归化城运米往军营，毋庸禁止私带茶布酌量驮载带往①"。最早在蒙古经商的山西商人由此产生。如清初八大皇商之一介休范氏和驰骋塞外商界 200 多年的大盛魁②皆起家于此。

> "范毓（香奇），山西介休人。范氏故巨富，康熙中，师征准噶尔，输米馈军，率以百二十金致一石。六十年（1721 年）再出师，毓（香奇）及毓馪以家财转饷，受运值视官运三之一。雍正间，师出西北二路，怡亲王允祥荐毓馪主饷，计谷多寡，程道路远近，以次受值，凡石米自十一两五钱至二十五两有差，累年运米百余万石。世宗特赐太仆寺卿衔，章服同二品。寇犯北路，失米十三万余石，毓馪斥私财补运，凡白金百四十四万。③"

关于介休范氏起家于随军贸易一事，嘉庆《介休县志》也有记载：

> "康熙辛丑（1721 年）壬寅（1722 年）间，西征准噶尔，道送粮运，石费一百二十金，多不能继，公私苦之。毓馪、毓（香覃）力任挽输，辗转沙漠数万里，不劳官吏，不扰闾阎，克期必至，且省国费以亿万计。将帅上其功，赐职太仆寺卿，用二品服，弟毓（香覃）赐职布政司参政，盖异数也。④"

清政府统一内外蒙古后，结束了明代内地与蒙古近三百年的军事对峙格局，为汉蒙及其他少数民族之间的经济、文化往来创造了客观条件。清政府出于政治战略的考虑，为笼络蒙古各部，巩固北部边疆地区的统治，颁布了系列促进汉、蒙两地交流的政治、经济政策。旅蒙山西商人兴起则受益于此。

一、"互市"和"朝贡"制度

清初蒙古族社会，处于以畜牧业经济为主导的游牧型社会，普通牧民日常生

---

① 清高宗实录［M］.卷四百八十一，乾隆二十年正月丙申.北京：中华书局，1986.

② 中国人民政治协商会议内蒙古自治区委员会文史资料研究委员会编.内蒙古文史资料第十二辑［J］.旅蒙商大盛魁（内部发行），1984：11.

③ 清史稿（卷三一七）［M］.北京：中华书局影印，1987.

④ （清）徐品山，陆元锒.（嘉庆）介休县志（卷九）［M］.南京：凤凰出版社，2005.

活用品相对匮乏，需求旺盛。卢明辉的《旅蒙商——17 世纪至 20 世纪初中原与蒙古地区的贸易关系》（1995）中引用康熙二十七年（1688 年）法国耶稣传教士热比雍（汉名张诚）途经漠北喀尔喀蒙古境内的日记，对蒙古牧民的生活状态进行了描述：

"我们离开营帐不久就发现了一些喀尔喀鞑靼（蒙古）的帐篷，帐篷周围有成群的奶牛、马、牛和骆驼。再也想象不出有什么东西比这些帐篷更坏的了。这是些比邻接壤中国的那些蒙古人（指漠南内蒙古人）的帐篷更矮、更窄小、更破烂的帐篷，……他们的孩子一丝不挂，父母穿的则是内衬羊毛的破布衣服。许多人除披一件羊皮外，没有其他衣服，那羊皮既未加工，又未鞣制而只是在阳光下晒干的。"

"大多数妇女来到我们的帐篷，用她们的牲畜交换布、食盐、烟草和茶叶，我们的人以他们大部分瘦弱而疲劳的马和骆驼，交换壮健的马和骆驼，另外再给鞑靼人一些日用东西，因为他们不愿收钱，而只要布。①"

蒙古族社会茶、烟等日常生活用品的缺乏和内地对牲畜的需求形成互补，清政府顺应形势，继承明代"茶马"互市贸易，兼以实行"通贡制度"。"通贡制度"即蒙古王公值年班、朝觐或其他事情来京朝贡牲畜、毛皮、猎物等土特产品，清廷通过"赏赐"回赐给各种丝织品、棉织品、农产品、佛器、银钱等②。但通贡远远不能满足双方需求，清政府允许前来"通贡"的蒙古王公，携带牲畜，在向京进贡的沿途城市进行贸易，从而形成"官市"和蒙古地区集镇、集市两种贸易形式。

官市贸易有两种，一种为京师互市，即蒙古王公进京通贡时，由政府专门部门组织，与蒙古随从商队进行贸易；另一种为边口互市，即由政府颁令设立边口互市，将边口作为蒙古与内地贸易的主要场所。当时主要边口有杀虎口、张家口、古北口、归化城、三座塔、西宁等。

集镇和集市贸易是蒙古地区和内地互通有无的主要贸易形式。早期的集镇贸易地点如归化城、多伦诺尔、库伦、乌里雅苏台后均发展为塞外贸易名镇。集市贸易是蒙古地区以寺庙和兵营为中心的定期贸易活动，如甘珠尔庙（呼伦贝尔）、经棚喇嘛庙（克什克腾旗）、百灵庙（乌兰察布盟）、准噶尔庙（鄂尔多

① 《张诚日记》载《清史资料》第 5 辑，中国社会科学院历史研究所清史研究室编，1984 年，北京：中华书局．转引自卢明辉．旅蒙商——17 世纪至 20 世纪初中原与蒙古地区的贸易关系［M］．北京：中国商业出版社，1995：19 – 20.

② 马汝珩，成崇德．清代边疆开发［M］．太原：山西人民出版社，1998.

斯）等都是当时有名的集市、庙会。

然上述贸易形式仅限于清初，且只允许在清政府指定的场所进行，限制也较严格。自用兵西北的军事行动结束后，清政府对内地商民入蒙经商采取默认和鼓励的政策，官市贸易渐行消退，民间贸易得到长足发展。

二、票照制度

票照是指清代对上至蒙古王公、喇嘛，下至平民、商贾出入蒙地所持的凭据，即通行证。票照制度则为发放票照的一系列制度。顺治十三年（1656年）始行票照制度，"盛京贸易民入府、州、县发给印票。出山海关之外藩蒙古人员，理藩院咨部取票给发[1]"。康熙中叶后，清政府对商民进行贸易的票照制度逐渐完善。清初《理藩院则例》规定，商人等至蒙古、新疆等地的贸易，必须持有由察哈尔都统、绥远城将军、多伦诺尔同知衙门发放的部票才可通行，部票上须将"该商姓名及货物数目、所往地方、起程日期另缮清单、粘贴票尾，钤印发给。该衙门给发部票时，一面知照所往地方大臣官员衙门，不准听其指称。未及领取部票，由别衙门领用路引为凭。若商人已到所往地方，欲将货物转往他方贸易者，即呈报该处衙门，给予印票，亦知照所往地方官员衙门[2]"。清政府对商人部票制度的执行较严，规定甚多，对无票私行贸易者，在非贸易地点进行贸易及违反此规定的官员处罚较重。相关规定如下：

"违者，查出照无部票例治罪。其商人部票着该地方大臣官员查验存案，务于一年内勒限催回，免其在外逗留生事。倘并无部票私行贸易者，枷号两个月，期满笞四十，逐回原省，将货物一半入官。[3]"

"唐努乌梁海三佐领，乌里雅苏台北边九台站等处，不准商民贸易。其乌梁海人等有换取什物者，于近皮张之便，前往乌里雅苏台贸易。"

"商民在乌里雅苏台与唐努乌梁海人等交易，勿用现银置买货物，不准挪借银两，赊给物件。如违禁赊借及私至游牧地方讨取账目，查出以违禁论。"

"西北两路内地人民与外藩贸易交易，俟外藩入等到该管将军达成所辖地方，方准贸易。责成该将军大臣等严行查办，毋任越界妄行。如失于觉察，致生越界等事，将该将军大臣等交部议处。"

"内地人民不准在游牧地方借给蒙古人等银两渔利。违者，将商民账目已完者，饬令回籍。未完者，展限完结，毋任逗留。其并无执照奸民，即行拿送该将军大臣，照例治罪。倘该扎萨克官员容隐不报，一经查出，一并参处。"

---

① 光绪大清会典事例［M］.卷627《兵部、绿营处分例》，中国台湾：文海出版社，1992.

②③ 张荣铮，金懋初等点校.钦定理藩部则例（卷34）［M］.天津：天津古籍出版社，1980.

"蒙古官员失察商民偷渡出口者，降一级。无级可降，折罚二九牲畜，存公备赏。"

"库伦街市商民情愿前往各扎萨克旗下贸易者，不准用三个月小票。着于库伦管理商民事务章京处请领引票。由该章京处量其道路远近酌定期限，将前往何旗贸易、所带系何货物，并该民人年貌注明票内给发。一面行知该扎萨克稽查，务于限内催令旋回贸易处所。只准支搭帐房，不准布盖房间。如逾限不回者，着该扎萨克立即拿送库伦管理商民事务章京处，照例治罪。"

"各游牧处所，着该旗扎萨克协理台吉不时留心稽查。如有无票私行潜往游牧之民人，立即严拿，呈送库伦大臣处照例治罪。每年仍着该盟长会同库伦管理商民事务巡查一次。如有无民人栖止，将该扎萨克等严参治罪。"

清政府颁行"部票制度"原出于政治上的考量，并非促进两地经济发展，然由于蒙地消费需求日增，蒙古很多地方交通闭塞、地处偏远，使用以物易物的交易形式，致蒙汉交易市场利润丰厚，刺激了周边省区的商人蜂拥入蒙经商。这些在蒙经商的商人被称为旅蒙商，旅蒙商中有来自河北、陕西、北京、山西等地的商人，其中以山西商人居多。

乾隆中叶统一新疆后，清廷继续鼓励商人经由蒙古前往新疆深处贸易，由于之前赴新疆行商必须至乌里雅苏台将军处领票，故于乾隆二十五年（1760 年）允准归化城、张家口等处商民可在本处领取票照。

"北路蒙古等以牲只来巴里坤、哈密辟展贸易者，俱由乌里雅苏台该处将军给予执照；其由张家口、归化城前往之商民及内地扎萨克蒙古等，亦须折至乌里雅苏台领照，未免迂回，是以来者甚少。"

"新疆驻兵屯田，商贩流通，所关最要。着传谕旨直隶、山西督抚及驻扎将军、扎萨克等，旗民愿往新疆等处贸易，除在乌里雅苏台行走之人仍照前办理外，其张家口、归化城等处由鄂尔多斯、阿拉善出口，或由推河、阿济行走，着各该地方官及扎萨克等按其道里给予印照。较之转向乌里雅苏台领照，程站可省四十余日，商贩自必云集，更于新疆有益。[1]"

三、中俄恰克图贸易的开通

刘建生教授在《晋商研究》中认为，清代晋商获得长足发展的原因之一为

① 清高宗实录 [M]. 卷六一〇. 乾隆二十五年四月. 北京：中华书局，1986.

中俄恰克图互市，笔者认同这一观点，蒙地晋籍商人商业规模的壮大与此关系更为密切。如山西外贸世家常氏经营对俄贸易150年，道光七年（1827年）十二月初四日恰克图八甲首花名册中，其中有四位甲首出自常家的商号，分别为：美玉公记、大兴玉记、美玉德记、兴玉中记①。

康熙二十八年（1689年），中俄《尼布楚条约》不仅明确规定了中俄两国东西边界，还商定两国人民带有往来文票，可进行边境贸易，中俄贸易肇始。18世纪上半叶，俄国开始不断侵扰中国西北和漠北地区，中俄贸易时开时禁。雍正三年（1725年），俄国来华使团表达了希望继续通商且扩大两国贸易的愿望。雍正五年（1727年），中俄签订《布连斯基条约》，后于雍正六年（1728年）正式签署了《恰克图条约》，这个条约对双方在蒙古地区的边界及贸易人数、关税、互市地点均做了明确规定。雍正八年（1730年），为适应贸易形式需要，清政府批准在恰克图建立买卖城，中国商民居住的南市为"买卖城"（今已废），俄国商民居住的北市为"恰克图"（今俄国恰克图市）。至此，恰克图由于其在中俄边境优越的地理位置，成为中俄双方贸易交往的重要据点。

中国对俄恰克图贸易商品大宗为茶叶，供应西伯利亚广大市场及欧洲地区，贸易交易量非常大，1762～1785年，中国每年从恰克图输出的茶叶近3万普特②，1811年为8万普特，1820年已逾10万普特③，1848年至349652普特④，19世纪上半叶，中俄茶叶贸易峰值。山西自古素有经商传统，巨商大贾在明代已久闻天下，紧邻地区如此庞大的消费市场也促使晋籍商人的贸易由国内走向国外，"恰克图贸易商民皆晋省人⑤"，一些商人甚至将店铺直接开到了俄罗斯部分城市和地区。

① 赖惠敏. 山西常氏在恰克图的茶叶贸易［J］. 史学集刊，2012（6）：39；文中所引资料来源为《恰克图八甲首花名册》，台北蒙藏委员会藏蒙古共和国国家档案局档案. 编号029 - 009，第91 - 93页。

② ［俄］班蒂什—卡缅斯基. 俄中外交文献汇编（1619～1792）［M］. 北京：商务印书馆，1982.

③ 《中国是俄国茶叶的供应者》载《满洲公报》1925年第5～7期，转引自郭蕴深. 中俄恰克图茶叶贸易［J］. 历史档案，1989（2）：90.

④ 郭蕴深. 中俄恰克图茶叶贸易［J］. 历史档案，1989（2）：90.

⑤ （清）何秋涛. 朔方备乘卷46，转引自刘建生、李东. 西口——杀虎口［M］//见晋商与西口文化论坛组委会. 纵论西口. 太原：山西春秋电子音像出版社，2006.

第二章　清代山西商人与
内蒙古城市的兴起

清代蒙古地区城市兴起具有多方面的因素，但不可否认的事实是，商人是最早进入蒙古地区大多数城市的最早外来居民，尤其在内蒙古中西部一带。在此经商的商人中，山西商人所占比重最大，现今深入内蒙古中西部地区如呼和浩特、包头两市，随处可见操着山西口音的居民，以及以山西地名或当时晋商商号命名的地方。如呼和浩特的定襄巷、宁武巷，外蒙古科布多的大盛魁街，包头的复盛西巷等，且当地有民谚称"先有复盛公后有包头城"。可见，商业聚集和城市兴起关系密切。本章探讨商人与城市兴起的关系，同时也为后文对旅蒙山西商人在城市近代化转型中的地位的探讨奠定了基础。下面即对旅蒙山西商人集中的内蒙古城市兴起概况、清代蒙地山西商人的发展历程及在各城市的商业分布进行论述。

第一节　商人聚集及商业城镇的兴起

城镇的聚集反映了区域经济发展程度，纯粹商业占主体的城市在中国城市发展史上不占主流地位，内蒙古地区的城市也是如此。然而由于清代蒙古地区大部仍处于游牧社会，其城市的兴起除了政治、军事原因外，很多城市因入蒙汉民定居人口增多而兴起，甚至一些城市主要由集市贸易点发展而来。大量人口聚集意味着城市本身及周边存在着巨大的消费市场，其商业发展几乎和城市形成同步。因此，内蒙古城市兴起和发展与商人贸易活动密不可分。清代内蒙古是旅蒙山西商人活动的重点区域，也是晋商对外蒙古、新疆、东北及俄国进行长途贸易的必经之地，故这一地区的城镇如归化城、包头、多伦诺尔，外蒙古的买卖城、乌里雅苏台、科布多等城市均有山西商人的商铺分布。

一、商人贸易与归绥城转口商贸枢纽的确立

内蒙古自治区的省会呼和浩特由清代归化城（旧城）和绥远城（新城）扩建而来，可谓双子城。归化城的修建和发展早于绥远城，自其建立以来一直是内蒙古地区的政治、经济中心，而绥远城的军事意义更为明显。光绪《土默特志》卷四《法守》对归绥二城在内蒙古地区及在全国的地位有形象的描述，称归化城为"京畿之锁钥，晋垣之襟带，乌伊诸盟之屏蔽，库科乌城之门户"，而绥远城则为归化之"犄角也①"。俄国人阿·马·波兹德涅耶夫 1893 年 3 月 17 日对归化城进行考察时，在其日记中记载了归化城在土默特地区居民心目中的政治地位：

"土默特人把呼和浩特看作是自己地区的中心，这当然不是由于它的地理位置，而只是由于这个城市作为治理中心在行政上的意义，他们总是根据呼和浩特计算所有分布在土默特地区的卡伦的远近距离，而且他们所有用来专门传送官方文件和各级行政官吏因公出差所走的驿道也是由呼和浩特开始。②"

归化城不仅是土默特地区的行政中心，还是清代三大塞外贸易名城之一，其他两座城市为张家口和多伦诺尔。在建立伊始，就与城市贸易动机联系在一起。台湾地区黄丽生教授认为"城市贸易与传布佛法乃俺答建立归化城的重要动机③"。16 世纪后半期，明代长期将与蒙古互市的地点限制在各军方要塞，后来这些地方随着内蒙古游牧地区和汉族农耕区的经济交往密切而转化为商业重镇。在归化城建立之前，土默特地区已涌现出由汉族民人农耕定居建立起的大小板升④。此时，由于蒙古和明政府处于政权割据状态，边境冲突不断，蒙古顺义王俺答汗表达了和明通贡修好的愿望，他在隆庆五年对明的贡表文中陈述其缘由，"不许开市，衣用全无，毡裘不耐夏热，段（缎）布难得⑤"。在和明政府取得共识后，用汉人仿汉城市建置修建了归化城，城"周二里，砌以砖高三丈，南北门

① 不著纂修. 土默特志 [M]. 卷四《法守》，清光绪间刊本影印，台北：成文出版社，1968.

② [俄] 阿·马·波兹德涅耶夫. 蒙古及蒙古人（第二册）[M]. 呼和浩特：内蒙古人民出版社，1987.

③ 黄丽生. 从军事征掠到城市贸易：内蒙古归绥地区的社会经济变迁（14 世纪中叶至 20 世纪初）[J]. 台湾师范大学历史研究所专刊，1995（25）.

④ "筑城架屋居之曰拜牲. 明史讹为板升者也"，不著纂修. 土默特志 [M]. 卷二《源流》，清光绪间刊本影印，台北：成文出版社，1968.

⑤ 明刊本. 玄览堂丛书 [M]. 第一函第一册，庚辰六月印行，内蒙古大学图书馆线状书.

各一,外郭东西南三面三门①"。光绪《土默特志》简述了归化城发展之初的历史:

"喇嘛札布土默特人,姓博尔济古特,元太祖十六世孙阿勒坦裔坦号格根汗,初由河套,徙丰州滩,筑城架屋居之曰拜牲。明史讹为板升者也。明通好,封顺义王,以归化名所,居城至今仍之。②"

从俺答汗建立归化城的初衷,已预示着归化城作为汉蒙商贸中心城市的地位,为其今后成为对西北、外蒙古、俄国转口贸易枢纽城市奠定了基础。明清政权交替之际,清天聪六年(1632年),归化城市建筑毁于清廷征讨林丹汗的战火中。康熙二十七年(1688年),张鹏翮奉使俄罗斯,路过归化城时见:"城周围可二里,唯仓库及副都统署瓦屋,余寥寥土屋数间而已。③"清政府入主中原后,出于平定西北边疆及怀柔蒙古王公的需要,归化城的军事地位顿然提升,重建归化城提上日程。重建后,归化城在清初战争废墟的基础上稍具规模,"城周六里,余高三丈有奇,南北二门④"。康熙三十年(1691年)和乾隆、道光、同治年间又进行了增葺,"经左右翼弁兵,与台吉等修于康熙中年,乾隆初年又葺之,道光中筑土垣为郭,是城也⑤"。民国《归绥县志》载:

"清康熙三十三年土默特左右两翼及六召喇嘛台吉等增土郭,筑东西南三门,合旧有之,北门为四。东门曰承恩,西曰柔远,南曰归化,北曰建威,旧南门改鼓楼,额曰固威。乾隆道光同治时,相继重修。光绪间土郭多圮⑥。"

康熙年间,为适应统治漠北蒙古和防卫漠西准噶尔部的军事需求,又在归化城东北五公里许,修建了绥远城。于雍正十三年(1735年)兴工建造城垣,乾隆二年(1737年)工竣。乾隆皇帝继位在谕旨中如是表述了清廷修建绥远城的目的:

①⑥ (民国)郑裕孚纂,郑植昌修.归绥县志[M].《建置治》,民国二十四年铅印本影印,台北:成文出版社,1968.

② 不著纂修.土默特志[M].卷二《源流》,清光绪间刊本影印,台北:成文出版社,1968;清实录[M].卷35《雍正十三年十一月乙丑条》,北京:中华书局(影印本),1985.

③ (清)张鹏翮.奉使俄罗斯日记[M].程演生,李季,王独清.中国内乱外祸历史丛书[M].上海:神州国光社,1946.

④⑤ 不著纂修.土默特志[M].卷四《法守》,清光绪间刊本影印,台北:成文出版社,1968:60.

"朕思准噶尔贼心甚诡异，若三二年间，尚不至起事，唯数年之后，我兵尽撤，伊若潜过阿勒台山梁，扰动喀尔喀等游牧地方，唯时归化城兵不能速到，必致喀尔喀等寒心，此亦应筹划之事①。"

绥远城建成后，清政府旨赐满汉，名曰绥远城，其规模如下：

"周围九里十三步，高二丈九尺五寸，顶涧一丈五尺，底涧四丈，四门楼门二重，东门曰迎旭，南门曰承薰，西门曰阜安，北门曰镇宁，周围角楼四座。城上四面堆拨八处，每处建盖房三间，城内适中处，钟楼一座，上有玉皇弥罗阁。②"

与此同时，设绥远城将军管理军务，若遇蒙汉纠纷，由绥远城将军节制，凸显了绥远城在蒙古地区重要的政治地位。

"其地方官理蒙民交涉案者，先由将军都统，奏设五厅，委用理藩院笔帖式五员至七员，后改置蒙民理事府，又设归绥道，改置抚民理事同通，以道辖之，现归化、萨拉齐为理事同治，托克托和林格尔、清水河三厅为理事通判，均在土默特界内，又置巡检以副厅治之所不及，蒙人衽席之安皆天下之赐矣。③"

从此，清政府对归化、绥远两城的经营也有所侧重，归化城主政治、经济功能，绥远城主政治、军事功能，城内军营居多，分布少量商店和民房，至光绪年间，两城逐渐连成一城。光绪《山西通志》、《归绥道志》及《绥远旗志》对此情况都有记载：

"归、绥二城相距五里，今则人烟辐辏，市衢毗连，二城之间几无隙地，故归绥道名绥远，而道署实在归化北门之外，不异一城矣。④""绥曰新城，归曰旧城，一城之间耳。⑤"

随着清政府的统一和政局稳定，归绥城的经济功能日益凸显，商民聚集，市

① 清实录［M］. 卷35《雍正十三年十一月乙丑条》，北京：中华书局（影印本），1985.

②⑤ （清）高赓恩等纂修. 绥远全志［M］. 卷二《城垣》，光绪三十四年刊本影印. 台北：成文出版社，1968.

③ 不著纂修. 土默特志［M］. 卷四《法守》，清光绪间刊本影印. 台北：成文出版社，1968.

④ 曾国荃，王轩，杨笃. （光绪）山西通志［M］. 卷三十《府厅州县考八·归绥道》，清光绪十八年刻本；高赓恩《绥远全志》，光绪三十四年刊本影印，台北：成文出版社，1968.

场繁荣，成为塞外最大的商业城镇，而清代"康熙以还，地方经长期安定，百业渐形发达。绥为山西境内，故经商于此者多晋籍①"。细究归绥成为蒙地中原地区与蒙古北部、西部地区和新疆地区的转口贸易城市，经历了以下发展历程。

（一）归化城作为入蒙商人交易场所的确定

清初，清政府对蒙汉交易限制颇多，清廷于康熙二十三年（1684 年）九月，规定："嗣后尔处（厄鲁特蒙古）所遣贡使有印验者，限二百名以内准入边关，其余俱令在张家口、归化城等处贸易，其向来不用尔处印验②"。康熙三十年（1691 年），张鹏翮路过归化城时，对城内商贸情况用"外番贸易，蜂集蚁屯"寥寥数语形容，并意识到这乃"地居扼要"之地③。实际上边口互市贸易远不能满足双方经济贸易需要。康熙三十年（1691 年）多伦会盟时，蒙古王公和上层喇嘛就向康熙帝提出放宽蒙汉贸易往来的限制，允许内地商人到蒙古贸易的请求④。清政府应允，将张家口、多伦诺尔、归化城开辟为内地商人入蒙经商的贸易场所，但至蒙古贸易的商人必须一年内返回，"每年由户部给予印票八百张，逐年换给"。同时还规定：

　　"凡内地人民出口，于蒙古地区贸易耕种，不得娶蒙古妇女为妻，倘私相嫁娶，查出将所嫁之妇离异，给还母家，私娶之民照地方例治罪。⑤"

蒙地急需输入汉地物资，以弥补单一游牧经济所缺，而与内蒙古相邻的山西土狭人稠，民风善贾，在清政府放宽入蒙经商的规定后，两地的贸易往来频繁，山西商人迅速成为旅蒙商的主力军。这一贸易盛况的出现满足了双方利益诉求，可谓大势所趋。《归绥识略》载："归化城界连蒙古部落，市廛之盛甲乎西北，去口外三字为吾乡（晋省）人医贫良方。⑥"

（二）绥远城的修建形成巨大的军事消费区

随着清政府经略漠北蒙古及西北边疆的需要，清廷不断调集军队驻扎归化城，又于雍正十三年（1735 年）至乾隆二年（1737 年）修建新的军事城市，绥

---

①　绥远通志馆编纂. 绥远通志稿（第三册卷二十七）［M］. 呼和浩特：内蒙古人民出版社，2007.

②　《圣祖仁皇帝亲征平定朔漠方略》卷二，（清）方略馆编. 清代方略全书（第五册）［M］. 北京：国家图书馆，2006.

③　（清）张鹏翮. 奉使俄罗斯日记［M］. 程演生，李季，王独清. 中国内乱外祸历史丛书［M］. 上海：神州国光社，1946.

④　卢明辉. 旅蒙商——17 世纪至 20 世纪中原与蒙古地区的贸易关系［M］. 北京：中国商业出版社，1995.

⑤　清会典事例［M］. 卷九七八《理藩院一六·户丁》，北京：中华书局，1991.

⑥　归绥识略［M］. 卷17《地部·市集》，绥远通志馆.（民国）绥远通志稿（第十二册）［M］. 呼和浩特：内蒙古人民出版社，2007.

远城应势而生。之后，清政府将杀虎口右卫将军移驻绥远，伴随着绥远城将军衙门进驻的同时，还有入驻的几千兵丁及家属。《清高宗实录》载：

> "添副都统二员，其右卫之副都统二员，仍留原处，亦归并（绥远）将军管辖。所有家选兵丁二千名，热河兵一千名，着该处照原议办理。俟房屋竣日，先往驻扎。①"

不事生产的绥远城驻兵巨大的军事消费及其家属的生活消费，对归化城商民聚集及商业繁荣起了不可低估的作用。一方面其对归化城商业的依赖性极强，"旗丁隶兵籍，不讲蓄贮，日两餐所需，皆入市取给焉②"；另一方面由于绥远城的修建，吸引了汉民纷纷进入归化城，商人和手工业者成为归化城最受欢迎的居民。光绪《土默特志》载：

> "十三年九月奏归化城每年解额尔德尼招粮米四万八百石，向用内扎萨克等牛车及喀尔喀官驼，请自来年始募商驼挽运，停喀尔喀官驼，令善牧备军用，又应运米向由山西巡抚拨解道行不无竭蹶，以商人所纳仓米十万石，就近解送，庶经费可省，动用亦便。③"

《乾隆上谕档》及《清高宗实录》也载：

> "数年以来，归化城商人糊口裕如，家资殷富，全赖军营贸易生理，生理又全借驼只牛马。④"

乾隆元年（1736年），清政府于土默特地方设归化城同知⑤等官以后，"商贾农工趋负贸易，内地人民难以计数"，同时又在绥远城修筑、招民垦地期间，"将来驻防官兵相聚益众⑥"。乾隆四年（1739年）民人也因归化城"兴此巨工，

---

① 清高宗实录［M］. 第一册卷39. 乾隆二年三月庚戌. 北京：中华书局，1986.

② 绥远通志馆.（民国）绥远通志稿（第二册）［M］. 呼和浩特：内蒙古人民出版社，2007.

③ 不著纂修. 土默特志［M］. 卷二《源流》，清光绪间刊本影印. 台北：成文出版社，1968.

④ 中国第一历史档案馆. 乾隆朝上谕档［M］. 第一册. 北京：档案出版社，1991；《清高宗实录》（一）卷20，1991.

⑤ 于雍正元年（1723年）设归化厅理事同知，用来管理口外汉人，隶属于山西朔平府. 见刘铭传撰. 朔平府志［M］. 卷四《建置志·归化城》，清雍正十一年刊本.

⑥ 皇朝文献通稿［M］. 卷33，商务印书馆编. 文津阁四库全书清史资料汇刊［M］. 史部68. 北京：商务印书馆，2006.

闻风攒集①"。

（三）设关及票照领取地奠定了其成为转口贸易城市的基础

清政府对入蒙经商持鼓励态度，乾隆二十年（1755 年），允许汉商在运输军需物资时私带货物，认为"军营拨运禁带私物，原为无用，徒滋靡费。茶叶、布匹，官兵蒙古日用所需，乘便带售，于蒙古有益，在商贾得利"，可以"酌量驮载带往"②。同时，鉴于归化城重要的政治、军事地位，清廷将汉人入蒙经商政策合法化之初，已将归化城作为前往内外蒙古地区经商的票照发放地（本书第一章第三节已有阐述）。乾隆四十二年（1777 年），归化城又成为商民前往新疆巴里坤、乌鲁木齐等地贸易的票照领取地。《绥远通志稿》第三册卷二十七《商业（上）》载：

"自清乾隆四十二年以来，凡商民自归化城前往乌鲁木齐等处贸易者，俱由副都统衙门发给票照。扎萨克旗份，则由厅官详报，照例给发，盖所以取便稽核也，乃日久玩生，无照营业，遂至成例。嘉庆五年，署定边左副将军齐登扎布以归化城商民于山后各扎萨克旗贸易日多，稽查纷繁，恐滋事端，奏请嗣后发给照票，方准贸易，以便稽查。奏准理藩院咨行绥远城将军派员赴都请领本院所制票照，发给商民。前往乌里雅苏台等处及各蒙古地方，勒限贸易，俟贸易完竣，依限缴销，其制迄于清末。③"

山西巡抚彰宝在奏折中也曾提过汉商入新疆贸易，需在归化城先领取票照这个事实：

"查向例商民蒙古内，有由归化城载货往巴里坤、乌鲁木齐等处贸易者，该（归化城）同知衙门填明伊等所走路途，发给书票，以备稽查。④"

归化城是各路交通会集处，又"地居扼要"，作为票照发放地后，意味着走西口而来的商民至外蒙古或西北贸易必须转口归化城才能通行，故其迅速成为"商贾云集、百货辐辏"的繁华市场。

然而当时入蒙经商的商民"经过杀虎口缴纳关税后，至归化城五厅境内，行

---

① 中国第一历史档案馆藏：录副奏折，乾隆四年六月二十二日建威将军王常、办理绥远城工程事务大臣王山奏请增加绥远城工商运工价并令王山回京事，档号：03 - 0517 - 009。

② 《清高宗实录》（十）卷481。

③ 绥远通志馆.（民国）绥远通志稿（第三册卷二十七）［M］. 呼和浩特：内蒙古人民出版社，2007：564.

④ 宫中档乾隆朝奏折［M］. 第三十七辑. 台北：台湾故宫博物院印行，1985.

销无阻①"。清政府考虑到归化"客民日多，商货激增，征税事繁"，故于乾隆二十六年（1761年）设归化关，"以征榷之"②，并题准"归化城总税局，并绥远、归化、和林格尔、托克托、萨拉齐、西包头、昆都仑、八十家子等口，差蒙古笔帖式二员，分督征收牲畜税③"。《大清会典事例》卷九百八十则规定了归化城货物收税细则：

"议准，归化城为蒙古商民辐辏之处，所有烟酒三项及皮张杂货等物，皆归入落地税内，照例征收，其驼马牛羊，除进口外，若绕道赶往他省出售者，亦一例征税，以防偷漏，至于铁器不许出口。原指军器及可以制造军器之铁而言。若种地农具及平常日用器皿，给票验放，毋许守口官弁刁难勒索，亦俱照例收税，作为公费。今既归入正额，仍令土默特等，照每年应用之数具领关支。该监督于任满时，一并照册报核。④"

至清宣宗道光十九年（1839年），归化城作为塞外贸易大城的地位已无可撼动，清政府为增加财政收入，对"归化城商民携带茶布，由蒙古地方换来马匹牲畜，仍照旧例纳税。若将换来马匹牲畜，复与兑换货物及买卖者，亦俱一体纳税"⑤。

二、包头——从粮食转运码头到西北皮毛集散中心

包头现为内蒙古西部一座新兴工业城市，也是华北地区重要工业城市和内蒙古的最大城市。直至清末民初，包头才发展为西北一水陆大埠，"凡内地与西北往来各货，多以此地为总汇（彙）而转输之。其出境货物以皮毛、牲畜、药材为大宗，入境货物以绸缎、布匹、棉纱、茶糖为大宗"⑥。然而其更是一座移民城市，山西商人为最早进入的移民群体之一。包头渐成市镇，晚于归化城，它的形成固然与地理位置有关，更是在归化城转口贸易和清朝在归绥一带推行屯垦政策的影响下发展起来的。

（一）连接西北的"水旱码头"

包头地理位置优越，居"农牧两业之渐移地带"。位于黄土高原区，北依大青山，南临黄河，东西接土默特平原和河套平原，阴山山脉横贯其中，"乃由山

---

①②⑥　绥远通志馆．（民国）绥远通志稿（第三册卷二十七）［M］．呼和浩特：内蒙古人民出版社，2007．

③　清史稿［M］．卷一百二十五《食货志六》，转引自绥远通志馆．绥远通志稿［M］．呼和浩特：内蒙古人民出版社，2007．

④⑤　大清会典事例［M］．卷九百八十，转引自绥远通志馆．绥远通志稿（第十一册卷一百）［M］．呼和浩特：内蒙古人民出版社，2007．

麓平原，各种冲积扇地及黄河之淤积地共聚成之地形也①"，地形相对平坦，处于半干旱半湿润区，土层深厚，宜耕宜牧。

"交通为商业之枢纽，往来便利，则百货云屯，商贾辐辏，地方繁荣，居民殷富，国税丰足矣②"。包头水陆交通方便，其"地滨黄河，西通陕、甘、宁、新，东达京津，为水陆要冲交通枢纽③"，清末民初发展为"西北一水陆大埠④"，后来成为内蒙古著名的商业城市首先获利于此。

清朝时，交通工具为车载驼运，陆路交通东行九十里，经王坝窑子、鄂尔圪逊至萨拉齐县，由萨拉齐县东行二百四十里，经苏波罗盖、多尔济、察素齐、里克齐、兵州亥、台阁牧可至蒙汉最大的交易城市归化；西行三百六十里，经察汗移勒更、兔儿湾、哈拉汗补隆、公庙店至西山嘴出包头境，可到达今甘肃安北县境，到安北境内后，经扒子补隆、宴安和桥，可至五原县境。另到达五原县境后，亦可取道昆都伦沟或哈德门沟，经安北县而行；县西北行二百四十里，经公忽洞、沙坝子、台梁也可直达安北设治局；向北稍东行一百二十里，经大庙子、什拉淖坝、后店子可以到达固阳境内⑤。

水路交通也很方便，包头由于濒临黄河，其下行渡河向南二百四十里，经大树湾、达拉特营盘、碾盘梁可到东胜境内，以东胜县南为起点，陆路稍东行三百二十里，经准格尔召、计亥召、古城壕、沙梁镇、哈拉寨可至陕西府谷县，由府谷县沿黄河水运经保德到山西碛口⑥；也可沿黄河上行经后套、宁夏到甘肃，顺流而下经河口、河曲到碛口⑦。道光三十年（1850 年），黄河主流改道，洪水泛滥致包头原来的湖滩河朔渡口溃堤，包头出纳货物的渡口迁至南海子渡口。这使得黄河上游至包头的距离缩短，一定程度上让此地的水路货物运输更加繁忙。

民国十二年（1923 年）平绥铁路⑧通车至包头后，其一跃成为西北交通枢纽。经平绥铁路，可直达晋察冀，恃黄河运输。盛福尧《包头都市地理之研究》称：

---

①　（民国）盛福尧. 包头都市地理之研究［J］. 长城（绥远），1936（4）：29－37.

②③　孙斌.（民国）包头市志卷二《内蒙古历史文献丛书》之八［M］. 呼和浩特：内蒙古出版社，远方出版社，2011.

④　绥远通志馆.（民国）绥远通志稿（第三册卷二十七）［M］. 呼和浩特：内蒙古人民出版社，2007.

⑤⑥　绥远通志馆.（民国）绥远通志稿（第十册卷八十）［M］. 呼和浩特：内蒙古人民出版社，2007.

⑦　张世满. 晋蒙粮油故道研究［D］. 山西大学博士学位论文，2009.

⑧　"平绥路原名京绥路，谓自北京至绥远也。民国十七年（1928 年）定都于南京，改北京为北平，此路始有平绥线之称……全县自河北省之丰台起，经察哈尔至张家口、山西之大同，至本省（民国）西部之包头止。"引自绥远通志馆.（民国）绥远通志稿（第十册卷七十八）［M］. 呼和浩特：内蒙古人民出版社，2007.

"上溯宁甘青，北有大道通固阳，南以公路往东胜，更借包五汽车路，补西行之困难，包宁航空线，用以挽救地上交通不便之缺陷……"但由于"火车路线，短且有限，汽车运费又太昂，故虽黄河结冰期长，在货物运输上，仍极重要，驼队濡滞迟缓，在与新蒙交通上，依然为往来要具，是此都市固不乏新式交通机关，然往来所恃之重要交通利器，尤见浓厚之地方景焉①"。

鉴于包头重要的地理位置，被时人称为"开发边疆之咽喉"。

（二）"亦商亦耕"山西移民与包头城设治

包头设治尽管与优越的地理位置有关，但若非清朝"屯垦政策"，"走西口"的商民聚集，其很难由一个自然村落发展为蒙古草原上重要的商业据点和商品集散地。这些"走西口"的商民，主要来自与内蒙古相邻的晋、陕、冀等地，其中山西籍商民属于最早从事商业且人数最多的居民。清代包头的兴盛也和在包山西商人的经商史如影随形。下文，笔者试将包头早期历史进行一番梳理。

包头作为一个村落大约在康熙晚期或雍正年间形成。"包头"一词，从蒙古语，意有鹿之地②；从汉语，一称认为本应为"泊头"音译而来，因其临黄河而来，或认为有"西垴包"之意，"西垴包"即沙漠边缘上水草丰富之地，牧民多于此集居③。其兴起发展有以下原因：

1. 和归绥一带军事消费区的形成有关

维持大规模驻军需要大量粮饷，仅靠外界输入显然不能很好地解决问题，清政府遂下令对土默特地区膏腴之地进行屯垦，包头地区成为清廷大力推行屯垦的地区之一。雍正十三年（1735年）六月，归化城都统丹津协办尚书通智等奏请将土默特境内开旷膏腴之地八处作为大粮官地，饬交地方征粮以备军食④。这八处垦地分别为：

"一曰善岱，垦地一千五百顷，原交托厅后归萨厅，征米五千仓石；二曰西尔格，三曰补退，四曰什拉乌素，此三处共地七千顷，交萨托二厅，征米二万仓石；五曰清水河垦地二万七千顷，交清厅，征米八万仓石；六曰特穆尔昂力行，七曰浑津，此二处垦地二千五百顷，交归厅，征米七千仓石；八曰厂木哈克，垦地两千五百顷，交和厅征米八千仓石。以上共垦地四万顷。⑤"

在包头设治前，以上及周边垦地属于萨拉齐厅管理。光绪十三年（1887年）

---

①③　（民国）盛福尧. 包头都市地理之研究［J］. 长城（绥远），1936.

②　乌云格日勒. 十八至二十世纪初内蒙古城镇研究［M］. 呼和浩特：内蒙古人民出版社，2006.

④⑤　不著纂修. 土默特志［M］. 卷五《赋税》，清光绪间刊本影印，台北：成文出版社，1968.

左右，清政府有报退及未尽报退各项粮地，"萨拉齐厅所征多如包头镇米地二百四十顷①"。至民国，包头县"可耕之地，就调查所得言，已垦者一万一千数百顷，未垦者约一万二千余顷。内有水田二千四百三十六顷五十九亩，淤田八百六十二顷一十六亩，旱地九千二百六十二顷八十亩，荒地九千九百三十九顷八十二亩②"。可见，包头为土默特地区最早放开屯垦的地方之一，大量田地的开发离不开移民的聚集。当然，整个土默特地区大都如此，口外十二厅则为管理在蒙移民而设治，毗邻内蒙古的山西省成为这些移民最大来源地。据阎天灵在《汉族移民与近代内蒙古社会变迁研究》中的调查，包头县的移民大多来自河曲、忻州、定襄、代县、府谷、神木、直鲁豫、陕甘湘皖苏粤和韩国，而所占比例最大的是河曲、忻州、定襄、代县，这四个县均属于今天山西省忻州市③。

由于政府对土默特地区的开发，包头地区汉民聚集，乾隆四年（1739年），开始设治，当时还只是一个商业活动较为活跃的自然村落，隶属于萨拉齐及善岱二协理通判。嘉庆十四年（1809年），清廷裁撤善岱巡检，增设包头巡检，隶萨拉齐厅。光绪二十九年（1903年），以后套地析置五原厅，包头仍隶萨拉齐厅，但此时已发展为仅次于归绥的塞外商业城镇。民国十二年（1923年）五月，"始更析县，置包头设治局。民国十五年（1926年）一月，升为县④"。

2. 包头市的历史和商人紧密联系在一起，尤其是晋籍商人

雍正年间，包头开始成为汉蒙交易场所。该市在咸丰时期，城西五里坽包村始有汉族移民居住，后生齿日繁，遂设包头镇，如前所述，因其处于水路道路交汇之处，渐成商旅要地⑤。由于包头特殊的地理位置，笔者所能找到与包头城市起源相关的、有限的历史资料中，会和"复盛公"、"如月号"、"永合成（蒙古行）"这些商号的字号联系在一起，而这三家商号的财东分别为山西定襄（今山西忻州定襄县）梁家和智家，祁县乔家⑥。在包头经商的众多商人中，祁县乔氏为从包头起家、走向全国的大商人家族，而来自山西省忻州、代州籍的中小商人人数更众。包头西庄⑦三大号，义成昌、大义长和德兴源的财东均为山西忻县

①　不著纂修. 土默特志［M］. 卷五《赋税》，清光绪间刊本影印，台北：成文出版社，1968.

②　绥远省分县调查概要［M］. 全国图书馆文献缩微复制中心；中国边疆史志集成31［M］. 北京：新华书店北京发行所，2002.

③　阎天灵. 汉族移民与近代内蒙古社会变迁研究［M］. 北京：民族出版社，2004.

④　绥远通志馆.（民国）绥远通志稿（第一册卷一）［M］. 呼和浩特：内蒙古人民出版社，2007.

⑤　（民国）盛福尧. 包头都市地理之研究［J］. 长城（绥远），1936.

⑥　邢野. 旅蒙商通览［M］. 呼和浩特：内蒙古人民出版社，2009.

⑦　西庄，指在包头设庄，派人前往宁夏、甘肃、青海、新疆等地，专做少数民族土特产品皮毛、药材交易的商号。

人①，六陈行也多为忻州、代州人开设②，米面业、油粮业、杂货业、钱当业财东大多数是山西人③。

（三）由粮食转运口岸到皮毛集散中心的转变

包头完成由粮食转运口岸到皮毛集散中心的转变，除了优越的交通条件，还需结合晚清西北及全国局势变化进行探讨。乾隆年间，土默特地区经过开垦，农业生产已较为发达，有"塞外江南"的美誉，生产粮食不仅供本地民众食用，还供应外蒙古及周边山西、陕西等地④。山西巡抚明德的奏折中就声称："归化城五厅地方，土肥田广，粮裕价贱。如购买积贮，内地遇有需要，可就近拨济。⑤"包头水陆交通皆宜，自然成为土默特地区进行对外粮食贸易的转运码头，早在乾隆年间，包头对蒙贸易就以转售粮面为主⑥。

同治年间，西北阿古柏叛乱，左宗棠苦于新疆粮草匮乏，开辟了四条粮食转运交通线路，其中一条线即由归化、包头经乌里雅苏台、科布多至巴里坤或古城⑦。为加强对粮草的管理，他在各地设粮局进行管理，包头粮食采办分局即是其中之一⑧。据民国时人盛福尧对包头的考证："同治年，甘宁回变军队过境，设粮台驻重兵。⑨"这一事件极大地刺激了包头的粮食转运商业。后来随着战事的结束，外资商号在西北一带大规模收购皮毛，包头粮运业让位于皮毛业。

畜牧业是蒙古族人民的依赖产业，包头自其成为蒙汉交易地点，皮毛业交易就已存在。在包头最早开设的"如月号"可谓本地区最早经营生皮业的店铺，主营粮面业，在生意渐有起色后，约于嘉、道年间，粮面业反居次要地位⑩。道光十三年（1833年），第一家专营皮毛店"公义店"开业，店主为山西河曲人⑪。这一主要转口货物的变化，与西方列强对中国西北皮毛的巨大需求有关。

---

① 邢野．旅蒙商通览［M］．呼和浩特：内蒙古人民出版社，2009.

② 邢野．旅蒙商通览［M］．呼和浩特：内蒙古人民出版社，2009.

③ 绥远通志馆．（民国）绥远通志稿［M］．第三册卷二十七《商业》（下），呼和浩特：内蒙古人民出版社，2007.

④ 张世满．晋蒙粮油故道初探［M］．清华大学学报（哲学社会科学版），2009，2（24）：113.

⑤ 乾隆二十七年九月三十日山西巡抚明德奏折，见《高宗实录》卷六七一。

⑥ 绥远通志馆．（民国）绥远通志稿（第三册卷二十七）［M］．呼和浩特：内蒙古人民出版社，2007.

⑦ 左宗棠．左文襄公文集卷46［M］．上海书店，1986：39－40.

⑧ 徐中煜．左宗棠收复新疆过程中的军粮采运［J］．新疆大学学报（哲学·人文社会科学版），2010，38（24）：54.

⑨ （民国）盛福尧．包头都市地理之研究［J］．长城（绥远），1936（4）：30.

⑩ 绥远通志馆．（民国）绥远通志稿（第三册卷二十七）［M］．呼和浩特：内蒙古人民出版社，2007.

⑪ 包头大事记［M］．包头：包头市东河区档案馆，2005.

咸丰十年（1860年），《北京条约》增设天津为商埠，天津一些洋行派人在张家口及甘、青、宁等地收购皮毛，如光绪九年（1883年）英国汇丰银行，光绪十八年（1892年）英商"仁记洋行"，其后又有"新泰兴"洋行、"和平"洋行、怡和、甚昌、聚立、成记洋行、俄隆昌洋行等十多家洋行在这一时期进驻包头①。中国商人也群起从事这一有利可图的行业，包头凭借连接内地和西北地区的交通优势，成为西北最大的皮毛转运中心。民国七年（1918年），包头"凡京、津、陕、甘、新（青）、内外蒙古、新疆货物往来，均以此为转运之场，成西北一大市场也，贸易额年五百余万"②。

三、内蒙古东部草原边城多伦诺尔

多伦诺尔位于内蒙古东部，也是山西商人商业活动占优势的一座城镇。19世纪中叶，法国入华遣使会会士古伯察至西藏旅行，经过多伦诺尔时，发现山西商人是"多伦诺尔城人数的最多者，但很少有人在那里最终定居。数年之后，当他们的钱柜装得已足够满的时候，他们便从那里返回故乡③"。多伦诺尔作为内蒙古东部地区一座重要商贸城镇兴起，主要有以下三个因素：

一为清初多伦会盟后，由于汇宗寺的修建，多伦成为蒙古地区的宗教中心。清政府平定噶尔丹叛乱后，康熙皇帝于康熙三十年（1691年）五月，亲自到多伦诺尔草原，与喀尔喀首领、哲布尊丹巴活佛及内蒙古四十八旗王公举行会盟，商讨北部边疆事宜，并按照内蒙古设盟旗的办法，对外蒙古喀尔喀部编设盟扎萨克，确定了对外蒙古的统治和管辖，史称"多伦会盟"④。多伦会盟后，康熙帝在该地敕建汇宗寺⑤，并请藏传佛教界具有很高声望的青海郭隆寺（即佑宁寺）二世章嘉呼图克图活佛入寺主持。雍正九年（1731年），清帝又敕建善因寺，三世章嘉呼图克图主持。从此，多伦诺尔地方成为蒙古地区的宗教中心。

二为随着多伦诺尔的宗教地位提高，因拜谒活佛的蒙民及逐利汉商聚集，迅速发展成为远近闻名的商业城镇。日本剑虹生在《多伦诺尔记》中所述，"以喇嘛庙之名，播于远近"，致"商贾踵集，土地益盛，成巨然一大都市"⑥。基于

---

① 包头回族与皮毛行业，包头市民族宗教志编修办公室，政协包头市东河区文史委员会．包头回族史料．内部资料，1987：173.

② 林竞．游访包头杂记从妙［M］．包头市志史馆，包头市档案馆．包头史料荟要（第4辑）．内部发行，1980：191.

③ ［法］古伯察．鞑靼西藏旅行记［M］．耿升译．北京：中国藏学出版社，1991.

④ 乌云格日勒．清代边城多伦诺尔的地位及其兴衰［J］．中国边疆史地研究，2000，36（2）：80.

⑤ 金志章篡，黄可润增修．圣祖仁皇帝御制汇宗寺碑文，口北三厅志，乾隆二十三年刊本影印［M］．台北：成文出版社．

⑥ 剑虹生．多伦诺尔记录［J］．东方杂志，1908（10）：132－133.

此，雍正十年（1732 年），清廷置多伦诺尔直隶厅，并设理事同知，所属与各县蒙民交涉界限为：

> "东一百里至乌兰哈尔哈与热河围场交涉界限，西五百二十里至喀喇鄂博图与正黄旗察哈尔交界，南二百二十里至赤伦巴尔哈达（即石柱子）与独石口交界，北二百里至博落温杜尔与蒙古阿霸垓扎萨克旗分界，东南七十里至森吉图与热河土城子交界，东北一百四十里至格勒苏台蒙古克西克腾扎萨克旗分界；西南三百四十里至嘛呢坝与张家口交界；西北六百一十里至登杜胡杜克与蒙古苏尼特扎萨克旗分界。①"

时任直隶总督的李卫在其奏折中阐述其设立原因为：

> "多伦诺尔众蒙古云集往来，顺便贸易买卖，因而汉商客民向往各旗扎萨克、哈尔哈地方贸易者更盛于前。聚集既多，奸良不一……无由分别稽查，酌量请将独石口驿站员外郎兼管多伦诺尔同知岱通移驻多伦诺尔厅，分管坝外游牧地及本厅一切命盗等项事务，使有专员在彼弹压稽查，以安旗民"。②

同时《口北三厅志》中也载：

> "多伦诺尔□□独石口外，向固商贾聚集渐多，俨成市镇，蒙古民人交涉事件日繁，设理事同知一员稽查弹压，其地多为外藩四通之区，马驼聚集之所。③"

可见，多伦诺尔是由宗教地位提高为起因，有宗教信仰的蒙民前来朝拜聚集，随之催生以朝拜民众为对象的集市贸易，并在此基础上发展起来的一座商业城镇。

三为地理位置处于东西南北交通汇集之处。多伦诺尔朝西南方向经张家口、独石口可直达京津地区；向北经锡林郭勒草地可进入外蒙古，到达库伦，直达恰克图；向西经宣化、大同到达归化、包头，可到西北；向东经昭乌达盟、通辽市可至东北地区的海拉尔、哈尔滨。当然，清代多伦诺尔的商贸日益兴盛，还由于

---

① 金志章纂，黄可润增修. 口北三厅志 [M]. 卷一《疆域》，乾隆二十三年刊本影印. 台北：成文出版社，1968.

② 雍正朝汉文朱批奏折汇编（第 27 册）[M]. 南京：江苏古籍出版社，1989～1991.

③ 金志章纂，黄可润增修. 口北三厅志 [M]. 卷五. 乾隆二十三年刊本影印，台北：成文出版社，1968.

交通优势，主要是因为其位于从东口到中俄贸易交易重镇恰克图的必经之路上。在法国人古伯察的笔下，多伦诺尔这座城镇不具多少吸引人的地方，尽管其郊区很贫瘠，冬天严寒和夏天闷热，但该城的居民很多，贸易兴隆。外来人络绎不绝的往返使该地居民呈现出一种生气勃勃和气氛活跃的外貌，让这座城镇充满活力的原因在于俄罗斯的商品通过恰克图之路南下到达这里。鞑靼人不停地把大批牛、骆驼和马群赶到那里，他们往返时又带走了烟叶、布帛和砖茶。交易的场面热烈而豪放，"流动商贩们奔向街头以向行人推销他们的小商品；坐商们在店铺里用甜言蜜语和彬彬有礼的行为呼叫和招揽买主；身穿鲜艳的红色和黄色袈裟的喇嘛们试图炫耀他们在艰难的通道中驾驭狂暴和难驯服马匹的本领①"。

第二节　清代内蒙古地区的山西商人商帮

旅蒙商，指清代在内蒙古和外蒙古经商的内地商人的统称，这些商人来自山西、陕西、河北、北京、山东、天津等地，其中来自山西的商人为旅蒙商主力。自清初至20世纪30年代，在内蒙古经商的山西商人中，主要有祁县、太谷、平遥为代表的山西中部地区商人，和以忻、代州地区为代表的山西北部地区商人。山西中部商人和北部商人，虽同为旅蒙山西商人，但其群体规模、兴起时间、发展历程及经营内容都有所不同。

一、蒙地山西商人群体规模

清初，内地商民前往外蒙古、新疆地区进行贸易，必须在乌里雅苏台将军处领取部票才可通行。乾隆二十五年（1760年），规定在归化城、张家口两地也可领取，部票是票尾须粘贴注明商人姓名及货物数目、所往地方、起程日期等的清单②。下面以到口外进行贸易的七则路照及三则捐输名单档案为主，辅以方志及史料，对以祁县、太谷为代表的晋中地区、忻州、代州地区及以大同为代表的其他晋北地区商人在晋商中所占比例做大致推测。另外，第一章第二节据清代山西行政区划对晋中、晋北地区的划分，忻、代两地也属于晋北地区，然清代在蒙经商的山西商人，忻代籍商人独成一派，仅次于晋中商人，故在表格中将在蒙晋商分为以祁太为代表的晋中地区商人、忻代籍商人及以大同为代表的其他晋北地区商人，不属于山西籍的商人划入其他地区商人类别。

① ［法］古伯察. 鞑靼西藏旅行记［M］. 耿升译. 北京：中国藏学出版社，1991.
② 张荣铮，金懋初等点校. 钦定理藩部则例［M］. 卷34. 天津：天津古籍出版社，1980.

表2-1 旅蒙商籍贯分布表

档案类型	年份	总人数（人）	祁、太等晋中地区人数（人）	祁、太等晋中地区商人比例（%）	忻代籍人数（人）	忻代籍商人比例（%）	大同等其他晋北地区商人数（人）	大同等其他晋北地区商人比例（%）	其他（人）	所占比例（%）
路照1①	乾隆四十一年十一月十日	46	24	52	5	11	10	22	7	15
路照2②	乾隆四十八年四月七日	95（4人不详）	49	52	27	28	4	4	11	12
路照3③	乾隆四十八年四月十九日	18	10	56	6	33	0	0	2	11
路照4④	乾隆四十八年五月四日	13	6	46	4	31	1	8	2	15
路照5⑤	乾隆四十八年五月十七日	9	5	56	1	11	3	33	0	0
路照6⑥	乾隆四十八年三月二十九日	64	52	81	2	3	7	11	3	5
路照7⑦	乾隆五十六年×月×日	12	8	67	0	0	1	8	3	25

① 土默特旗档案馆藏．清代（历史）档案．乾隆四十一年十一月十号．全宗号80.10（目录号）-1（件号）．

② 土默特旗档案馆藏．清代（历史）档案．乾隆四十八年四月七日．全宗号80.10（目录号）-41（件号）．

③ 土默特旗档案馆藏．清代（历史）档案．乾隆四十八年四月十九日．全宗号80.10（目录号）-42（件号）．

④ 土默特旗档案馆藏．清代（历史）档案．乾隆四十八年五月四日．全宗号80.10（目录号）-43（件号）．

⑤ 土默特旗档案馆藏．清代（历史）档案．乾隆四十八年五月十七日．全宗号80.10（目录号）-44（件号）．

⑥ 土默特旗档案馆藏．清代（历史）档案．乾隆四十八年三月二十九日．全宗号80.10（目录号）-45（件号）．

⑦ 土默特旗档案馆藏．清代（历史）档案．乾隆五十六年×月×日．全宗号80.10（目录号）-69（件号）．

续表

档案类型	年份	总人数（人）	祁、太等晋中地区人数（人）	祁、太等晋中地区商人比例（%）	忻代籍人数（人）	忻代籍商人比例（%）	大同等其他晋北地区商人数（人）	大同等其他晋北地区商人比例（%）	其他（人）	所占比例（%）
捐输名单1①	咸丰三年	32	3	9	13	41	0	0	16	50（陕西、甘肃）
捐输名单2②	咸丰四年七月二十日	6	2	33	3	50	0	0	1	17
捐输名单3③	咸丰七年六月二十三日	7	2	29	3	43	0	0	2	28

　　笔者搜集到的七则路照均为乾隆二十六年（1761 年）归化城（今呼和浩特）设关后归化厅主事签发的前往新疆贸易的商民路县花名册。清代归化城是在蒙地经商的商号聚集地，也是中原地区与蒙古北部、西部地区和新疆地区贸易往来的枢纽，故从路票记载的通行商人籍贯可推测在蒙古、新疆地区进行贸易的各地区商人比例。乾隆四十一年十一月一日，归化厅呈开给发过旋回归化城商民路县花名册中，到乌鲁木齐贸易的 46 个商民中，籍贯为祁县、汾阳、阳曲县等晋中地区的商人 24 人，籍贯是忻代两州的共有 5 人，其中崞县 1 人、代州 3 人、五台 1 人，其余为晋北大同、右玉、应州等地为 10 人及蒙地民人 7 人④；乾隆四十八年四月七日，前往乌鲁木齐贸易的 95 个商民中，籍贯为祁县、汾阳、阳曲县等晋中地区的商人 49 人，忻代籍商人 27 人，其中代州 25 人，忻州 1 人，崞县 1 人⑤，大同、右玉等地 4 人，蒙地及河北等其他省份 11 人，因为档案内容不清晰，有 4 人资料不详；乾隆四十八年四月十九日，前往乌鲁木齐贸易的 18 个商

　　① 中国第一历史档案馆藏．清代（历史）档案咸丰三年．呈叶尔羌捐助军饷商民花名银数清单．档号 03－4261－063．
　　② 中国第一历史档案馆藏．清代（历史）档案．咸丰四年．呈叶尔羌捐助军饷商民花名银数清单．档号 03－4264－064．
　　③ 中国第一历史档案馆藏．清代（历史）档案．咸丰七年．呈阿克苏捐饷官员商民回子伯克等清单．档号 03－4287－030．
　　④ 土默特旗档案馆藏．清代（历史）档案．乾隆四十一年十一月十号．全宗号 80.10（目录号）－1（件号）．
　　⑤ 土默特旗档案馆藏．清代（历史）档案．乾隆四十八年四月七日．全宗号 80.10（目录号）－41（件号）．

民中，籍贯为祁县、汾阳、阳曲县等晋中地区的 10 人，籍贯为代州的 6 人，籍贯为蒙地的 2 人①；乾隆四十八年五月四日，由归化城前往口外贸易的商民 13 人，籍贯为祁县、汾阳、阳曲县等晋中地区的 6 人，籍贯为代州的 4 人，籍贯为大同的 1 人，籍贯为蒙地的 2 人②；乾隆四十八年五月十七日，前往乌鲁木齐贸易的 9 个商民中，籍贯为祁县、汾阳、阳曲县等晋中地区的 5 人，籍贯为忻州定襄的 1 人，籍贯为右玉的 3 人；乾隆四十八年三月二十九日，前往乌鲁木齐贸易的 64 个商民中，籍贯为祁县、汾阳、阳曲县等晋中地区的 52 人，籍贯为代州的 2 人，籍贯为大同、右玉、左云等地的 7 人，盟旗部落 3 人；乾隆五十六年×月×日，前往乌鲁木齐的 12 个商民中，籍贯为祁县、汾阳、阳曲县等晋中地区的 8 人，大同县 1 人，盟旗部落 3 人。由上可知，归化城设关后，旅蒙商的主体为山西商人，其中晋中地区商人人数最多，所占比例最大，在七则路照中所占比例都在 50% 以上，而忻代商人已发展为仅次于晋中商人的地域性商帮，其在蒙地经商的人数比例达到旅蒙商人数的 1/3 左右，包括忻代商人在内的晋北地区商人所占比例在 35% 左右，其余为其他省份或蒙地盟旗部落商民。

表 2-1 中三则捐输名单，名单 1 为咸丰三年叶尔羌捐助军饷商民花名银数清单，名单 2、名单 3 分别为咸丰四年和咸丰七年商民捐饷清单。叶尔羌是南疆著名的商业城市和民间贸易重要集散地。阿克苏为连接伊犁、喀什噶尔、叶尔羌、吐鲁番、乌什等南疆富实城镇的重要关隘，交通四达，是南疆仅次于喀什噶尔和叶尔羌的商业重镇。清代在新疆做生意的晋商，时人称"北套客"，他们到新疆做生意，有两条商路可走，北路从张家口、归化城经乌里雅苏台、科布多至古城，南路沿草地与宁夏、甘肃的边界经巴里坤到乌鲁木齐、伊犁，蒙古草原是晋商进入新疆的必经通道。在叶尔羌捐输的内地商民中，晋帮人数占到一半比例，忻代籍商人的规模较大，占到 41% 以上，在阿克苏进行捐输的忻代籍商民也在 40% 以上，而晋中商人比例次于忻代籍商人，除忻代籍以外的晋北地区商人所占比例几乎为零，其他为陕西、甘肃或山西晋南籍商人。在新疆地区的内地商人有晋帮、燕帮、湘帮、秦帮、蜀帮、鄂帮、豫帮、陇帮八大商帮，其中晋帮是在新疆地区经商时间最早、影响力最大的商帮之一，三张捐输名单揭示了晋帮在新疆商民中的影响和地位。由以上路照及捐输名单的时间次序及各地区商人籍贯所占比例也反映出，在新疆经商的忻代籍商人所占比例较晋中商人多，且至清末已发展为仅次于晋中商人的一支晋籍商帮。

---

① 土默特旗档案馆藏．清代（历史）档案．乾隆四十八年四月十九日．全宗号 80.10（目录号）-42（件号）．

② 土默特旗档案馆藏．清代（历史）档案．乾隆四十八年五月四日．全宗号 80.10（目录号）-43（件号）．

二、旅蒙山西商人兴起历程

晋中商人踏入蒙地经营较早，起家于明末清初，晋北地区商人入蒙经商的时间晚于晋中商人，发展于乾隆年间归化城设关后。

（一）以祁、太、平籍商人为代表的晋中商人

关于晋中商人的著述颇丰，但凡论及晋商，一般都特指晋中商人。晋中商人的兴起历程有三个特点：

1. 晋中商人兴起于明末清初，大多起家于清初随军贸易

清代晋中地区商风颇盛，明末时，晋中商人中一些商人因长期从事边口贸易，通过对满蒙贸易，和满洲上层贵族建立了良好关系，有了最初的商业积累。如明末清初晋商"八大皇商"即起家于此，满洲入主中原后，被清政府钦点为内务府皇商。乾隆《万全县志》对此有较详细记载：

"八家商人者，皆山右人。明末时以贸易张家口，曰王登库、靳良玉、范永斗、王大宇、梁嘉宾、田生兰、翟堂、黄云发。自本朝龙兴辽左，遣人来口市易，皆此八家主之。①"

其中，八大皇商中，最有名的是介休范氏，清入关后"稔知（范）永斗名，即召见，将授以官，以未谙民社，力辞，诏赐张家口房地，隶内务府籍仍互市塞上②"，在清平定准噶尔的叛乱中，范氏作为钦定官商为军队转运军粮长达十年，以致"幕府所在，储青充裕，军得宿饱③"。在清政府指定官商外，也允许其他商人进行随军贸易。大盛魁是清代塞外商界最大的商号，其创始人山西太谷王相卿和祁县史大学、张杰三人，起初在费扬古部队中当厨夫或服兵役，兼为部队采购一些生活日用品，后费扬古部队进入乌里雅苏台和科布多后，他们以负贩小商的身份，随军前往，并做随营生意，有了原始积累后，先在杀虎口创办了"吉盛堂"，之后在呼和浩特创立了"大盛魁"④。榆次常氏既是清代有名的商人家族，又是中俄外贸世家，明末其已在张家口开有商铺，至康熙年间，开创家族商业的一位重要人物八世祖常威到张家口商铺时，"由家赴号不携川资，但以沿途卜卦

① 王景丽. 清前期内务府皇商范氏的商业活动探析［D］. 中央民族大学硕士学位论文（历史系），2007.

② （清）王谋文，雷大兴，李生栋.（乾隆）介休县志（卷九）［M］. 南京：凤凰出版社，2005.

③ 徐柯. 清稗类钞（第五册）［M］. 北京：中华书局，1984.

④ 中国人民政治协商会议内蒙古自治区委员会文史资料委员会. 内蒙古文史资料［J］. 旅蒙商大盛魁，1984（12）：65-80.

云云。今此卦具无存，有一盛袋村南祠堂①"。这些商人发家致富后，刺激了乡人带着发财梦，源源不断地走出"西口"（今右玉杀虎口）奔向塞外。前文旅蒙商籍贯分布表中，笔者搜集到的乾隆中后期的七张路照中，晋中商人所占比例最大，高达50%以上。

2. 官商结合，长期占据塞外商界主体地位

晋中商人因进入蒙地较早，其创始人虽大多由肩担背挑的小商贩起家，但在发展过程中与清政府和蒙古部落王公上层结成了较好的合作关系，他们中的代表长期占据了塞外商业主体地位。以大盛魁为例，其取得了清政府颁发的"龙票"和在蒙地放"印票"账的权利。大盛魁通过放"印票"，支付外蒙古王公向清朝纳贡和各王公晋京值班期间的各项费用，由于货品齐全且熟悉官场规则，为蒙古王公操办的事情十分周全，这使得他们对大盛魁十分依赖，同时也给予更多的商业活动机会和支持。与此同时，大盛魁还向蒙古王公、贵族和普通牧民赊销货物。这还需说明的一点是，由于大盛魁的"印票"账最终都转嫁到牧民身上，其在赚取高额利润的同时，也对牧民造成了沉重的债务负担，这使得蒙古牧民对大盛魁等旅蒙商的感情爱恨交织。

另外，清政府派驻外蒙古的军政人员的一切用品，也取自于旅蒙商，大盛魁则承办了其中很大一部分业务，这些业务有各部、旗派驻乌里雅苏台、科布多的值班人员和应差兵夫的开支，会盟和清查等费用，当然这些很多都转为"印票"账②。光绪五年（1879年），山西巡抚曾国荃就曾为归化城大盛魁商民张友恭报捐马匹而请奖，详细过程如下：

"再据归化城同知常桂祥称，前据该厅大盛魁办商民，谨张友恭荐在省报捐马六百匹，已据□给河东应用在案，唯留付未将每匹马银报明，由局札饬查询，前据该商谨九情友恭甘呈，称前次报捐马匹，系在外藩乌里雅苏台地方购买，每马一匹本银八两，恭存厂喂养，工食等项不敢加入前捐六万匹，共余价银四千八百两。由该厅详请给奖，□局查该商报捐马匹岁田，并未报有价值银两是否，未经备案请奖，今限呈明价值银两，未使该员急公好义之忱由善物□司道详请。查奖前来日覆核实异全呈仰恩……光绪五年九月初一日军机大臣奉旨户部核议具奏钦此。③"

---

① 常赞春. 常氏家乘（卷六）·乘余［M］. 太原：山西省社科院家谱资料研究中心藏，1995.

② 中国人民政治协商会议内蒙古自治区委员会文史资料委员会. 内蒙古文史资料［J］. 旅蒙商大盛魁，1984（12）：65－80.

③ 中国第一历史档案馆藏：清代历史档案，录副奏折，光绪五年九月初一日，《（曾国荃）奏为归化城商民张友恭等前在省报捐马匹现已呈明价值银数请奖叙事》，档号03－6533－045。

与大盛魁同为塞外三大商号之一的天义德开创者为山西祁县段泰，天义德是在蒙地与大盛魁唯一有竞争能力的对手，也经营和大盛魁一样的业务，然规模与成就逊于大盛魁①。

俄国人阿·马·波兹德涅耶夫的《蒙古及蒙古人》（第一卷）中也记载了大盛魁、天义德等商号的商业运作形式和在蒙古商界的赫赫地位。科布多"中国人之商市，唯住于第二街，至住于首街之巨商，则各绕以户栅而建门焉。有仓库接于其家。在科布多以整批为专业者，多不开商店，恳亲之戚友，虽可买取纱罗及他绢物，然亦为仅见之事。贸易介绍者由仓库取货标，余主人家之家行之，不得于仓内购买，即主人之亲友亦所不许也，中国人之大商店为零买者，唯限于蒙古之旗有之，派遣店伙使营其业，零卖步骤，依货物之贷付方法行之，每年征收于此，此中国商人甚有利之业也②"。在"科布多以此方法而营业者有九家，即大盛魁、天义德、元盛德、义和敦、驾甘塔下、增祥、香驾伊、磨谷哇、阿伊斯奴（蒙古语温都尔莫多）及爱珲是也③"，其中大盛魁、天义德为山西商人所开，增祥为归化城商人合资开设。在介绍了科布多中国商人的贸易情形后，又写道："科布多中国商人之贸易，与他处之贸易同，唯此地方之中国商人，不得蒙古王侯之信仰，依满洲及中国官宪之扶助，始得保有其位置④"，一语道出旅蒙大商号的官商结合性质。

3. 清末民初，受外商排挤及边疆局势影响濒临破产

在旅蒙商三大商号中，有两大商号以晋中商人为财东。在内蒙古经商的大商号除在内蒙古地区进行经营贸易外，主要对外蒙古及俄国进行贸易，大盛魁、天义德在清政府支持下，长期做外蒙古生意，而在张家口发家的常氏家族主营对俄茶叶贸易。故晋中商人在内蒙古归绥城、多伦诺尔、包头等地开办的钱庄对官府大商号的依赖性极强。还以大盛魁和元盛德为例，大盛魁仅同外蒙古的贸易额就不低于九百万或一千万两白银，为运输货物该店有一千五百峰自备骆驼经常往来于归化城与乌里雅苏台之间；元盛德同外蒙古的贸易额近八百万两白银，往来归化城和乌里雅苏台的骆驼有九百峰左右⑤。

19世纪后半期，西方资本主义入侵蒙古地区，尤其是俄国，其通过不平等条约《天津条约》、《北京条约》、《陆路通商章程》及《改订陆路通商章程》，在攫取了中国大片领土的基础上，还取得在中俄交界的蒙古地区享有免税和自由

---

① 中国人民政治协商会议内蒙古自治区委员会文史资料委员会. 内蒙古文史资料［J］. 旅蒙商大盛魁，1984（12）：85.

②③④ ［俄］阿·马·波兹德涅耶夫，北洋法政学会. 蒙古及蒙古人［M］.（第一卷）第四章《科布多》，北洋法政学会，1912.

⑤ ［俄］阿·马·波兹德涅耶夫. 蒙古及蒙古人［M］.（第二卷）第三章《归化城》. 刘汉明译. 呼和浩特：内蒙古人民出版社，1983.

贸易权；准许俄商在蒙古各地免税经商；在库伦等地增设领事馆，并享有领事裁判权；从恰克图到北京的邮政线路及交通驿站的使用办法及细则等商业特权，而中国商人却要交纳高额赋税；同时中俄路变迁，对在恰克图经商的商人影响颇大。此后，英美日等经济势力也进入内外蒙古地区。这对中国商人的商业活动造成极大影响，很多学者在相关论著中有过论述。民国初年，外蒙王公闹独立风波时，更使遭受商业环境恶化的中国商人雪上加霜。《绥远通志稿》载：

"自中俄宣布断交，赤俄钳制外蒙，设防垒于乌得，汉人出入蒙境，已受限制，遑论营业也。慨自民国九年十二月二十六日，边防驻军退出库伦后，收复国土，功败垂成，商业亦随之中断，汉商虽时有往来，而外蒙已为白俄所左右，汉商已从此一蹶不振。"①

对外蒙古经商的商号及商人首当其冲，大盛魁仅科布多一地就有一万五千多峰骆驼、二万多匹马、二十多万只羊的债务损失②。民国元年（1912年），元盛德柜上的伙计和工人在外蒙古被打死八十三人，元盛德三家京羊庄仅剩两家。北洋政府曾指令绥远商会，给每个死亡者的家属一百银元的抚恤。民国三年（1914年），与牧民发生冲突又损失大量牲畜，京羊庄仅剩元盛泰一家，民国十一年（1922年）呈报停业③。即便是在内蒙古归绥城内，做外蒙古转口贸易的店铺和钱庄也纷纷倒闭。

（二）以忻代籍商人为代表的晋北地区商人

忻代商人兴起于乾隆二十六年（1761年）归化城设关后，于清末民初发展至鼎盛，由于地近塞外，经商区域主要集中在清代蒙古、新疆地区。

1. 乾隆年间归化城设关为忻代商人崛起提供了契机

忻、代两州处于途经东西口进行北路贸易的交通要冲，崛起时间晚于驰名清代商界的晋中商人。晋中商人起家于清初统一蒙古的随军贸易，他们中的佼佼者由肩挑背担的小商贩做起，发展为富甲一方的大商人。康熙中叶后，蒙古地区的政治局势趋于稳定，清政府对内地人民进入蒙地的经贸活动持鼓励态度，发给通商路照，允许内地边民到口外耕种或经商④。

忻代商人则是这一政策的直接受益者，尤其在乾隆二十六年（1761年）归

① 绥远通志馆.（民国）绥远通志稿（第三册卷二十七）［M］. 呼和浩特：内蒙古人民出版社，2007.

②③ 中国人民政治协商会议内蒙古自治区委员会文史资料委员会. 内蒙古文史资料［J］. 旅蒙商大盛魁，1984（12）.

④ 马汝珩，成崇德. 清代边疆开发［M］. 太原：山西人民出版社，1998.

化城设关后①，他们由于地利之便，熟悉边情，"多往服贾以致富②"，贸易于蒙古各部及西北口外各域者甚众③。乾隆版《忻州志》详细记载了清代对蒙经济政策变动对忻代两地的经济影响："迩年来，家有余丁，多分赴归化城营谋开垦，春季载耒耜而往，秋收橐囊而还。予初至，恐其迁徙靡定也，后访得其实，乃知人烟辐辏，食指繁多，分其少壮于口外，实养其老弱于家中也。"④ 可见，归化城设关是促使忻代两地前往口外贸易的直接诱因，加之自然社会环境土狭人稠，家中富余人口通过"走西口"至归化"营谋开垦"，成为春去秋来的"雁行人"。在这些"雁行人"中，既有从事营谋经商的，也有佣耕开垦的，抑或二者兼而有之，当时忻代两地就出现"耕农之家十居八九，贸易商贩者十之一二⑤"的从商盛况。

2. 乾隆归化城设关至光绪年间忻代经商人数渐多

据忻、代两州及所领州县地方志对"孝义"和"节烈"的记载，因家人经商而行"孝义"和"节烈"的家庭，光绪版县志记载的数目明显多于乾隆版县志。这个史实从侧面反映出一个事实，即自乾隆至光绪年间，忻代两地经商人数呈逐步递增趋势。

乾隆版《忻州志》因贸易而孝义的记载只有彭珑1人⑥，而光绪版《忻州志》有侯进璋、张树仪等5人，且对其孝行的记载着墨颇多。从他们的事迹，多为世代商人家庭，因父辈经商在外，子辈成人后而寻父的孝行居多。侯进璋的父亲"于乾隆壬寅年（1782年）赴山海关外计，离家二十三年"⑦；张树仪"其舅氏货麦为业，遂往依焉"；郭王庸的"其父贸易苏州，久不返"，后寻至陕西舅氏贸易处，又辗转至苏州，遇"忻之商于苏者询之⑧"，才得到父亲消息；郭利仁"有先人遗肆于塞外"；杨生荣的"父万仪携弟，随祖父至新疆贸易"，而他本人"服贾河曲"。⑨

因丈夫出外贸易故去而节烈的妇女人数，乾隆版《崞县志》没有因贸易而

① 《清史稿》卷一百二十五《食货志六》引自绥远通志馆.（民国）绥远通志稿（卷一百）[M]. 呼和浩特：内蒙古人民出版社，2007.

② （民国）白眉初. 中华民国省区全志（第3册）[M]. 北京：求知学社，1924～1926.

③ （清）方戊昌修，方渊如纂.（光绪）忻州志，据清光绪六年（一八八〇）刻本影印 [M]. 南京：凤凰出版社，2005.

④⑤ （清）周人龙原本，窦谷邃增订.（乾隆）忻州志卷二 [M]. 南京：凤凰出版社，2005.

⑥ 以上数据来源：（清）周人龙原本，窦谷邃增订.（乾隆）忻州志 [M].卷四《孝义》，据乾隆十二年（1747年）刻本影印；（清）方戊昌修，方渊如纂.（光绪）忻州志 [M].卷二十三《孝义》，南京：凤凰出版社，2005.

⑦⑧⑨ （清）方戊昌修，方渊如纂.（光绪）忻州志 [M].卷二十三《孝义》，南京：凤凰出版社，2005.

孝义或节烈的人物记载，且记叙本县风俗为"崞俗务农业而少行商"①；而光绪版《续修崞县志》载因贸易而义行的人数有3人，孝妇4人②；乾隆版《忻州志》记载6人，光绪版9人③。同样，代州领县定襄的情况亦如此，雍正《定襄县志》中没有因贸易而义行和节烈的人物记载，光绪《定襄县补志》中因经商在外的孝悌人数有4人，隐德2人，节烈6人④。

3. 经营区域主要集中于蒙古、新疆地区

忻州地区有民谚："东口到西口，喇嘛庙到包头，凡鸡叫狗咬的地方都有忻州人。"乾隆年间，"走西口"的移民愈益增多，忻代商人足迹也遍及全国各地，"致富在数千里，或万余里外，不资地力"⑤；位于忻州西北的奇镇，"居民因为生产不足供给，多以经商为业，经商者大都是西北各省（如绥远、察哈尔、宁夏为最多，新疆、内外蒙古、甘肃等省次之）⑥"。从笔者所搜集到的史料看，在蒙古及新疆地区贸易的忻代商人居多。得出这个结论的原因有二：

其一，忻州、崞县方志对商人经营区域有所提及的孝义和节烈人物事迹记载中，前往归化城和新疆贸易的有7人：郭利仁"有先人遗肆于塞外"⑦；杨生荣父亲及弟和祖父都"至新疆贸易"⑧；"张致中继妻贾氏，夫故，姑早殁，翁远出口外贸易"⑨；郭培垣"往新疆贸易"⑩；彭万山"贸易塞外"⑪。光绪年间崞县李福春"初商归化城"⑫。前往其他地方的只有2人：忻州方荣"商于奉天，历三十八年而不归"⑬，忻州侯进璋父"赴山海关外计"⑭。

---

① （清）贾瀛纂，郭丰锒，顾弼修. 乾隆崞县志［M］. 卷四《风俗》，据乾隆二十二年（1757年）刻本影印，南京：凤凰出版社，2005.

② 以上数据来源：（清）潘肯堂纂，赵冠卿，龙朝言修. 光绪续修崞县志卷六［M］. 据清光绪八年（1881年）刻本影印. 南京：凤凰出版社，2005.

③ 以上数据来源：（清）周人龙原本，窦谷邃增订. 乾隆忻州志［M］. 卷四，据乾隆十二年（1747年）刻本影印；（清）方戊昌修，方渊如纂. 光绪忻州志卷二十三［M］. 南京：凤凰出版社，2005.

④ （清）王时炯原本，王会隆增修分册号.《雍正定襄县志》，据清雍正五年（1727年）增补. 康熙五十一年（1712年）刻本影印；（清）郑继修等纂，邢澍田纂. 光绪定襄补志［M］. 卷八《人物》，据清光绪六年（1880年）刻本影印，南京：凤凰出版社，2005.

⑤ （清）徐松龛纂. 光绪五台新志［M］. 卷二《生计》，据清光绪九年（1883年）续修刻本影印，南京：凤凰出版社，2005.

⑥ 山西忻县的奇镇［J］. 新中华，1934，2（21）：7–14. 转引自阎天灵. 汉族移民与近代内蒙古社会变迁研究［M］. 北京：民族出版社，2004.

⑦⑧⑨⑩⑪ （清）方戊昌修，方渊如纂.《光绪忻州志》卷三十三《孝义》，南京：凤凰出版社，2005.

⑫ （清）潘肯堂纂，赵冠卿，龙朝言修. 光绪续修崞县志［M］. 卷六《人物志下·义行》，据清光绪八年（1882年）刻本影印，2006.

⑬ （清）周人龙原本，窦谷邃增订. 乾隆忻州志［M］. 卷四《节烈》，据乾隆十二年（1747年）刻本影印，1996.

⑭ （清）方戊昌修，方渊如纂. 光绪忻州志［M］. 卷三十三《孝义》，1998.

其二，塞外地方志及其他相关史料也记录了忻代商人在塞外从事商业的情况。忻州人自乾隆时起至同治年间，开新疆伊犁、乌鲁木齐、喀什噶尔、阿克苏、和阗、叶尔羌等处贸易，甚至有率车驮贩茶以通俄罗斯者①。嘉庆至同治年间，武川县工商业者主要是山西崞县、盂县、阳曲、代县、忻县、定襄、大同、太原各府县人。他们分别以同乡团体进行经营活动，店铺都系同乡性质，一县一业②。包头市"商业在忻、代二县人掌握中"③；俄国阿·马·波兹德涅耶夫在1893 年横穿察哈尔右翼时，遇到的汉族居民几乎全是忻州、代县人④。民国梁祥厚编订的《晋北忻定盆地概略》也记载了这一史实，"凡本省西北各县及省外之张家口、绥远、库伦、新疆等处，无不有忻定商人"⑤。

三、蒙地山西商人经营内容

晋中商人所做生意规模较大，以塞外为基地，渐而遍及全国各地，如祁县乔氏和渠氏分别在包头和归绥一带做小买卖起家，致富后开始经营钱庄、当铺，咸丰、同治年间转营票号，成为闻名于世的大商人家族。晋北地区商人以中小规模店铺经营为主，基本上发家和兴家于蒙地，经营内容以日常生活用品等传统行业为主。

（一）晋中地区商人经营内容

晋中地区商人群体因在清代蒙地经商成功，故其经营内容十分广泛，从蒙地居民日常生活用品到钱铺、当铺无所不包。因为关于晋籍商人，一般学术论著仅对晋中商人进行讨论，相关论述非常多，故笔者仅就晋中商人主营行业进行简要概括。还以大盛魁为例，大盛魁的经营范围无所不包，"上自绸缎，下至葱蒜"，应有尽有。

1. 日常百货业

大盛魁"城柜"即归化城总号分为两部分：一般业务，属于前庭；百货业务，属于货厅。货庭由一个顶大份生意的掌柜负责，专管进货之事。这一部分，有十几个人，有办理采购的，有写账的，有担任保管的，有计划订货的⑥。其至

① 王锡纶. 怡青堂文集 [M]. 卷三《晋省贫富强弱》，清同治十年编. 出自《清代诗文集汇编》编纂委员会. 国家清史编纂委员会文献丛刊·清代诗文集汇编 [M]. 上海：上海古籍出版社，2010.

② [日] 今堀诚二. 中国封建社会的构造 [J]. 日本学术振兴会. 1978 (1).

③ 王亦铭. 包头的蒙古行 [J]. 东河文史，1985 (2)：51, 52.

④ [俄] 阿·马·波兹德涅耶夫. 蒙古及蒙古人 [M]. 第 2 卷. 刘汉明译. 呼和浩特：内蒙古人民出版社，1987.

⑤ 梁祥厚. 晋北忻定盆地概略 [J]. 西北论衡，1937，5 (5)；转引自阎天灵. 汉族移民与近代内蒙古社会变迁研究 [M]. 北京：民族出版社，2004.

⑥ 中国人民政治协商会议内蒙古自治区委员会文史资料委员会. 内蒙古文史资料 [J]. 旅蒙商大盛魁，1984 (12)：52-56.

乾隆年间，进货的货物品种有布匹、铁货、绸缎、烟叶、糖味、给人畜治病的药包、砖茶、蒙古靴、白酒、铜器、麻绳、炒米、糕点、饽饽、三白、哈达、蘑菇等；道咸年间，经营范围扩至生烟、鼻烟和西洋机织布。东盛川发货店，投资两万两白银，设于归化城，主管外地客商发来的货物，以牙纪行业，主要为大盛魁进货。召河的鸿记六陈行，是大盛魁小号京羊庄协盛昌的小号。^① 归化城永生泰生烟店，为山西祁县人开设，主营山西曲沃生烟，大盛魁每年从永生泰购一千囤生烟，其中每囤一百八十包、每包重十两、价值两万三四千两银子^②。阿拉善地区有"先有祥泰隆，后有定远营"的说法，定远营即巴彦浩特，阿拉善旗王府所在地，该地最大的商号——祥泰隆是平遥商人开办的^③。山西省寿阳人朱锡昌祖上朱周成，于嘉庆年间"贾于归化，遂家焉^④"。

2. 茶庄

游牧地区长期以奶肉食为主，茶叶成为蒙古族等少数民族不可或缺的饮品。18世纪中叶，茶叶逐渐为欧洲人接受，渐渐风行欧洲大陆，成为与可可、咖啡并列的三大饮料之一，因此成为蒙古地区牧民必需和中俄及对欧洲交易的重要出口商品。中俄恰克图贸易的主要商品之一就是茶叶。在中国西北部，经营茶叶贸易的多是山西祁县和太谷的商人，他们的茶庄，资本雄厚，规模较大，商业地位仅次于票号。三玉川和巨盛川茶庄是大盛魁的两个小号，茶叶经营以砖茶为主。三玉川茶庄采茶地有湖北蒲圻县的羊楼洞、蒲圻县与湖南临湘县交界的羊楼司和临湘县的聂家市。民国年间，三玉川每年采制砖茶的数字，大约为六至八千箱，清时数目更盛^⑤。

3. 绸缎业

大盛魁为了掌握货源，在归化城开设了绸缎庄、茶布店，每年约走四千匹绸缎、六千匹洋布和斜纹布，每年从小号天顺泰和协和泰绸缎庄买绸缎，卖给王公富人和喇嘛们。天顺泰除了经营绸缎、布匹和棉花，还代销京鞋、京帽和北京同仁堂、太谷广升誉以及川广、云贵的重要药品，此外，贩运进口呢绒^⑥。

4. 钱庄、当铺

晋中地区商人开设的店铺生意规模较大，因此出于资金上周转的需要，同时也开设了很多钱庄、当铺。自康熙年间至清末，内蒙古中西部地区的钱庄、当铺业几乎为晋中商人所垄断。嘉庆四年（1799年），绥远当铺业，归化城二十座、

①⑤⑥　中国人民政治协商会议内蒙古自治区委员会文史资料委员会. 内蒙古文史资料［J］. 旅蒙商大盛魁, 1984.

②　杜晓黎. 归化城与蒙古草原丝路贸易［J］. 内蒙古文物考古, 1995（1）：45-48.

③　阎天灵. 汉族移民与近代内蒙古社会变迁研究［M］. 北京：民族出版社, 2004.

④　（民国）郑裕孚纂, 郑植昌修. 归绥县志［M］. 1935年铅印本. 台北：成文出版社, 1996.

绥远城九座、毕克齐村六座、讨不气村二座、古力半乌素村二座、速里图村一座、常合赖村二座及兵州亥村一座，几乎全由晋中祁、太商人经营。① 大盛魁的"大盛川"在归化城设有分号。据山西老商人讲，大盛川的前身，是祁县裕盛厚钱铺，光绪十五年（1889 年），由大盛魁出本银 10 万两，护本银 10 万两，共有十个财股。除大盛川外，大盛魁开设的票庄、钱庄还有裕盛厚钱庄、通盛远银号、鸿盛久银号。裕盛厚钱庄，投资两万两银子，设于归化城，在放款和付款方面为其服务；通盛远银号投资银元四万元，设于归化城吸收现金，发行纸币；鸿盛久银号，投资银元五万元，设于张家口，在张家口地方吸收存款，为其资金周转、调拨服务②。距乌里雅苏台稍远有中国人大商会二，曰大盛魁、曰天义德，甚著名。虽不公然贸易，然其营业之额，乌城商人中，恐无能出其右者，此商会乃蒙古各部落营银行业者所设，蒙古人称之为辰西，即保证者或支付者之义也。此半官立之公司③。

5. 牲畜业

阿·马·波兹德涅耶夫在科布多游行之际，"大盛魁蒙古营业之总理，住于科布多闻其个中人言，其商店于喀尔喀营业，即店伙所支出工银，可达三万两，每年输送于归化城之羊八万头乃至十万头云"④。元盛德在科布多也开有分庄，饲养牲畜。光绪中叶，大盛魁每年赶回来的马有两万多匹。同治、光绪年间，祁县榆林、永安两村余姓，养着一千多峰骆驼，柳姓养着八百多峰骆驼。人们说："余一千，柳八百。"乾隆中叶，山西祁县、代州与右玉等处的汉民，在旅蒙商发展的环境中，纷纷以养驼为生。德盛魁牲畜店，设于归化城，投资一万五千两银子，属牙纪行业，为大盛魁养羊马交易的媒介，业务是联系外地至归化城贩卖羊马的客商。盛记毛庄，设于天津，投资七万两银子，开店较晚，主要经营毛皮出口贸易；协盛昌、协盛公、协盛裕是三家京羊庄，设于北京，各投资两万两银子，主管转运和推销蒙古羊。⑤阿·马·波兹德涅耶夫从科布多至库伦途中，经过下都兰镇时，越小坡，入何坡河溪谷，看见"有大盛魁商馆四马群牧于此焉。每群约千头，以蒙古人四名监视之，由大盛魁商馆托一中国人为马群之监督，常住于何婆圭音哥耳河畔，别事小营业焉。乌逊珠

① 归化城蒙古民事同知为饬行事将给发过所属各当商生息银两数目清册，嘉庆四年（1799 年）七月，80－6－95，数据来源于乌仁其其格.18～20 世纪初归化城土默特财政研究［M］.北京：民族出版社，2008：210－214.

②⑤ 中国人民政治协商会议内蒙古自治区委员会文史资料委员会.内蒙古文史资料［J］.旅蒙商大盛魁，1984（2）.

③④ ［俄］阿·马·波兹德涅耶夫.北洋法政学会编译.蒙古及蒙古人［M］.（第一卷）第四章《科布多》，北洋法政学会，1912.

尔河为土默特人放牧乌里雅苏台官马及骆驼群之游牧地。另外，他还听闻土默特人概多富裕，饲各种畜类云"①。

6. 佛作等宗教用品

鉴于大盛魁的信誉，很多部落的召庙等也向大盛魁订货，有各种铁器、木茶盘、木碗及供佛用的佛台、横联、喇嘛念经披的粉绢等②。

（二）忻代商人的经营内容

忻代商人，起初由"春去秋来"的雁行商起家，规模小、资金少，经营商品内容以塞外牧民及居民所需粮油日用品类、手工业、畜牧业为主，兼营当铺业及茶叶，同光年间开始在银钱业崭露头角，仅次于祁、太商帮，民初超越祁太商帮，20世纪30年代趋于衰落。

1. 粮油日用品业

蒙古地区是传统的游牧经济区，与中原地区汉民族进行粮食及各种日用品物资交换的需求旺盛。清朝初年，清政府因平定噶尔丹叛乱，在中国西北地区常年用兵，为满足军需，在新疆、蒙古地区实行大规模"屯垦"政策，大量汉民通过"走西口"涌入蒙古境内。乾隆年间，在汉民集中的土默特、后套一带，农业经济得到长足发展。"归化城五厅地方，土肥田广，粮裕价贱。如购买积贮，内地遇有需要，可就近拨济"③，其所产粮食除本地自给外，还供应周边省区。故粮油日用品成为蒙地商人经营商品门类之大宗，忻代籍商人也不例外。包头、河套一带颇有影响力的刘字号掌柜是代县阳明堡人，刘字号主营六陈行并兼营钱庄当铺④。乌拉特盟三公旗的商贸重镇中公旗的料铺业（即卖给脚户饲驼之粮豆的行业），营业数甚巨，盖即粜给脚户饲驼之粮豆也，多者年出数十万石，大部分掌握在忻代商人手里⑤。《光绪东华录》，光绪八年五月载：代州棍徒刘廷邦，由监生捐纳游击街，在归化城等处开设粮店。民国时，山西代县白菜，每年运销大同、归绥20余万斤⑥，崞县及阳高县的蔬菜也销往归绥丰镇一带⑦，五台山胡

① ［俄］阿·马·波兹德涅耶夫．北洋法政学会编译．蒙古及蒙古人［M］．（第一卷）第四章《科布多》，北洋法政学会，1912.

② 中国人民政治协商会议内蒙古自治区委员会文史资料委员会．内蒙古文史资料［J］．旅蒙商大盛魁，1984（12）：86－88.

③ 清代官修．清实录［M］．第17册·高宗纯皇帝实录（9）卷六七一《乾隆二十七年九月三十日山西巡抚明德奏折》，北京：中华书局影印，1986.

④ 归绥一带的文史资料中有载，阳明堡镇南关村王里道的《刘氏家谱》（山西省社科院家谱资料研究中心藏）对此亦有记载。

⑤ 绥远通志馆．（民国）绥远通志稿［M］．卷二十七《商业》，呼和浩特：内蒙古出版社，2007.

⑥ （民国）白眉初．中华民国省区全志［M］．第3册，求知学社，1924～1926.

⑦ ［日］今堀诚二．中国封建社会的构造［M］．东京：日本学术振兴会，1978.

家庄所产花椒、桃梨之属，运销于归化、大同、丰镇等地①。民国初年毕克齐的园行（菜行），经营者以忻县、祁县、太原、定襄各府县人最多②。河曲城西的水西门是进行口外贸易的重要商贸码头，"河邑民人多在口外贸易，贩运各物俱起载于水西门，是水西门又为货物辐辏之区，商旅往来之地，舍舟登陆适当其冲③"，自秋收后，"口外杂粮由皇甫川转运渡河，例不禁止④"。丰镇"六成行"里的磨面、碾米、酿酒、榨油等工人，大多来自山西浑源县⑤。

2. 手工业

归化城历史最悠久的银楼"万福兴"，自康熙年间开业，直至新中国成立仍然继续营业，其创始人为山西忻县人胡玉⑥。包头市最为古老的三家商号之一如月号（其余两家是永合成和复盛公），是山西定襄铁匠梁如月于清雍正年间开设，初主营修理箭头、钉马掌、加工生产工具等手工业，后兼营生皮业和日用杂货⑦。代县生产的佛教用品如"红铜、佛像、木碗、木珠、漆器等运往归绥、多伦、五台山者，销售颇畅"⑧；归化城"佛作行"和"圆作行"⑨等手工作坊的坊主及工人一般来自代州和大同。山西定襄有"定襄铁匠学成徒，一人养活十几口"的民谚⑩。在五台山同前来朝拜的蒙古族做生意的大多为代、忻、五台、定襄、繁峙、浑源各县人，其中又以代州人（清朝代州领繁峙、五台、崞三县）为最多⑪。丰镇意和社，由皮鞋匠、布靴匠、毡匠组成，大同人与丰镇人各半⑫。察哈尔的多伦诺尔、安固林诺尔等大盐滩，"制盐的工人，多是山西浑源人⑬"，绥远岱海泊为产盐碱，其所用工人，多为山西应县人⑭。额济纳旗东庙里的绘画俱系五台、应县人所绘⑮。

3. 当铺、银钱业

忻州商人在嘉庆年间已在归化城一带经营，但当时归绥城当铺业主要掌握在

① 白眉初. 中华民国省区全志［M］. 第3册《山西省志》，北京：求知学社，1924～1926.

②⑤⑫ ［日］今堀诚二. 中国封建社会的构造［M］. 东京：日本学术振兴会，1978.

③④ （清）金福增. 同治河曲县志［M］. 卷8《艺文类·碑记》，南京：凤凰出版社，2005.

⑥ 呼和浩特市政协文史资料委员会编. 呼和浩特文史资料［J］. 工商经济专辑，1989（7）：72.

⑦ 包头市政协文史资料委员会编. 包头史料荟要第1辑，1980：149.

⑧ （民国）白眉初. 中华民国省区全志［M］. 第3册《山西省志》，北京：求知学社，1924～1926.

⑨ 佛作行，专门为佛门及召庙中铸造佛像、供器的行业；"圆作行"则是除此之外的人民日常生活用具，诸如锅、碗、瓢、盆、茶壶、火锅以及箱柜上的各种各类饰物。

⑩ 梁祥厚. 晋北忻定盆地概略［J］. 西北论衡2004，5（5）；转引自转引自阎天灵. 汉族移民与近代内蒙古社会变迁研究，北京：民族出版社，2004.

⑪ 蒋维乔. 五台山游记［J］. 《古今游记丛钞》第3册；沌谷. 五台山参佛日记［J］. 地学杂志，1912，3（1）；转引自阎天灵. 汉族移民与近代内蒙古社会变迁研究［M］. 北京：民族出版社，2004.

⑬ 阎天灵. 汉族移民与近代内蒙古社会变迁研究［M］. 北京：民族出版社，2004.

⑭ 绥远省教育会. 绥远省各县乡村调查纪实［M］. 内蒙古图书馆复印本，1934.

⑮ 马鹤天. 内外蒙考察日记［M］. 新亚细亚学会边疆丛书之三，1932.

晋中祁、太商人手里。嘉庆四年（1799 年），绥远当铺业，归化城二十座、绥远城九座、毕克齐村六座、讨不气村二座、古力半乌素村二座、速里图村一座、常合赖村二座及兵州亥村一座，几乎全由晋中祁、太商人经营，察肃齐村六座当铺，有一座是忻州本城人所开，朱亥村当铺二座分别由忻州上社村人和忻州左城人经营①。清末民初，忻代帮商人在归化城的银钱业经营渐盛，"以山西祁、太帮为最，忻帮次之（清时祁太帮为盛，民国以来，忻帮较盛，近年来亦不振兴），代帮及同帮又次之"②。萨拉齐县民国商业包括钱庄、当铺、粮店、马店等，多为"山西祁县、太谷、榆次、定襄各县资本家设立③"，其中定襄县属代州。

4. 畜牧业

清末民初张相文对塞外草原地区进行考察时，后套乌拉河西畔夜宿于一户忻县人家，从事的就是畜牧业，其"不耕而牧，兼业茶布经商"④。

5. 绸缎业

忻州帮有个大成源，是个大哈达庄。老号在临清，在归化城大生泰绸缎庄，住有庄客，大生泰和大成源是个联号⑤。

第三节　旅蒙晋中与晋北地区商人特点及原因分析

清代在内蒙古做生意的山西商人人数众多，几乎所有的城镇都有他们开设的商号。1936 年，边衡在绥所遇各界人士，"若叩其籍贯，或云山西，或祖籍山西，或徙绥数十年，入绥籍云云。此等现象极为普遍。即在蒙旗所遇之谋生汉人，无论工商或牧羊者，亦全为晋籍"⑥。《晋绥关系及其蒙旗政策》中分析了原因："独晋人因壤境毗连，久历年所之故，虽已外蒙之远，亦常涉足其间。内蒙各旗，自早践踏殆遍，遂常在旗境逗留以谋生计，此亦为晋人独到之绝技。彼辈

①　归化城蒙古民事同知为饬行事将给发过所属各当商生息银两数目清册，嘉庆四年七月，80－6－95，数据来源于乌仁其其格 . 18～20 世纪初归化城土默特财政研究［M］. 北京：民族出版社，2008.

②　绥远通志馆 .（民国）绥远通志稿［M］. 第四册卷三十二《金融》，呼和浩特：内蒙古出版社，2007.

③　绥远通志馆 .（民国）绥远通志稿［M］. 第三册卷二十七《商业》，呼和浩特：内蒙古出版社，2007.

④　阎天灵 . 汉族移民与近代内蒙古社会变迁研究［M］. 北京：民族出版社，2004.

⑤　内蒙古自治区委员会文史资料委员会 . 内蒙古文史资料［J］. 旅蒙商大盛魁，1984（12）：93.

⑥　阎天灵 . 汉族移民与近代内蒙古社会变迁研究［M］. 北京：民族出版社，2004.

多略懂蒙语，与蒙人往来，甚受欢迎。他省之人，无此长处，遂致草地商业及一部分雇工，几为晋人专利。"① "清康乾间归化城开市，商务颇盛，县人（代县人）多往服贾已致富②"。

虽然山西商人在内蒙古中西部一带人数众多，几乎为当地移民的主体，但来自晋中地区的商人和晋北地区商人的经营范围、内容、规模、兴起时间却不相同。由前文，可将晋中、晋北商人的特点进行总结如下：①晋中商人入蒙时间早，约于明末清初，随着康熙年间政府平定西北，其从事随军贸易，其代表商号大盛魁已取得在蒙古经商的许多特权；而晋北地区商人则至归化城设关才大规模涌入，兴盛时已至清末民初，得力于晋中商人濒临倒闭之时。②晋中商人所开商号多为大商号，经营地域范围广，如大盛魁、包头乔氏的复字号、祁县渠氏的商业等，且多能以蒙地为基地走向全国乃至国外；而晋北地区商人多为中小商户，以能与大盛魁这样的大商号结成"相与"而自豪，如当时左云人有一种习尚，就是对大盛魁特别崇拜③，尽管有一些老商号，但大都处于中小规模经营。③晋中商人经营的行业均为利润很高且需求量很大的行业，如钱庄、当铺、茶叶、牲畜业等；而晋北商人即使涉足这些行业，其规模也逊于晋中商人。故总括两地商人特点，可一言概之：晋中地区多有大商人家族出现，而晋北地区多为中小商人家庭。

自乾隆年间归化城设关后，经过100多年的发展，清末民初蒙古地区忻代籍商人发展至鼎盛，在塞外商界的地位也愈益重要。鉴于此，忻代商人较晋中商人，更具备与蒙地进行贸易的地理优势，但自其兴起至民初，几乎没有出现晋中地区类似常氏、渠氏的商人大家族。通过解读笔者搜集的一批档案及家谱资料，发现忻代商帮一方面在银钱业崭露头角，民国初年超越祁太商帮；另一方面涌现出许多如王廷相、周朴斋、邢克让等商界精英，但至20世纪30年代又很快衰落。这里有两个问题需要探讨：一是其鼎盛期虽有许多商界佼佼者，但大多数属于中小商人阶层，没有出现类似晋中祁、太、平地区乔氏、常氏、渠氏④等资产百万两银子以上，商业店铺遍及大半个中国的大商人家族；二是其异军崛起又迅速衰落的原因何在。下文即对具有典型代表意义的忻代商人个案进行剖析。

（1）忻州诰封武翼都尉周公朴斋先世以贫无生产移家于萨拉齐，勤苦治生，

① 阎天灵. 汉族移民与近代内蒙古社会变迁研究［M］. 北京：民族出版社，2004.

② （民国）白眉初. 中国民国省区全志［M］. 第3册《山西省志》，北京：求知学社. 1924～1926.

③ 内蒙古自治区委员会文史资料委员会. 内蒙古文史资料［J］. 旅蒙商大盛魁，1984（12）：61.

④ 常氏起家于张家口，是清代中国对俄贸易世家，乔氏、渠氏均起家于包头。

粗能温饱，公继嗣于世父锡碬公。锡碬公弃养时，公年甫十五，兄复斋公年十八，兄弟继先业，协理谋生，不数年而少有，又不数年而富有，迨公年四十余，已累资巨万矣，公以塞外非首邸地，复移家于故土。晚年家益丰，忻州屈指巨室者，必及于公。方公壮年时勤瘁治生，冒寒暑往来塞外，手足皲□，面目黧黑，虽少借先世遗基而继长增高，皆由于拮据经营而来，得之亦不易矣。得之难，惜之必甚，慷慨施予之事出于席厚履丰者易，出于铢积寸累者难。然公轻财好义，姻族之贫急者无虚日，亲串之。婚丧不举者谓倛助，晚岁取积年借券焚烧之，遇荒年指囷周济无难色，得之甚难而出之甚易。以故，公虽骤富而感颂者多，无妒怨者。昔为伏波游牧塞外，三致千金之产，辄自散之。自古贤豪之士，其识见度量与世之，仅知守财者不可同日而语矣（选自《诰封武翼都尉周公朴斋八十寿序》）[1]。

（2）先生名廷相（1815～1898年，任大盛魁大掌柜），字良弼，崇先公之长子也。生而聪颖，馨大才，读书十行俱下。家苦食贫弃儒学，陶米业于乌城。常人之常，善则相争，过则相诿。先生代同辈任过，虽屡次受责而不为辩，其负性忠厚有如此。迨后稍能自立，即以扶危济困为己任。见人有客塞外而落魄者，必给资金以遣之；故者必施棺衾以殓之；欲归荐而无路费者，必助路费以归葬之。诸如此类不一而足，盖数十年如一日也。更可重者先生从贫苦中亲身起家，与弟分家之后用己财延名师培养子侄读书，以补平生未遂之志，费甚巨而无吝啬。弟屡年所欠外债无虑千万悉代偿之[2]（选自《王廷相墓志》，成书于光绪二十六年）。

（3）邢克让，字揖卿，乳名三丑，原平镇人，光绪八年（1882年）生。光绪二十四年弃学从商，后到绥远开设"蔚隆泰"钱庄，一次垄断绥远甘草收购市场，获利白银五千两，一时成为绥远商界名声显赫的人物。后由当地财团"大盛魁"出资，开办"通盛远"银号，邢克让任"通盛远"银号经理，同时兼任"乾丰"经理。民国十二年（1923年）投靠绥远都统马福祥，任绥远都统府参事，绥远筹饷局总办、绥远会会长。自称"山西第一商人"，在官场出尽风头。张树帜曾以大量投资入股邢克让在塞外开设商号，经营投机生意。1925年北洋军阀政府派冯玉祥系李鸣钟为绥远都统，邢克让代表绥远商民写信挽留马福祥，被李鸣钟扣押。保释后又在天津开设"蔚泰汇兑庄"，继续从事金融投机生意，

① 沈云龙. 近代中国史料丛刊续编［M］. 第四十二辑《松龛先生全集（徐继畬著）》卷二. 台北：文海出版社，1974～1982.

② 山西省政协《晋商史料全览》编辑委员会，忻州市政协《晋商史料全览·忻州卷》编辑委员会. 晋商史料全览·忻州卷［M］. 太原：山西人民出版社，2006.

1936 年冬病亡①。

通过对以上忻代商人成功代表周朴斋、王廷相、邢克让的经商人生轨迹进行解读，可以总结出忻代商人从商轨迹的特点：

（1）贫寒出身，勤苦经营，靠乡人引荐进入商界。周朴斋家族虽属个人创业，然过程极为艰辛，"冒寒暑往来塞外，手足皴□，面目黧黑，虽少借先世遗基而继长增高，皆由于拮据经营而来，得之亦不易矣"，可谓其辛苦经营的真实写照。其他两位均为学徒工出身，王廷相 20 岁时随叔父到归化城（呼和浩特）大盛魁商号当学徒，后成为大盛魁大掌柜；邢克让先由父亲通过熟人引荐，在其家乡代县阳明堡刘雨田为其孙子开设的酿酒作坊当学徒，后经他二哥邢克恭介绍，到归化城崞县同乡开设的钱铺"钱盛昌"当司账②。

（2）出生年代稍早一些的周朴斋、王廷相具有明显的传统商人的特点，好儒重商，积德行善，在对后人职业选择的态度上，仍以读书科举为重；周朴斋、王廷相虽经商致富，但都鼓励后人走读书科举一途，周朴斋三子，长子以捐"诰封武翼都业，次子召南如州库以教谕候选，三子召虎中道光癸卯科武举人，议叙游击公以例尉③"；王廷相则"用己财延名师培养子侄读书，以补平生未遂之志，费甚巨而无吝啬"，其长子"宓诰封昭武都尉，次子以训导举孝廉方正，辞不就……孙五人，曾孙十一人，俱读书以善事其家④"；两人平时多施财于乡里，救助弱小，屡有义举之事为乡人称道。

（3）清末民初商人邢克让兼具官僚资本家的角色，其发迹及败落也是忻代籍商人鼎盛期兴衰的缩影。邢克让出生于小商人世家，父亲厨工出身，长兄在家乡一家店铺当学徒，二哥先入归化城崞县人开设的"德义祥"钱铺当学徒，后升为坐堂掌柜，邢克让即在二哥引荐下踏入归化商界，后任"蔚隆泰"钱庄经理。民国六年（1917 年），大盛魁聘请邢克让出任"通盛远"钱铺经理，成为归化城商界有名的人物。之后，邢克让走上一条官商结合的经商道路，民国八年（1919 年）晋北镇守使张树帜（崞县人）和库伦驻兵司令高在田共同投资"乾丰"银行，邢兼任经理。民国十四年（1925 年），因得罪冯玉祥部下李鸣钟（时任绥远都统）被下狱，出狱后远走天津谋生，依靠旧识高在田，任德国商人在津"天利洋行"经理，民国十七年（1928 年），在天津办"蔚泰汇"总庄，民国二

①　原平县志编纂委员会．原平县志·人物传［M］．北京：中国科学技术出版社，1991.

②　邢守平．山西省定襄县湖村邢氏原平支系（西南贾·原平镇）家谱续修本［M］．山西省社科院家谱资料研究中心藏，2007.

③　沈云龙．近代中国史料丛刊续编［M］．第四十二辑《松龛先生全集（徐继畬著）》卷二．台北：文海出版社有限公司印行，1974.

④　山西省政协《晋商史料全览》编辑委员会，忻州市政协《晋商史料全览·忻州卷》编辑委员会．晋商史料全览·忻州卷［M］．太原：山西人民出版社，2006.

十二年（1933 年），二哥邢克恭破产，致其激愤成疾，民国二十三年（1934年），携家小回乡，不久病逝。

由上，进一步深挖制约忻代籍商人进一步发展壮大的因素，笔者认为，作为一个地域性商帮，除个人素质外，还要从政治环境、社会制度、地方商业文化层面进行考量，归结起来有四方面原因：

第一，忻代商人没有抓住商业发展的黄金历史期。康熙年间，清政府通过平定噶尔丹叛乱，结束了西北边疆地区长期分割局面，但由于长期用兵，为补给军需，允许皇商及小部分商人进行随军贸易，旅蒙商最初由此发展而来。旅蒙商中大多数为祁县、太谷、平遥、介休等晋中籍商人。明末清初最为显赫的八家皇商之一范氏为山西介休人①，清代蒙古地区最大商号大盛魁的创始人王相卿和张杰、史大学分别为太谷人和祁县人②，他们均由随军贸易起家。从前文提到的路照中商人籍贯的比例也可看出，至乾隆年间，在蒙经商的晋中籍商人比例仍占绝大多数，而忻代籍商人则失去了这一难得的历史机遇。

第二，晋商用人机制不利于后起商帮的发展。晋商在用人机制上喜用同乡人，长此以往，易形成以地缘组合为纽带的商人团体，忻代商人也是如此，而晋中商人较忻代商人捷足在蒙古商界立稳脚跟，其中的大商号如大盛魁、元盛德、天义德商号与蒙古地区王公及地方政府关系密切，挤压了后起之秀忻代商人谋求扩大商业规模的空间。以大盛魁为例，大盛魁员工"不要本地人（指清代蒙古地区），专要山西太原府附近十县的人③"，这样的用人机制，让占尽先机的祁县、太谷籍商人享有了更多的优先权，无形中缩小了其他地区商人进入商界的机会。大盛魁有确切记载的 10 位大掌柜，7 位是祁县、太谷人，1 人王廷相为山西代县人，其余 2 人，乾隆、嘉庆年间任掌柜的秦钺是山西右玉人，最后一任掌柜陈严甫是内蒙古托克托县人④。从上文提到三位忻代籍商人的经商历程看，均由同乡人推荐进入同乡人开设的店铺做学徒。可见，晋商以地缘、乡缘关系缔结的经商模式，一方面有利于地缘商帮商业活动业务的扩大和商业竞争的需要，另一方面也给后起商帮的生存增加了难度。

第三，二元行政体制使得中小商人阶层的生存处境更为艰难。在士农工商的传统社会中，商人的生存已属不易，清代鼓励汉民进入蒙古经商原出于政治战略考虑，而非促进两地商业活动交流，故对蒙地经商的商人在法律上有诸多限制。

① 王谋文纂修.（乾隆）介休县志［M］. 卷九《人物》，据乾隆三十五年（1770 年）刻本，南京：凤凰出版社，2005.

②④ 中国人民政治协商会议内蒙古自治区委员会文史资料研究委员会. 内蒙古文史资料［J］. 旅蒙商大盛魁，1984（12）.

③ 代林，马静. 大盛魁闻见录［M］. 呼和浩特：内蒙古出版集团，内蒙古人民出版社，2012.

忻代商人由于失去了商业发展历史黄金期，商业规模扩大进度缓慢，大多处于中小商人阶层。清代漠南蒙古地区实行的是旗县并存、蒙汉分治的二元行政管理体制，由于两种系统所维护的群体利益不同，二者冲突常有发生①。在蒙地经营的中小商人由于其规模及所处社会地位有限，无法和蒙古王公或地方官员达成良好的私人关系，故其生命及正常商业活动无法得到保障，被蒙古游民或土匪侵犯的事情时有发生，轻则造成财产损失，重则危及生命安全。在笔者搜集到的有关刑事案卷中，受到侵害的集中于中小商人，而如大盛魁、元盛德、天义德这样的大商号受到侵犯的案卷几乎没有。其中，有关忻代商人的一则案卷极具代表性：嘉庆十六年（1811年）三月三日，忻州商民赵双元叔侄到归化城经商，行至中五力图地方遭到蒙古凶盗袭击而导致财物被劫，叔父毙命，其侄赵双元首先向归化城厅主事提出诉求，后虽查明凶盗为蒙古喇嘛一行，然鉴于涉及蒙古盟旗而采取虚与委蛇的态度。在向地方政府诉求无望的情况下被迫京控，而在如此重大的人命案件中，其所佣工的归化城天顺永字号之店主赵俊伟并不肯为其店员出庭作证②，由此可见中小商民的生存困境。

第四，无法突破官商结合模式注定了其衰败的结局。1911年辛亥革命和1915年外蒙古独立使得从事对外蒙古及俄贸易的晋商深受打击，不少祁县、太谷、平遥的大钱庄、票号相继闭铺。忻代籍商人取代晋中商人成为归化一带钱庄业最盛的商帮。以清末民初忻代商人杰出代表邢克让为例，其任经理的"蔚隆泰"钱庄，即为崞县富商收购平遥侯氏的"蔚盛厚"钱庄改组而来，这段经历为邢克让日后的发迹奠定了基础。但由于社会条件限制，此时在塞外商界大展身手的忻代商人并未成功转型为近代商人，其仍需与清代传统晋商一样寻求地方官员庇护，进行官商结合，才能谋求商业活动的继续发展。邢克让深谙此道，在他发达后，便积极寻求和地方官员建立私人关系，他首先与晋北镇守使张树帜（崞县人）和库伦驻兵司令高在田交好，担任他们共同投资的"乾丰"银行经理，转身为官僚资本家。由于卓越的商业才干及与官府的关系，他还被推选为绥远总商会会长，时人称"山西第一商人"。然而在民国初年塞外政局极为不稳的政治环境下，同时也决定了商人的地位非常脆弱。后邢克让因得罪担任绥远都统的冯玉祥部下李鸣钟而获罪入狱，出狱后被迫出走天津。作为清末民初塞外一位杰出的商人，其迅速发达于官商结合，也败于此。

当然，忻代籍商人鲜有大商人出现还和其地域文化有一定关系，清代晋中地区商业气息更为浓厚，家庭"凡有子弟者，不令读书，往往俾学商贾，谓读书而

①　即对游牧型的蒙古社会实行盟旗制，对定居的汉族农耕社会实行府厅州县制。前文引自张永江. 清代漠南蒙古地区的二元管理体制［J］. 清史研究, 1998.

②　清代第一历史档案馆，军机处录副奏折，由中国人民大学张永江老师提供。

多困穷，不若商贾之能致富也①"，且形成了独立的从商意识，汇商达人张石麟（1844~1915 年）对劝他走仕途者表达了经商济世的思想："人生事业在社会，果有济益，身即未服官政，对国家不无小补，奚汲汲仕宦为。②"而忻、代地区的商业文化则逊色许多。

---

① 刘大鹏. 退想斋日记 [M]. 太原：山西人民出版社，1990.

② 黄鉴晖. 山西票号史料 [M]. 太原：山西经济出版社，2002.

第三章　山西商人与内蒙古城市工业近代化

　　19 世纪中叶至 20 世纪初，随着西方列强通过鸦片战争打开国门，中国被迫卷入世界市场，最早被列为通商口岸的沿海城市如广州、上海、福州等在饱受侵略的同时，也因与世界市场接轨而率先使得对外贸易繁荣。由于外资在华设厂，催生了中国境内第一批近代工业，中国开始背负着沉重的负担逐渐向近代化转型。较之沿海地区，经过清代两百多年开发，还处于农牧并存的经济发展阶段的内蒙古地区，其城市近代化进程较沿海地区迟了近半个世纪。然而由于内蒙古地处北部边疆，毗邻俄国，自 19 世纪中叶起，俄国持续不断地对蒙古地区进行政治、经济渗透。19 世纪末期，鉴于边疆危机，清政府对内蒙古原先的封禁政策进行调整，改为移民实边政策。此时，英法等国资本也强势进入内蒙古归绥、包头一带，并以城市为据点逐步将周边地区带入世界市场体系。总之，在各种因素综合作用之下，由于商人聚集而兴盛起来的归绥城、包头等为数不多的内蒙古城市开始被动近代化。

　　工业近代化是城市经济近代化的标志之一，而工业近代化的一个显著特征为机械动力的使用①。内蒙古地区由于地处边疆，至 20 世纪初才开始出现以机械为动力的近代企业。以归绥第一家真正的近代工业绥远电灯有限公司为例，迟至民国十年（1921 年）始有商人倡办，而沿海城市如上海则在 1882 年 4 月即有英商立德尔、魏特曼、狄斯等人开办山海电光公司，中国商人李松云、唐廷植等随后入股②。

　　在内蒙古城市近代化过程中，清代旅蒙商主力山西商人并非完全失去了前期开拓进取的精神，堕向保守，其中不乏锐意革新的商人，如大盛魁掌柜段履庄等试图投资近代工业，寻求商业突破。19 世纪后期，内蒙古地区一些城市被开辟为通商口岸后，英、美、俄等国家的洋行进驻归绥、包头等地，一些商人则充当

　　①　许涤新，吴承明．中国资本主义发展史（第二卷）［M］．北京：人民出版社，2003．
　　②　汪敬虞．19 世纪西方资本主义对中国的侵略［M］．北京：人民出版社，1983．

了为洋行买办的角色，其中也有山西商人参与。下面即对内蒙古城市工业近代化中山西商人群体的经营活动及特征进行探讨。

第一节 山西商人与归绥近代工业的发起

归绥城为清代蒙古地区重要的商业贸易枢纽城市，是中原通向外蒙古、新疆和东北等地的道路交会点，也是在蒙古做生意的各地旅蒙商的商铺聚集地。如大盛魁的总店原先设在乌里雅苏台，后随着归绥商贸地位日益突出而移至归绥。但是19世纪末20世纪初，由于边疆政治危机和现代化交通的冲击，归绥商贸地位经历了由繁荣到衰落到再度回升的历程，近代工业也在这个转变过程中得以催生。

一、归绥城政治、商业环境的变化

19世纪后半期至20世纪初，由于新疆动乱、俄国对内蒙古政治和经济的渗透、外蒙独立等政治事件和外资入驻及中东铁路的修建等使归化城转口贸易城市的功能受到限制。

（一）政治局势的变化

（1）新疆变乱。自19世纪初，俄英两国由原来对新疆的觊觎变为实际行动。俄国加紧对中亚和清巴尔喀什湖以东以南地带进行蚕食，英国则不断派遣间谍潜入新疆活动，新疆成为俄英两国的角逐目标。国内政局也不容乐观，1820～1828年的张格尔之乱起，新疆小型动乱不断发生，后来这些小型动乱成为19世纪六七十年代新疆大动乱的先声。同治二年（1863年），新疆爆发大规模农民起义，清政府在新疆的统治面临崩溃。同治三年（1864年），中亚浩罕汗国派军官阿古柏插手新疆局势，北疆起义军与阿古柏军对抗失利后，新疆大部分地区沦入阿古柏之手。同治十年（1871年），俄军进攻伊犁。面对新疆复杂的政治局面，光绪元年（1875年），左宗棠带领清军开始收复新疆的军事行动，经过五年艰苦奋战，光绪七年（1881年），14年之久的动乱结束，新疆重新回归统一[①]。

（2）外蒙古独立。清代中俄两国贸易的重要场所买卖城和恰克图处于中国外蒙古地区和俄国的交界线上。19世纪中叶，俄国对外蒙古的经济侵略加强。宣统元年（1909年），俄国工商部成立了一个专门研究制定对蒙古贸易政策的特

---

① 马汝珩，成崇德. 清代边疆开发［M］. 太原：山西人民出版社，1998.

别研究会，同时派遣大批商队和考察队，对外蒙古地区商业活动进行调查。此外，俄国还派员对外蒙古上层进行政治渗透活动。宣统二年（1910年），在俄国暗中支持下，外蒙杭达多尔济亲王、大喇嘛车林齐密特和来自内蒙古的海山，联名上呈哲布尊丹巴呼图克图"密谋蒙古独立"。11月30日，杭达多尔济等向清驻库伦办事大臣三多提出最后通牒，并要求三多立即出境。12月16日，库伦叛乱一伙宣布成立"大蒙古国"，并奉哲布尊丹巴呼图克图为"皇帝"。民国元年（1912年）8月6日，科布多城失陷，清参赞达成溥润及官员、居民七百余人，被俄军押解出境，俄国操纵的外蒙古伪政权控制了外蒙古全境。11月3日，俄使廓索维慈同外蒙古伪政权签订《俄蒙协约》，之后，俄政府开始向中国北洋政权施压。民国二年（1913年）5月20日，中俄双方在北京签订《俄蒙协定》，在这个协定中，中国政府被迫承认了俄在外蒙古的殖民特权，但规定蒙古为中国的领土。1913年11月5日，签订《中俄声明》，1914年9月8日，中、俄、蒙两国三方代表在恰克图通过谈判签订《中俄蒙协约》。外蒙古"独立"在形式上被取消，改称"自治"，承认中国为宗主国。至此，俄国基本上侵占了外蒙古主权，并将蒙古沦为俄国的殖民地①。

清朝，归绥城向来为中原地区到新疆、外蒙古及俄国进行贸易的中转地，新疆动乱、平复新疆动乱的军事过程及外蒙古独立事件，对归绥城的商贸地位造成极大冲击。

第一，在新疆变乱过程及20世纪初外蒙古独立事件中，归绥至新疆的商路、归绥转新疆地区至恰克图、归绥至外蒙古的商路受阻，进而使得归绥城作为西北贸易交通交会点的优势难以发挥。

由中原至新疆的道路有三条，其中两条经过归绥城，归绥到新疆古城子的路被称为北路，分大西路和小西路两条，共七十二站，五千四百三十里：

大西路具体路线为：归绥—可镇（民国武川县治）—召河—头虎尔—黑沙兔庙—百灵庙——棵树—塔布板申—伊克淖—羊厂沟—公忽洞滩（自此入大西路）—海流兔河—红古尔鄂博—黑沙兔—摩尔古沁—乌牛乌素—忽尔洞—挨力素忽洞—阿卜尔湖—赛圪帖尔—吉尔里卯独—保尔津—夹刚兔—勿来鄂博—拖累不拉—尔德尼不拉—勿来忽洞—博尔丹梁—卯尔古沁—里至土不气—哈塔不盖梁—把圪力尔忽洞—红古尔岭—素勒贡尔—乌兰淖—玉石洼—普圪帖尔—卯独鄂博—哈拉纽独（自此与小西路合为一线）—察汗讨勒盖—察汗不拉—忽洞科布尔—白彦科布尔—赛忽洞—锡纽乌素—速红兔—乌什克—小拖累—赶只汗卯独—红淖—甲拉孟—苏计—甲会—老龙鄂博—什拉呼噜素—哈拉得令—闪丹—明安乌局

① 蒙古族通史编写组. 蒙古族通史（下卷）［M］. 北京：民族出版社，2001.

尔—宿亥—乾湖子—老爷庙—木炭窑子—山塘湖（巴里坤所属）—天生圈—白墩子—转井—锅底山—菜籽地—卧龙驹口—黑山塘—□芃湖—三各庄—新疆古城子。

小西路具体路线为：归绥行至百灵庙后，以此为分叉点，百灵庙—乌蓝不浪—圐圙格尔—伊肯不拉圪—张茂忽洞—乌蓝闪丹—赛忽洞—什拉哈达（内、外蒙古在此设卡）—额勒更乌素—哈达合少—纳木公—保尔合少—乌蓝不拉—古力板卯独—张茂可卜尔—速力贵尔—阿力圪白彦—必力圪兔—迭卜尔湖—什报可卜尔—哈不气尔—黑沙图—塔布可卜尔—奎腾把札尔—纽斯更可卜尔—伊肯补拉圪—腮林忽洞—夹刚忽洞—必流亥—素亥—风乾楼—什拉胡素—卯独鄂博—哈拉纽独。至此与大西路合为一线到达新疆古城子①。

中路由绥远西至包头，经宁夏至甘肃，与通往新疆哈密的大道相会，再到新疆。

上述路线，在国家政局安定年代，"平坦坚实，水草丰茂，便于驼行，小西路尤为便捷"，缺点为水草略少，大帮驼队不易通行。而在动乱年代，由于新疆动乱和外蒙古自治，归绥到新疆的商路阻断。新疆动乱期间，商民被迫"经塔尔巴哈台各口与俄商相伴出境，维俄罗斯地面绕路，由恰克图口而回②"。外蒙自治后，大小西路为外蒙古封锁，加之游匪阻劫，久成阻塞之途。于是，"有人于旧路之南，内蒙古达尔茂明安、乌拉特公旗、宁夏、甘肃、新疆各地境内，新辟一路"，即后人所称绥新南路。但这条路"较诸旧路迂绕二千余里"，且"水草不佳，流沙拥阻，路远费重，极不易行"，在新疆、甘肃交界处的明水地方，时有土匪结伙洗劫商驼，商人走这条路，可谓"实亦不得已也"。故自民国二十年（1931年）以后，西商发货起运，西行至二里子河地方，还须西南斜行十五六站，才得安全。到新疆古城子后，再行三百余里可到迪化③。

民国初年，由于外蒙独立，通往外蒙古前营乌里雅苏台、后营科布多、库伦的商路情形更为糟糕。归绥城往昔经营西北贸易最为发达，清朝二百余年，通往西北及外蒙古的交通频繁，其由各地输入皮毛、牲畜，输出茶、糖、杂货："当时有所谓大盛魁、元盛德、天义德三大号，加上其他外路之商，有百数十家"，"大盛魁商号，资力雄厚，历年久远……元盛德在外路滋生牲畜之多，亦属一时无两"，归绥城可谓繁荣殷实。入民国后，各地战乱频仍，归绥"商运日渐减少，然犹勉强通行，驼户尚可维持营业，商户尚可保持现状。及（民国）十六

---

①③ 绥远通志馆．（民国）绥远通志稿［M］．第十册卷八十《车驼路》，呼和浩特：内蒙古人民出版社，2007.

② 中国第一历史档案馆藏．录副奏折，同治六年十月十七日《奏为归化城商民请由恰克图口假道与西洋通商事》，档号03-4981-004.

年（1927 年），外蒙古及各地发生巨变，商旅财货全行没收，从此前营、后营、库伦三路，交通完全断绝……故所谓西庄营业，皆坐商路不通以致亏耗歇业者踵相接也"。商路断绝致归绥主要商业一蹶不振，其他小工业者受到牵连也渐趋凋敝，在这种情形下，有识之士认为将来振兴归绥市，"首在发展西北交通为当务之急也①"。

第二，由于战事影响和当政决策使归绥失去新疆及由新疆转口境外的广袤贸易市场，导致"本地商民大半歇业，而西疆逐□□日□□，市均□生理坐受□困，以□游手□日□一日，民现不能聊生②"，而经过外蒙古独立危机，外蒙被俄国控制，导致归绥丧失的市场份额迅速扩大，连外蒙古也被隔绝于归绥商贸范围之外。

清末中原通往新疆三条主干道中，北中路的具体路线在前文已经论述过，南路则是在新疆动乱期间，中原到新疆的商路被阻断的情况下，为转运各地军火饷银，由左宗棠开辟，也称"左宗棠大道"，具体路线为由陕西西安西北行至兰州，循甘肃至新疆哈密③。左宗棠收复新疆后，清政府颁布条令，只允湖南籍商人领票前往。湖南籍商人因不熟悉新疆茶叶市场及与俄人的交易习惯，亏累不断，而长期与俄人做茶叶贸易的山西商人则被禁止贩茶入新。与此形成鲜明对比的是，俄商在西北地区取得贸易优惠条款及新茶道路线的开辟，这在一定程度上架空了归绥城作为中原转口新疆地区至俄国的城市功能。阿·马·波兹德涅耶夫1893 年游历归绥城时，在他的考察日记《蒙古及蒙古人》曾描述过这项政策对归化商贸的影响。他先讲述了这项政策的执行缘由：

"呼和浩特的商业中，自古以来最主要的项目是茶叶……据说早在 19 世纪70 年代末，著名的总督左宗棠为了整顿他所管辖的，已遭东干人破坏的东土耳其斯坦地区，并使其富裕起来，曾向政府提出请求，要把运往西部地区的商品，尤其是茶叶，不经过归化城，而经过甘肃省运至西部。他显然是想用这种方法使他管辖的地区得到更多的收入，并发展那里的工业。结果政府就明令禁止把茶叶通过归化城运往哈密和喀什噶尔。④"

---

①　绥远通志馆．（民国）绥远通志稿［M］．第十册卷八十《车驼路》，呼和浩特：内蒙古人民出版社，2007．

②　中国第一历史档案馆藏．录副奏折，同治六年十月十七日《奏为归化城商民请由恰克图口假道与西洋通商事》，档号 03 - 4981 - 004．

③　黄文弼．第二次蒙新考察记［J］．禹贡半月刊，1935，4（5）．

④　［俄］阿·马·波兹德涅耶夫．蒙古和蒙古人（第二卷）［M］．张梦玲，郑德林等译．呼和浩特：内蒙古人民出版社，1983．

接着他又通过归化城商人之口，分析了归化城商贸地位的重要性及其衰落的原因：

"当归化城对整个蒙古、整个土耳其斯坦，对伊犁及塔尔巴哈台地区，甚至对我国（俄国）的土耳其斯坦地区和西西伯利亚来说都是一个转运点的时候，它在贸易上是有着重要意义的。可是，我们已经看到，从19世纪70年代末期开始，它就已经失去这一意义，并开始逐渐趋于衰落。诚然，时运不佳的呼和浩特商人们现在还期望着，在他们的努力下，政府迟早会撤销禁止通过归化城往东土耳其斯坦输茶叶的命令，那时归化城将重新获得昔日的繁荣，可是，这种期望未必能实现。①"

另外，他还对归化城的未来做了预期：

"在这种情况下，看来更为符合实际的是，归化城的作用已发挥完毕，现在要想抬高它的地位，除非等到有朝一日发生什么新的、完全意外的事件。②"

归绥城后来的发展走向，一定程度上验证了阿·马·波兹德涅耶夫的预期。民国初年魏渤也认为：

"新伊用茶，曩由归商运往，年约数十万箱。前清光绪初年左文襄公平定新疆，将甘新作为引地，许湘商领票运茶，严禁归商，不准支箱运往，生意形萧索骤。③"

因此，归绥城至19世纪90年代，销售和运出的棉布及纺织品几乎是外国货，当时价格也有所上涨，和外蒙古的交易商品还保持有茶叶和布匹两种，但本地运输商在本地能够承接到的运输业务却一年比一年少了④。这从侧面揭示了归绥城的衰落，而外蒙独立不啻雪上加霜。《绥远通志稿》对此多处着墨：

"先是归化城向为蒙汉通商要埠，市面繁盛冠于各县。凡经营诸路贸易值通事行、西庄及皮毛业等巨商大贾，莫不在焉。民国以来，后路蒙商及前后营路相继壅塞。仅新疆一带至西北营路尚可交通，然亦苦于匪扰、迭遭损失。故各业皆

①②④ ［俄］阿·马·波兹德涅耶夫. 蒙古和蒙古人（第二卷）［M］. 张梦玲，郑德林等译. 呼和浩特：内蒙古人民出版社，1983.

③ 魏渤等. 调查张家口、归化城开辟商埠报告［J］. 农商公报第1卷第7册，1915.

有不振之象。"①

"自中俄宣布断交，赤俄钳制外蒙，设防累于乌得，汉人出入蒙境，已受限制遑论营业也……十三年（1924年），赤俄逐去白俄，蒙政府对于汉商压迫渐重。"②

民国二十三年（1934年），《绥远分县调查》中也载：

"在民国十二三年（1933年、1934年）以前，每年由蒙新甘等处输入至货品，如驼毛、羊毛、绒细皮细皮等货，牛、马、驼、羊等畜，以及葡干、羚羊角、药材玉、蘑菇、水品、金沙等物，其总值在三百万两以上；至十六七年（1927年、1928年）不过二十万两左右；十八九年（1929年、1930年）以后，则江河日下，蒙古贸易停顿，西路商路，亦梗塞，西庄通司二业，以故不振。归绥商务之兴衰，全视蒙古新疆之商务，今西庄通司二业，日益不振，而归绥全市至商务，亦一落千丈也。③"

（二）交通环境的变革

清代，归绥通往各地的交通以车驼路为主，进入 20 世纪，归绥周边交通环境发生了巨大变化。

首先，光绪二十九年（1903年），西伯利亚铁路延伸到中国境内的中东铁路开通和大连港开港之后，经由大连港进口的茶叶数量迅速增加，其中大部分经由中东路出口俄国。与此同时，恰克图的茶叶贸易虽维持了一定的贸易数额，但总体趋势走向迅速衰落。中俄贸易的地点也由包括蒙古地区在内的西北边疆转向东北地区；光绪三十四年（1908年）京张铁路通车，致使俄商将中东铁路的转运优势得以全面发挥，原先经由归化城转运至新疆、俄国的货物中绝大部分直接经由中东铁路运至俄国。

其次，张家口到库伦的汽车车路开通，也分流了归绥一部分市场份额。民国五年（1916年），景本白、张樾柳等合资的大成长途汽车公司成立，张家口到库伦的交通工具由汽车代替以往的车驼。民国九年（1920年），商人章华堂创立美华汽车公司，以三辆道济车载货物开往库伦，此后几年，车行增至 30 余家，车

①② 绥远通志馆．（民国）绥远通志稿［M］．第三册卷二十七《商业（上）》，呼和浩特：内蒙古人民出版社，2007.

③ 全国图书馆文献缩微复制中心．绥远省分县调查概要［J］．中国边疆史志集成卷三十一《内蒙古史志》，北京：全国图书馆文献缩微复制中心，2002.

辆增至 150 余部[1]，由张家口到库伦的路程也只需四至六日可达[2]。如此便捷的张库车道开通后，往年由京津等地经由归化城到新疆、外蒙古的货物让利于京张铁路——张库车道联运。可见，周边省区近代交通的兴起极大地挤压了归绥市转口贸易市场的空间。鉴于民国后政权交替频繁，内蒙古地区的局势出现各种政治势力较量的局面，若地方政府无法为归绥谋得一条打开西北贸易局面的交通，只会让其在西北的贸易地位日益尴尬。

最后，在 19 世纪六七十年代归绥贸易趋向衰落后，经过大约 50 年，于民国十年（1921 年）终于有一条近代铁路平绥铁路通车到归绥。平绥铁路，原名京绥铁路，因国民政府命名为北平而被时人称为平绥铁路。京张铁路竣工后，平绥铁路于宣统元年（1909 年）三月开工，十月通车到柴沟堡，次年十月至阳高。其间因武昌起义中断，民国元年（1912 年）冬继续进行，三年（1914 年）抵大同，四年（1915 年）至内蒙古境内丰镇。又因第一次世界大战影响，"料价陡涨，路款未允"又一次停工。民国八年（1919 年）再次兴工，中经苏集、平地泉，于民国十年（1921 年）通车归绥[3]。这条铁路的开通不仅促进了沿线一系列新兴城镇涌现，又一次提升了归绥城作为西北交易枢纽的地位，成为华北地区进入中国西北的唯一铁路交通要线，从而将内蒙古和西北地区的货物经由平绥铁路直接运到京津等地，且使内地和内蒙古、西北边疆的政治、经济往来，较清代更为紧密。正如贺扬灵在《察绥蒙民经济的解剖》中所述：

"（归绥）市场在过去的商业史不及张家口的，现因铁路交通及边境安全的关系，东依平绥铁路得吸收各国及华北的工商品而转销于西北；西依包宁线即新绥线，几近绥西及宁、甘、新的西口货物，而吐出于平津及对外出矣……使西北大部分行商都要与这个市场的商业集团，取得最深度的联络，同时当地的重要商业集团，亦就是西北大部分行商的经理人。[4]"

在平绥铁路修建的同时，民国绥远省境内的公路也开始修建。民国十二年（1923 年）至十八年（1929 年），省内外七条主要干道先后通车。由归绥为起点的公路有四条，分别为绥百路（自归绥经武川至百灵庙，民国十七年始通车）、新绥路（自归绥经乌拉察布盟、阿拉善额鲁特、额济纳、甘肃至新疆哈密）、绥

①　（民国）杜赓尧. 张库通商（第一、二辑）. 天津大公报社代印，1933.
②　（民国）王金绂. 西北地理 [M]. 北京：北平立达书局，1932.
③　绥远通志馆.（民国）绥远通志稿 [M]. 第十册卷七十八《铁路》，呼和浩特：内蒙古人民出版社，2007.
④　（民国）贺扬灵. 察绥蒙民经济的解剖 [M]. 上海：商务印书馆，1935.

托路（归绥至托克托县城，民国二十四年通车）、归和路（归绥至和林格尔县城，民国二十四年通车）。此外，与平绥铁路衔接的干道有包乌路、包宁路、集库路，支线有集隆、丰隆、丰得、丰中等段，另还有大镇相互连接之公路三条即隆三、隆大、隆张，乡镇连接者九条即临河之黄杨木头、太安、永康、太华、发远、平政、太和、太熙、太宁。如此，以归绥为交会点，平绥铁路为主要连接线，周边公路为支线的近代交通网络得以建立起来，促使归绥的商贸地位在短时间又迅速提高，归绥商务日渐繁荣①。

（三）外资势力的介入

塞外城市归绥、张家口在清代由于恰克图开市成为中俄两国贸易转口城市。进入 19 世纪中叶，中国受到西方势力强烈冲击之时，归绥市可谓首当其冲。先是俄国商人逐步侵占了由中国商人几近垄断的茶叶市场，接着又在归化城倾销其他商品。至 20 世纪初，外蒙古和新疆市场在俄国国家武力和经济势力的双重夹击下基本沦陷于俄国之手。19 世纪八九十年代之后，英美日等国家也派驻洋行染指内蒙古城市，包括归绥。

对内蒙古城市贸易影响较大的是俄国，俄国通过一系列不平等条约逐渐取得了在蒙古地区进行贸易的主动权，导致山西商人失去了外蒙古、新疆及俄国的大部分市场份额。1860 年，中俄《北京条约》规定："俄国商人，除在恰克图贸易外，其由恰克图照旧到京，经过之库伦、张家口地方，如有零星货物，亦准行销。库伦准设领事官一员，酌带数人，自行盖房一所，在彼照料。其地基及房间若干，并饲养牲畜之地，应由库伦办事大臣酌核办理②"，并且"试行贸易，喀什噶尔与伊犁、塔尔巴哈台一律办理。在喀什噶尔，中国给予可盖房屋，建造堆房、圣堂等地，以便俄罗斯商人居住，并给与设立坟茔之地。并照伊犁、塔尔巴哈台一块，以便放牧牲畜。以上应给各地数目，应行书喀核办理"。这不仅使俄国在中国蒙古地区的贸易范围有所扩大，因此时新疆局势已出现动荡，还给俄国商人抢占新疆市场以可乘之机。

同治元年（1862 年），中俄《中俄陆路通商章程》规定："俄商小本营生，准许前往中国所属设官之蒙古各处及该官所属之各盟贸易，亦不纳税。其不设官之蒙古地方，如该商欲前往贸易，中国已断不拦阻；唯该商应有本国边界官执照，内用俄字、汉字、蒙古字钤印，并注商人姓名、货色、包件、驼、牛、马匹数目若干。③"同治八年（1869 年）的中俄续约，取消了"俄商"小本经营的限制。以上条约的签订，蒙古地区整个市场几乎全部对俄开放，且俄国商人又取得

①　全国图书馆文献缩微复制中心. 绥远省分县调查概要［J］. 中国边疆史志集成卷三十一《内蒙古史志》，北京：全国图书馆文献缩微复制中心，2002.

②③　王铁崖. 中外旧约章汇编（第一册）［M］. 北京：三联书店出版社，1982.

到中国内地采茶区设厂，用非常低的关税远距离贩运茶叶的贸易权利。与之形成鲜明对比的是，清政府对商人的高额税收及国内政治环境的恶化，终使中俄两国商人竞争后果惨烈，中国商人最终败下阵来。晚清重臣刘坤一奏折中曾指出，"自江汉关通商以后，俄商汉口开设洋行，将红茶、砖茶装入轮船自汉运津，由津运俄，运费省俭，遂将山西商人生意占去三分之二①"。

光绪七年（1881年）《中俄伊犁条约》，或称《中俄改订条约》、《圣彼得堡条约》，俄国又争取到更多的侵华权益："俄国人民在蒙古地方贸易，照旧不纳税。其蒙古各处及各盟设官及未设官之处均准贸易，亦照旧不纳税。并准俄民在伊犁、塔尔巴哈台、喀什噶尔、乌鲁木齐及关外之天山南北各城贸易，暂不纳税"；"俄国由恰克图、尼布楚运货前往天津，应由张家口、东坝、通州行走。其由俄国边界运货至科布多、归化城前往天津者，亦由此路行走②"。以上条款的规定，俄国攫取了在蒙古整个地区及新疆部分地区免税贸易的权利，并意味着将恰克图至天津途中的城市如乌里雅苏台、科布多、归化城等城市开放给俄国。而这段时期，清政府平定西北后，山西商人被禁止贩茶至新疆，给俄国在新疆"茶叶倒灌"及抢占外蒙市场以可乘之机，给予俄国将其政治、经济影响扩充到中国西北内地的很好机会③。

经由外蒙古独立事件及俄国十月革命，中国北部城市归化城、张家口等，几将外蒙市场丧失殆尽。"1921年，（外蒙古）在苏联保护之下，成立了蒙古人民共和国。以后几年中，苏联在蒙古的势力日益扩张。我们可以说，外蒙古实际上已归并于苏维埃社会主义联邦共和国。苏联将蒙古经济加以改造，使其与本国一致。私人贸易遭受禁止，结果蒙古与苏联的贸易增加，而蒙古与中国的贸易减少。④"

二、清末民初归绥晋商主营商业概况

归绥于19世纪六七十年代之后，在平绥铁路通过归绥之前，由于外资势力介入及边疆政治局势影响，归绥作为转口贸易城市的优势尽失，商业逐渐衰落。尽管清末民初，清末新政颁布，政府对手工业的严格限制转为提倡和改良，归绥当局也抽调一部分财力，组织人员创办了绥远工艺局、女工厂、归化城工艺局等新式工厂，但随着地方人事变动和清政府倒台，都先后陷入惨淡经营乃至破产的境地。中国城市近代化最先发生在沿海地区，归绥虽为内蒙古商业最为繁盛、发

①　沈云龙，刘坤一遗集·奏疏（卷十七）[M]．台湾：云海出版社，1966．

②　王铁崖．中外旧约章汇编（第一册）[M]．北京：三联书店出版社，1982．

③　[俄]维辛斯基．外交辞典[M]．北京：人民出版社，1950．

④　[美]雷麦．外人在华投资[M]．上海：商务印书馆，1937．

达的城市，因地处边疆，近代化起步较晚，自主进行工业近代化，直至平绥铁路
通车后始正式出现。因此，民国初年，归绥手工业"虽有三十余种，然大抵为手
工业"，其"手工业之较为发达者，首推制皮业，除销行本省外，逐年运销于东
南各省者，亦属甚巨；其次则为毛织业，其出品昔日唯就地行销，今年因交通便
利，出品精良，外省之订购者亦多。除皮、毛二业外，则率为民间日用物品，大
多资本微博，规模狭隘，经营终年盈余无几①"。而归绥商人，外省籍贯较多，
山西人占十之六，以粮业、钱业为主，冀、平、津人占十之二，以绸缎洋货业为
主，至于本省土著则占十之一二，分布各业②。下面着重对清末民初归绥山西商
人经营的手工、百货业情况进行概述。

1. 米面油酒等业

归绥营此业者以山西人居多，本业共 152 家，或专卖米麦或专卖油酒，或二
者兼卖。民间称专卖米麦者曰面铺，米皆贩自碾坊，面则自制，二者兼卖称假面
铺，碾米磨面而兼制酒者，称缸碾房，油一般入粮店售卖。20 世纪 30 年代左右，
始有油房二三家。粮店业资本总额一十五万四千二百余元，营业总额年约十二万
五千余元③。

据《绥远省分县调查概要》：本业在旧城内外者一百三十四家，在新城者十
八家，其资本最多者，在旧城如义生泉（在文庙街缸房），资本八千元；积聚丰
（在新城南街）、德兴昌（在旧城外南顺城街），资本各六千元，义丰久（在新城
南街），资本五千元，其他资本四千二百元以上者四家，三千元以上者八家，二
千元以上者六家，一千元以上者十九家，八百元者三家，七百元者□家，六百元
者一家，五百元者九家，四百元者二家，三百元者十七家，二百元以上者十九
家，一百元以上者十八家，一百元以下者三十八家，最少者资本三十五家。其营
业数最多者，五万三千六百余元，只一家，自一万四千三百元以上至三万三千五
百元者二十一家，最少者二百余家，普通均二三千元上下。全业资本今计一十五
万四千二百余元，全业全年营业总数约计一十二万五千余元。④

其中，有详细资料记载的山西商人面铺有：大召前的福德昌面铺，掌柜刘佐
业，山西代县人；福和魁面铺、通顺街的天裕恒面铺，掌柜王廉、郎禁等皆是代
县人。⑤ 包头祁县乔氏复字号的德兴长、山西祁太商人和忻代商人开设的天义

① 绥远通志馆.（民国）绥远通志稿［M］. 第三册卷十九《工业》，呼和浩特：内蒙古人民出版
社，2007.

②③ 绥远通志馆.（民国）绥远通志稿［M］. 第三册卷二十七《商业》（上）. 呼和浩特：内蒙古
人民出版社，2007.

④ 全国图书馆文献缩微复制中心. 中国边疆史志集成［M］. 卷三十一《内蒙古史志》，北京：全国
图书馆文献缩微复制中心，2002.

⑤ 呼和浩特政协文史资料委员会. 呼和浩特文史资料［J］. 工商经济专辑，1989.

公、复盛元、万盛兴、德和兴、庆隆茂、三和兴、复兴泉、复顺公、聚隆昌、复顺泰、西茂盛、丰盛魁、天和兴、天兴魁等；清末民初崞县（今原平市）王国珍任天义公面庄的掌柜，代县孟维峻为复元永面铺经理。①

2. 粮店业

归绥粮店业，共有十一家，均在旧城内，如西五十家街之大德长，资本一万八千元；南柴火市之天荣店，资本一万六千六百余元；裕源公资本一万二千元；聚丰恒，资本一万元；通顺街之天元公，资本一万元；上栅栏子街之万盛店，资本一万三千元；德兴店，资本九千元；小召前半道街之德丰店，资本八千两；义丰恒，资本五千元；西盛店，资本三千六百元；东五十家之兴和德，资本一千五百元，全业资本总额约计十一一万元。全业营业数额，约计九万八千六百余元。本业团体曰粮业工会，会址在小召前西盛店，会员三百零五人。②

这些粮店业财东及掌柜多为山西忻代籍商人。如天荣店，在南柴火市，忻县班子；裕源店，在小召前，掌柜与从业人员有闫全、郭□、于庆隆等，为忻州、崞县人，田壁为代县人；大德店，在东五十家，掌柜是晋南人；源丰店，在小召前，从业人员大多为山西忻县人；义丰店，在小召前，忻县人③。大德店、德兴粮行、德兴长面铺为祁县乔氏所开④。

3. 糕点业

归绥市老字号兴隆元清真糕点铺为山西回族商人开办，老板白维礼（字义斋，1850～1912）来自山西大同，回族人，祖籍河南孟县桑坡。他幼时生活于大同，小时学习铜匠手艺，14岁到归化在双河马店当学徒，于清末创办中和店，做羊马生意，转变经营方向后，和儿子白竣（字松峰，1868～1937）在西顺城街路南设北古丰轩饭庄，在大南街路西开设南古丰轩饭店。后又在北门城楼旁开设了兴隆元点心铺，店铺门脸一门三柜。白氏用人从掌柜、糕点师傅及售货员（当地时人称小小）皆用同乡大同人，资金约3000元（现洋），产品有"京八件"、"十卷两包等"。店铺管理严格，薪水按季度发放，掌柜一季度最高薪水二十元，售货员一季度约5～7元，工龄越长，薪水越高。掌柜不参与具体管理，人事调动、财务开支等由掌柜全权管理，新店员由上司推荐担保。民国当地人尤为回族均以其店铺出产的糕点走亲访友为誉⑤。

4. 蒙古靴业

此业为归绥民族手工业中较大的行业，源于康熙年间，民国初年归绥失去外

① 邢野. 走西口通鉴［M］. 呼和浩特：内蒙古人民出版社，2009.

② 全国图书馆文献缩微复制中心. 中国边疆史志集成［M］. 卷三十一《内蒙古史志》，北京：全国图书馆文献缩微复制中心，2002.

③⑤ 呼和浩特政协文史资料委员会. 呼和浩特文史资料［J］. 工商经济专辑，1989.

④ 邢野，王新民. 旅蒙商通览（上册）［M］. 呼和浩特：内蒙古人民出版社，2008.

蒙市场，昔年最盛之蒙靴业，日益凋零，仅销内蒙古各地。民国十五年（1926年），归绥有蒙古靴作坊十几家，从业人员约三百名。20世纪30年代后，归绥仅剩三家，资本均一二千元，全年营业最多者不过二三千元，全业营业数通年不及万元，而往年蒙靴业一家年收入即可达二三万两[1]，所剩三家商号的名称分别为：三和义、天义魁、大盛涌[2]。

坐落在归绥太平街路东的永德魁、义生泰、长义永、兴盛永、小东街路西的元升永，东顺城街路北的泰和德、玉东马道巷的元和德，时称"蒙靴七大号"。永德魁经营时间最长，康熙年间即开始营业。元升永建于道光六年（1826年）前后，作坊式生产，财东为山西祁县吴姓。民国十五年（1926年）财东吴少烈还在北京开有茶庄，张家口有汽车。此时元升永员工50人左右，年产蒙靴5000双。元升永生产的蒙古靴筒内在盖上"元升永"戳记外，还加盖一只狮子标识，所产蒙靴在蒙古族牧民中颇为畅销，在库伦、乌兰巴托等地设有分号，作坊中顶六厘生意以上的掌柜有十多名，山西清源县（今清徐县）李继孔、李守书，交城陈刚龄，忻州（今忻县）马永祥、郝登成、陈源、张庆祥等皆为顶生意的掌柜。民国二年（1913年），采用了木制铜辊的压纹机，制作工艺有了较大改进。原先皮面由人工制花纹，刷上黑煤烟后再用发酵的羊油、牛油、植物油烤搓花纹，采用机器生产后，用栲胶水等鞣制成香牛皮。[3]

5. 银工业

据《绥远通志稿》，归绥银工业约有二十五六家，多数规模狭小，资本不丰，出品多为妇女饰物及其他陈列器具。据1989年《呼和浩特文史资料》，民国十四年（1925年），呼和浩特有金银器皿作坊十多家。笔者认为两则史料对银制业统计数目不一致的情况可能由于统计年代或统计手法不同所致。银制品业均属传统手工制作，未见采用机器生产的资料记载，从业人员200多名，规模较大的作坊有员工40多名，以家庭作坊居多，员工为家庭成员，一般为4~5名，其中万福兴银楼、永玉成、宝华为当时较大的作坊，其他有万福增、万元永、涌合义、三合义、万德永、广义成、德润楼等。

万福兴银楼创办于雍正年间，第一代财东为山西忻县人胡玉。民国二十四年（1935年），员工40多名，掌柜十多名，有张存富、王志等。掌柜、员工雇用山西大同人，领作刘姓也是大同人，地址位于归绥西五十家街，门市三间，后又在

① 绥远通志馆．（民国）绥远通志稿［M］．第三册卷二十七《商业》（上），呼和浩特：内蒙古人民出版社，2007.

② 全国图书馆文献缩微复制中心．中国边疆史志集成［M］．卷三十一《内蒙古史志》，北京：全国图书馆文献缩微复制中心，2002.

③ 呼和浩特政协文史资料委员会编．呼和浩特文史资料［J］．工商经济专辑，1989.

大南街接收永玉成作为北柜。作坊共有五间，分为两处，一处三间，一处两间，伙房两间，产品有汉活和蒙活两类，生产方式为传统手工业，制作品类多样，工艺精美。永玉成和宝华于民国十一年（1922 年）至十四年（1925 年）开设，规模较大，财东籍贯为河北人。①

6. 毛织品业

毛织品业是归绥手工业中最盛的产业，本地历来较可称述之工业，则以制革、毛织二业为最②。其毛织品业出品有毛毯、毛衣、毛布及毛毡四种，共十九家，散布于旧城大南街、大西街、小东街、小北街，东西顺城街、北门内各地，均系自制自售之手工业，为本省良好之工产。计织毯者六家，曰大有恒、大义恒、永顺祥、义和长、福和长、永义茂；绒毛布者六家，曰赵记、福绥、永义堂兼绒毛衣、永生毛线工厂、明三实业工厂、阎记毛线工厂；绒毛衣者二家，曰大通毛织工厂、天元成；制毛毡者五家，曰福聚成、天和公、晋丰涌、天和庆、德盛茂，其资本额最多者一千二百五十元，如德盛茂，其次八百五十元，如天元成，其次如福绥，五百八十五元，天和公，五百五十元；天和庆、大通毛织工厂，皆五百元；永顺祥，三百元，其他一百元或九十元居多，其最少者，资本为十三两，全业各家资本额为五千三百五十五元。其营业数最多者，如大有恒，在（民国）二十年（1931 年）全年为一万二千九百余元，（民国）二十一年（1932 年）前季，为八千四百三十二元，其他一千余元，至三千二百余元者共七家，二三百元及五六百元者五家，其最少者，营业数八十五元，全业各家二十一年（1932 年）前季，营业总额为二万九千一百一十元，合之后季估计数则其总数为五万三千八百余元。本业有加入毡行工会者，为天和公、天和庆、晋丰涌、福聚成、德盛茂各家，会址在德盛茂，会员十四人。③

毛毯业为清末民初出现的新式毛毡产业，早年来自新疆，俗称"西营毯"，"民国十五年（1926 年）左右，归绥有生产地毯的作坊十几家，分别为大有恒、隆和泰、永顺祥、同德公、兴兴久等，从业人员共 300 名，年产量 3000 平方米，规模较大的作坊有员工 100 名左右，少则 10 名左右"④。地毯业中大有恒作坊最为著名，开设于光绪十四年（1888 年）前后，创始财东籍贯是山西清源（今清徐县）闫村人王俊。民国十九年（1930 年）到民国二十七年（1938 年），大有恒的郝占魁、刘廷德、王维勤等，先后退股并另办了大义恒、天德荣、天顺勤、

① 呼和浩特政协文史资料委员会. 呼和浩特文史资料［J］. 工商经济专辑，1989.

② 绥远通志馆.（民国）绥远通志稿［M］. 第三册卷十九《工业》，呼和浩特：内蒙古人民出版社，2007.

③ 全国图书馆文献缩微复制中心. 中国边疆史志集成［M］. 第三十一卷《内蒙古史志》，北京：全国图书馆文献缩微复制中心，2002.

④ 呼和浩特政协文史资料委员会. 呼和浩特文史资料［J］. 工商经济专辑，1989.

荣义恒地毯作坊。当时归绥的大毯厂已采用近代经营管理制度和机器生产，资金雄厚，厂房庞大，设备完善，厂内设有柜房（账房）、库房、机房等，人事上有厂东、经理、会计、保管、跑外等；员工分师傅、长工、短工、徒工、勤杂工等，工种上有织毯工、弹毛工、洗毛工、纺线工、合线工、染毛工等；生产工具，织机有多至十几台的，有一人用、二人用，三至五人用的不等，有纺线车、倒线车、并线车，弹毛车弓等①。

毡制品业也是归绥传统民族行业之一，始于康熙年间，生产作坊分为两种类型，一种以生产毡帽、毡靴为主，一类以制作民用毡为主。进入民国，据《绥远通志稿》归绥市制毡业约有十余家，略见规模者唯天元成、晋丰永、天和公、德盛成四家而已。天元成、晋丰永营业较久，资本约在千元上下，多者不过十余人，原料为羊毛，大都就地收买，每斛买价三角，所出毛毡，有长条、方幅各种，每年共制四百余方丈，每方尺价一角二分至一角五分，出品均销行本地及盟旗各处；②据《呼和浩特文史资料》民国十四年（1925 年），呼和浩特制作民用毡为主的作坊不到十家，从业人员 150 名，较大作坊员工 40 名左右，有名的店铺有天元成、天和庆、德盛茂、天和公、福聚成等。

天元成作坊规模最大，有员工 40 余名，始建于道光十三年（1833 年）前后，由天义德创办，天义德是一个老牌晋籍商号，大同人王美、郑仕福曾任第二、三任掌柜，新中国成立前倒闭。民国年间，天元成毡房年收购羊毛八千斤左右（春秋毛各半），每年将春毛约 200 斤卖给天津商人或本地隆昌洋行。民国十五年（1926 年），在席力图召大院内举行的民用毛毡评比中，天元成产品被评为第一，被称为"清水净毡"。③

7. 毡帽业

据《呼和浩特文史资料》，民国十六年（1927 年），约有作坊十家，从业人员共 200 名，较大作坊员工约 60 多名，家庭作坊 5～6 名，店铺名称有归化城大西街的允和成、新和成，小西街的泰记、石头巷路东的福成元等。

允和成始建于康熙或嘉庆年间，为山西祁县陈姓和赵姓财东合办，民国十六年（1927 年）时，掌柜姜礼、王数全等是山西忻州人，员工 70 人左右，以山西大同人居多。产品品种齐全，样式新颖，富有时代气息，在传统样式基础上，与时俱进，还制作土耳其式、英式黑色、紫色山羊绒帽。生产的毡制品及帽子除供本地需要外，还远销新疆。允和成年制毡帽约 30000 顶，每顶售价 3 角左

①　呼和浩特政协文史资料委员会．呼和浩特文史资料［J］．工商经济专辑，1989.
②　绥远通志馆．（民国）绥远通志稿［M］．第三册卷十九《工业》，呼和浩特：内蒙古人民出版社，2007.
③　呼和浩特政协文史资料委员会．呼和浩特文史资料［J］．工商经济专辑，1989.

右，毡靴 10000 双，每双售价 1 元上下，土耳其式和英式售价 1 元左右，零售产品盖有"永"字戳，成批发运的毡靴和毡帽上盖有"合"字印。民国二十三年（1934 年），因业务不景气，更换了新股东，分别为山西忻县李孔，原为泰和昌钱铺股东，杜轩，也为钱铺股东，赵亭方，原为集宁粮店股东，大掌柜姜礼又请来李孔儿子李运掌（字廷治）任大掌柜，共集资约 6000 元，营业始好转。1945 年，在毡帽毡靴厂纷纷倒闭的情况下，允和成依然勉强经营，1950 年更名新生帽厂。

8. 铜铁锡器等手工业

民国年间归绥铜铁锡器业共有七十六家，其中有铜器业十一家，铁器业三十六家，锡器业五家，刀剪业三家，铜铁摊业二十一家。全业资本总额约五千六百余元，营业总额年约七万四千三百余元。[①] 本地铜匠、铁匠、铸匠及钉锅、钉盘碗这些行当成立的会社为"金炉社"，这个行当的工人大多数为山西人，铜匠以代县和大同人居多，铁匠为大同人，铸匠浑源人，锡匠为文水和大同人，钉锅匠为定襄和河北武安人，钉盘碗的为五台人。铜铁等手工业主要以家庭手工作坊为主，组合几乎都是"父子班子"或"朋友班子"。

铜铺分为"佛作行"和"圆作行"两种行当，师傅以代县人最多，庆和永和东庆永是开设多年的老字号，拥有老师傅二三十名。由于蒙古族信仰喇嘛教，且清政府支持，故归绥"圆作"行业发达。民国初年，"洋铁"盛行，市场上搪瓷器物和铝制品逐渐取代，"圆作"业濒临淘汰边缘。归化城铁炉业分大炉和小炉，大炉，又名"马车炉"或"黑棒炉"，主作没有利刃的各种铁器，销售对象为农民；小炉叫"杂货炉"，专制有刀刃的铁器，专为大盛魁和走外路"通事行"制造蒙古族使用的火衬、板锹等，还专门制作除锯条之外的木匠工具。

铁工业分为铸铁和锻铁两种，民国年间共 30 余家，锻铁业资本最多者，雇工亦不过十名，工资一角至二角不等，所有原料，均沿平绥路各处及本地收买[②]。归化城的铁匠炉据说明代已出现，当时有大同人乔家开办的德和炉，还会制造火枪和各种兵刃，全盛时，归化有大小炉 60 余家，工人 300 多名。规模较大的德和炉、德玉炉、金盛炉等作坊，每家四五盘炉，工人十几名。铁炉原料，由德裕隆、德合明、德余泉和新盛隆等山货铺供应，这些山货铺的铁料主要由山西盂县、潞安（今名潞城）贩运过来。民国年间，一些铁炉始造各种机器零件，

① 绥远通志馆.（民国）绥远通志稿［M］.第三册卷二十七《商业》（上），呼和浩特：内蒙古人民出版社，2007.

② 绥远通志馆.（民国）绥远通志稿［M］.第三册卷十九《工业》，呼和浩特：内蒙古人民出版社，2007.

其中大西街的武侠炉，不仅全套木匠家具（锯条除外），还制造除水管以外的全部打井器械。①

铸铁炉也源自康熙年间，从业人员均为山西浑源城北神喜村人。归化城锡铺工匠及开设人几乎为山西籍，大召前、西夹道的双盛新锡铺、新盛锡铺以及大南街的梁锡铺老板均是山西文水人，双锡永锡铺为大同人所开，小召前的王锡铺老板祖籍不详。民国初年，锡制品被"洋铁"制品所取代。民国十四年（1925年），冯玉祥属下国民军破除迷信，所有供品均不许制作，致锡铺业没落。钉锅业归化城只有少数几家，山西忻县人所开的祁钉锅铺和刘钉锅铺，均为清康熙年间的老作坊，钉盘碗作坊也只有少数几家②。

9. 矿业

民国二十二年（1933年），北平万国道德会杜延年所著的《绥远省实业视察记》称：归绥县西万家沟、西沟、东沟、朱尔沟、坝口子、黑牛沟等处产煤③。《绥远通志稿》也载：归绥有黑牛沟、朱尔沟、东沟、西沟、大沟及台牧阁六处煤矿④，但未见采用现代机械开采的史料记载，唯用土法开采⑤。民国二年（1913年），北洋政府二十镇统制张绍曾担任绥远将军时，曾委派清时五原厅同知姚学镜担任总办，选定察素齐东沟一座废弃多年的老窑，招收数百名工人创办了官商合办煤矿，但由于第二年酿成死亡300余矿工的重大事故而停办⑥。

归绥煤炭业可追溯至清乾隆年间，乾隆五年（1740年），清政府准予开矿采煤⑦，"走西口"的商民纷纷到煤矿产地领照设窑厂，一些资金充足的业煤者在归绥城中设柜经营煤炭，还滋生出专门买卖和运输煤炭的"炭行"和"脚行"。在平绥铁路通车前，归绥炭店有公义、元盛、元泰、万义四家，公义炭店成立时间最早，于道光十五年（1835年）开业，财东为萨拉齐黑麻张家（时称绥西"煤炭大王"），于1932年倒闭。元盛店财东为山西定襄人，万义店代掌柜为归绥人，元泰店财东籍贯不详。平绥铁路通车后，清至民初垄断归绥煤炭的"四大店家"倒闭，新的炭店兴起，分别是山西祁县马魁开办的广记炭店，归绥人张建功和山西忻县人丰守礼合资开办的王成供炭店，原在达泉同钱庄任职的山西祁县人郭兰芝开办的达元公炭店，国民党省参议会议长张钦等为财东、托克托县人白守贵为经理的义记炭店。旧式四家炭店中财东籍贯为山西忻代商人的一家，新式

①② 呼和浩特政协文史资料委员会. 呼和浩特文史资料［J］. 工商经济专辑，1989（7）.

③⑤ 全国图书馆文献缩微复制中心. 中国边疆史志集成［M］. 卷三十六《内蒙古史志》，北京：全国图书馆文献缩微复制中心，2002.

④⑦ 绥远通志馆.（民国）绥远通志稿［M］. 第三册卷二十二《矿业》，呼和浩特：内蒙古人民出版社，2007.

⑥ 呼和浩特政协文史资料委员会. 呼和浩特文史资料［J］. 工商经济专辑，1989（11）.

炭店中为晋中商人的两家，忻代商人的一家。归绥炭铺①有几十家，店主多为山西忻州、代州和崞县人，属山西忻代籍商人，店铺名称有德本厚、义和局、义成局、四合昌等②。

10. 车马驼运业

清代骆驼是归绥陆路交通最常见的运输畜力，即便民初本地有了铁路和公路交通后，驼运业依然占有一席之地，基于清代归绥的贸易枢纽地位，"南迎里府客，北接外藩财"成为驼行门前经常悬挂的对联。民国年间，归绥"车马驼运业计有三十四家，此行除留宿车马骡驼外，还兼作经纪人，居中抽佣，也有自养骆驼从事运输者。其中车店两家，马店三家，骡店六家，车马客店十一家，驼店十二家，资本最多者约一千八百元，营业数如民国二十一年前季最多者约一万四千七百余元，全业资本总额八千元，营业总额约七万一千三百余元。③"

驼行从业者以山西大同人居多。归绥的驼庄有天盛昌、双合功（大同班子）、万盛义（大同班子）、义和堂（大同人杨瑞平经营）、德和堂（代州人）、世德堂和元恒昌④、福合魁驼庄（掌柜代县杨秉孝）、元亨昌（代县孙秉南）、义合堂（掌柜代县人任占荣)⑤。驼庄中，双合功资本最雄厚，财东为本地薛氏，资本6500多两银子，后积累到40000多两银子。

11. 绒毛店等牲畜皮毛业

归绥牲畜皮毛业共计有十九家，以代客商卖牲畜皮毛抽收佣金为主要业务。其资本最多者一万元，营业数最多者七万五千元，最少者二千五百余元，得佣金多者一万五千余元，全业资本总额约三万九千八百余元，营业总额约在八十万元以上⑥。牲畜皮毛业以通顺本店、复义隆、集生祥、广恒久、德丰祥、万恒新等为最著，散布于（本市）太平街、东沙梁、民政厅前、西沙梁、北沙梁、礼拜寺巷、西顺城街各处⑦。从事皮货业的共有七十五家，资本最多者约一万一千五百元，全业资本总额为五万五千元，营业数最多者可达三万四五千元，全业营业总额约四十四万四千余元⑧。

民国年间，从事绒毛店的大多为山西忻代商人。其中有确切史料记载的有：

① 炭铺，以零售煤炭为主，兼营柴草或食用油料和青草饲料等产品的小买卖字号统称为炭铺。

② 呼和浩特政协文史资料委员会. 呼和浩特文史资料［J］. 工商经济专辑，1989.

③⑥ 绥远通志馆.（民国）绥远通志稿［M］. 第三册卷二十七《商业》（上）. 呼和浩特：内蒙古人民出版社，2007.

④⑤ 呼和浩特政协文史资料委员会. 呼和浩特文史资料［J］. 工商经济专辑，1989.

⑦ 全国图书馆文献缩微复制中心. 中国边疆史志集成［M］. 卷三十一《内蒙古史志》，北京：全国图书馆文献缩微复制中心，2002.

⑧ 绥远通志馆.（民国）绥远通志稿［M］. 第三册卷二十七《商业》（上），呼和浩特：内蒙古人民出版社，2007.

天和恒绒毛店，在太平街，经理王作宾，代县人；谦和昌，在北沙梁，掌柜张树荣，代县人；福生祥，在太平街北头，掌柜是山西人；福和魁，在太平街，掌柜籍维升，代县人；通升祥，掌柜是日升元柜伙代县人王道基之兄王守诚；万盛合，在太平召，掌柜为日升元柜伙代县人任荣之兄任宝[1]。20世纪30年代左右，由于绒毛滞销，牲畜输入也少，很多店铺相继歇业。民国二十四年（1935年），国民政府改行法币以后，绒毛价格突涨，较前均增至二倍以上，数年滞销的绒毛业始畅销，全年营业数达二百四五十万元，但实际上由于来货数量锐减，经营状况并不明朗[2]。

12. 杂货业

民国年间，洋货大量涌入归绥市场，而杂货业仍然主营传统杂货商品，它与洋广杂货业的不同之处为，洋广杂货业，以洋货及布匹为主体，间有兼营烟茶、糖果、纸张者，为数甚少，而杂货业则以布匹、烟茶、糖果、纸张等为主体，而洋货甚少。全业共一百四十九家，在旧城内外者，一百零九家，在新城者三十一家，在车站者九家，其资本额最多者五百元，四百元者一家，三百元者四家，最少者二十元，普通以五十元、一二百元者居多。全业各家资本总额，为一万零六百元。各家营业数最多者，六千二百余元，最少者百余元，普通七八百元[3]。

其中，有资料可考为山西商人经营的店铺有：广兴昌，在小北街，掌柜赵琛，记账先生薛仁，山西代县人；德盛祥，在大东街，掌柜贾俊英，代县人；天和泰，在大召前，掌柜李务本，代县人；三和泰，在南茶坊，掌柜姓张，代县人；东和顺诚，在小召二道巷，南和顺诚，在东五十家，掌柜皆是梁巨川，代县人；顺德兴，在通顺街，代县张子淦为财东，掌柜也为代县人；聚德兴，掌柜刘谆也是代县人[4]。

三、山西商人投资近代工业的尝试

归绥城工业近代化起步较晚，民国十年（1921年）平绥铁路通车后，始有使用机器的工业，但工商业中"属于现代工业以机器生产者，仅电气业、毛织业、面粉机磨业三数种而已[5]"。终清之季，归绥大小商人以山西商人居多，平（京）绥铁路通车后，归绥商人群体结构产生一些变化，北京、天津商人顺延铁

①④　呼和浩特政协文史资料委员会. 呼和浩特文史资料［J］. 工商经济专辑，1989.

②　绥远通志馆.（民国）绥远通志稿［M］. 第三册卷二十七《商业》（上），呼和浩特：内蒙古人民出版社，2007.

③　全国图书馆文献缩微复制中心. 中国边疆史志集成［M］. 卷三十一《内蒙古史志》，北京：全国图书馆文献缩微复制中心，2002.

⑤　绥远通志馆.（民国）绥远通志稿［M］. 第三册卷十九《工业》，呼和浩特：内蒙古人民出版社，2007.

路进入归绥，成为商业新秀。这些商人将京津一带的洋货、自行车、照相等新式行业悄然带入，也将近代化的生活方式带入归绥。山西商人此时在全国普遍趋于衰落、破产，后来学者也给这个群体多冠以保守之名，但这不能代表所有山西商人。在归绥有着深厚商业基础的山西商人，在突遇地区政局变动，商业顿遭破产的情况下，并没完全甘于现状，而是于不断变革和抉择中寻求出路。故追寻归绥工业的近代化历程，称得上现代工业且以机器生产的仅电气业、面粉机磨业及皮毛业三个行业。这三个行业中，均有山西商人艰难活动的身影，尽管充满艰辛无奈，却给处于军阀混战，日寇来临前夕的归绥城带来一丝新鲜的近代化气息。

（一）晋籍商号大盛魁投资电气业

清代归绥"久为藩部皮毛集中之地"，皮毛业是本地传统产业，然"本省工业之用机器者，尚不始于毛织"，而是电气业①。

至民国二十年（1931年），归绥市电气业共有两家，一是绥远电灯股份有限公司，位于绥远火车站，资本额约四十万元，实收三十二万六千□百元，营业数在（民国）二十年（1931年）为票洋二十万零二千元，合现洋约计十万元；（民国）二十一年（1932年）前季为五万九千五百余元，合之后季估计数约十万元。据该公司每月售出电费约九千余元，实收电费七千余元；公司内所有铺掌及工人工友七十一人；二为归绥电话公司，地址在旧城（归化）北门内，经理系天津籍，资本五万元，营业数在二十年（1931年）和二十一年（1932年）均为一万八千元，全体（全公司职工）共27人。② 这两家电气业，分别由旅蒙老牌山西商人商号大盛魁和后起之秀天津商人承办。据民国二十三年（1934年）的调查资料可知，由山西商人曾经接办的绥远电灯股份有限公司为当时归绥电气业龙头老大，另据相关史料，它实际上也是归绥第一家真正的近代工业。由于本书着重讨论山西商人，故仅对绥远电灯股份有限公司的筹办过程及经营状况进行如下论述。

绥远电灯股份有限公司的筹办过程可分为三个阶段：民国十年（1921年）创办之初，出现归绥众商争办电气业的局面。民国十年（1921年），平绥铁路通车后，归绥商务日见繁盛，京津及铁路沿线商人顺路进入归绥地区经商谋生，为这座古老的民族贸易城市注入新鲜血液。归绥电灯股份有限公司最初即由天津商人沈文炳等联合筹办，当时他将所要创办的电灯公司定名为归绥电灯股份有限公司，并选址于新、旧两城之间，计划将新旧两城悉数纳入其发电范围之内。起步

---

① 绥远通志馆．（民国）绥远通志稿［M］．第三册卷十九《工业》，呼和浩特：内蒙古人民出版社，2007．

② 全国图书馆文献缩微复制中心．中国边疆史志集成［M］．卷三十一《内蒙古史志》，北京：全国图书馆文献缩微复制中心，2002．

时定股份二千股，每股银百元，总额二十万元，预计所发之电，以十六烛光为标准，先设五千盏，其发电机、电线、电杆等附属及其材料及购地建房各费，约计需银十万元，且议定先按此数募股创办。①

晚清年间，电气业已在中国近代化起步较早的城市如北京、上海、广州、福州等蔚然成风，即便内陆城市太原、兰州也分别于 1908 年和 1909 年有了自己的电灯公司②，归绥许多商人看好该业发展前景。于是此业刚兴，便遭到本地荣耀宸及浙江陈华、庄乐峰等商人的激烈竞争，他们先后多次呈请交通部备案，要求于归绥地方创办电灯事业，形成双方互相竞争，各不上下，纠纷时起，而事卒无成的复杂局面③。1989 年《内蒙古档案》第 2 期刊登的有关绥远地方电灯公司的一系列档案，为我们今天得以解开该公司最终由大盛魁总经理主持的历史真相。

1. 1920 年 1 月 ~ 1922 年 1 月，各派商人争办电灯公司的激烈竞争与绥远地方反日爱国运动搅和在一起

1921 年 1 月 17 日，绥远地方自治促进会正会长李正乐、副会长赵子让、李蔚洙呈称："卢南生、邓子安素以介绍日资为能事，恶迹昭彰，国人共悉乃沈文炳公然与该二人狼狈为奸，以日资办理归绥电灯和汽车"，而引用日资行为不啻"引狼入室，使绥区限于南满、山东之惨境而后已"，故"其处心积虑可谓危险万分，倘不加以惩创，后果何堪设想"④。

1920 年的中国刚刚经历了"五四运动"，普通民众的民主和反帝爱国意识空前高涨，加之日本于 1905 年日俄战争后对南满的经济侵略早为国人所诟病，故归绥各派商人之间的商战和民众的爱国情绪纠结在一起，使争夺电灯公司开创权的商人利益之争与当地学生群众抵制日货的爱国活动发生了错综复杂的关系。

1921 年 11 月 6 日，归绥第四区警察署署长韩启泰电禀，"地方自治促进会会长李正乐等现在召集会员并中学校学生等共约百人开会，宣布沈文炳勾结日人创办电灯公司，亟应设法抵制，将其所设之电灯杆一律锯毁"，他的号召得到民众的响应，即用"白纸缮字沈奸，争回利权等字样旗帜，各持一方游行街上锯毁电杆等情"，于是归绥厅长"饬行政科长张锡余会同该署长讯往宣示，电灯公司安设电杆业经本厅责令停止进行（沈文炳的电灯公司安设电线杆的行为），近三

①③ 绥远通志馆.（民国）绥远通志稿［M］.第三册卷十九《工业》，呼和浩特：内蒙古人民出版社，2007.

② 汪敬虞.中国近代工业史资料第二辑［M］.北京：科学出版社，1957；《中国电力百科全市》编辑委员会.中国电力百科全书·综合卷［M］.北京：中国电力出版社，1995.

④ 内蒙古档案馆.绥远都统训令实业厅查复绥远地方自治促进会控告取缔沈文炳假借日资办绥远电灯情形（会总字）968 号［J］.内蒙古档案，1989（2）.

日已不见其安设"。但该会会长、会员、学生均不听从，还在旧城内电话公司门首，将附设电灯公司木牌掷毁并锯电杆二根，随往大南厅、小东厅、大召前共锯毁电杆十一根，并在商会门前肆意谩骂。后来群情激愤的民众在归绥总务科科长赵人骥、督察长魏春恭会同张科长、韩署长等极力劝阻下，开始折回，尚欲进城内电话公司搜寻沈文炳借（以）快其私。当时归绥商会会长李芬、副会长邢克让（山西崞县人）从北京发来电报称，汽车、电灯股本多数由归化地面商界担任，且创办有年，据何理由反对之电灯争执，同时周道尹、余处长委托（邢）克让妥处查明沈文炳所办电灯股确无外资，荣祥方面曾与豫丰公司订合同接济资本，酬给红股系受人指使。①

关于地方民众反对沈文炳勾结日资游行这件事情，忒莫勒的《归绥电灯公司被砸真相考》（2001）中曾做过论述②，1922年《绥远道尹、绥远警察厅、绥远实业厅呈报调处绥远电灯公司纠纷案经过情形》的档案中详细记载了当时的调查原委和调查结果：

"呈为呈复事案，查绥远士绅荣耀宸等暨自治促进会会长李正乐等，屡以沈文炳勾结日资贻害地方等情赴钧署具呈，奉令实业筹备处会同道尹查明具复等因。当经由处委员彻查，一面会同道尹函请绥远总商会协同调查后嗣复奉钧署训令内开据。绥远警察厅呈称：十一月六日自治促进会会长李正乐等，率领学生多人，游行街市，掷毁办理归绥电灯公司一案，逾限已久，尚未开办，即于七月初间严令行催，限于一个月内遵照开工，嗣于七月三十日沈商甫经呈报依限期开工到处。八月五日即据绥远绅商荣耀宸等呈称：沈商逾限并未开工，照例应即取消，拟请接办归绥电灯前来，当经职处照例批驳荣绅等，既误会批词，累呈辩诉，对于沈商又称其有勾结日资嫌疑选在，钧属暨交通部具呈，最后竟又率领多人游行街市，锯毁灯杆之举动。窃唯荣商等指斥沈文炳勾结日资一节，最为此案之紧要关键，不容稍涉含糊，致将来贻误地方。查荣商等所借维口实者，盖以沈商现延至之工程师邓子安，谓其为日本拓殖公司代表，指为证人以得有日本小出商店复沈商订购机器一函，谓有作为资本之语，指为证物。邓子安远在京师，其向来行为如何，无从取证。唯实业曾准京师总商会公函内开：邓子安系京师总商会董事，夙称稳健，并无不规则之行为，应予保卫。并附抄邓子安暨股东代表马辉堂、杨芝轩等函参称：如有借助外资事情甘认罪等语到处，是荣商所指之物证，亦不免出于臆度。另据沈商暨马辉堂来电声称：原集股如有日资，愿将一切

① 内蒙古档案馆．绥远都统训令实业筹备处会同警务处、绥远道尹迅速设法调解绥远地方促进会率学生砍毁电灯公司电杆纠纷（会总字）1066号［J］．内蒙古档案，1989（2）．

② 忒莫勒．归绥电灯公司被砸真相考证［J］．内蒙古师大学报，2001（1）．

全数充公等语。实业处派员查勘沈商运到发电机等项，亦确系美国威斯丁厂制造，并非日本物品。以上两端既经证实，则归绥电灯应否准令何人办理，不难据此解决。未长此争执难保другны枝节。兹准商会函复前情，厅长、道尹等会同会议商会既经评处改组，并得到沈商同意情愿辞退。为息事宁人起见，应照来函办理，俾资进行而杜争竞。除由实业厅函复商会，请其转致沈商等另备正式呈书。并照所处办法拟具详细章程呈由实业处呈部更正外。所有商会调解荣绅等与沈商争办归绥电灯一案情形缘由。①"

可知，当时绥远商绅在荣耀宸与沈文炳争夺电灯公司开办权的过程中，荣廷耀采用了不正当竞争手段，利用民众对日本的愤慨情绪，凭一己臆测对沈文炳及其电灯公司进行言论攻击，最终归绥当局为避免事态扩大，息事宁人，以沈文炳"同意情愿辞退"了事。据《绥远通志稿》，除荣廷耀与沈文炳之间对电灯公司的竞争外，"浙江人陈华、庄乐峰等，（也）复先后呈请交通部备案，拟于归绥地方创办电灯事业②"。可见，这个事件一方面反映了归绥各派商人之间的激烈竞争，另一方面也揭示了步入民国，商人虽试办近代工业的热情高涨，但电灯、电话等新式产业为普通民众所接受和有能力消费还需假以时日。

2. 1922 年 1 月 ~ 1929 年 11 月，大盛魁接办并实行正常营业

归绥各派商人争办电灯公司的纠纷，最后"嗣由交部咨请都署转令实业厅长、绥远道尹、警察厅长会同查核，复经归绥商务总会出为调停，最终统由大盛魁号经理段履庄援照沈文炳原案，接续承办，改定名为绥远地方电灯股份有限公司而告终"③。在处理沈文炳前期投入资产问题上，新任经理段履庄做了如下处理：

"沈商原定股本总额为二十万元，实际召集者共三万余元，招足半数即行开办，并改定名为绥远电灯公司。旧股已交资本，如愿继续，仍准有效，其余不足之股，由绥远沈商各半担任，绅界股本如不足数仍由商界万全负责，当于本月二十一日假总商会地址讨论公决通过，并一面由段经理验收工程及机器等项分别筹备进行。所改绥远电灯公司，段沈两经理交接暨公决公股本筹备进行各缘由，除图样等件俟工程司（师）到城另书呈送外，理合呈请。④"

①　内蒙古档案馆. 绥远道尹、绥远警察厅、绥远实业厅呈报调处绥远电灯公司纠纷案经过情形 [J]. 内蒙古档案，1989（2）.

②③　绥远通志馆.（民国）绥远通志稿 [M]. 第三册卷十九《工业》，呼和浩特：内蒙古人民出版社，2007.

④　内蒙古档案馆. 1922 年 1 月 31 日《绥远电灯公司呈报归绥所办电灯改为绥远电灯公司》，《内蒙古档案》第 2 期. 1989：39.

据档案，当时绥远电灯公司的发起人有段敬斋、武聘卿、荣耀宸、阎静亭、邢辑卿、马伯勋、李子香、刘辑五、于馨之、阎润斋、张培余、范其呈、何孟英等[①]。事后，1922年4月4日，"厅长函由绥远总商会转令等件即日呈送，以凭核转等因，奉此邀即召集股东开会宣告，令书"，并"公同拟具章程暨认股数目，以便遵令呈送，当今股东将所拟章程一致通过，并当场分别认定股数"[②]。当时，参与绥远地方电灯公司入股的商号和商人如表3-1所示。

表3-1 绥远电灯公司入股商号表[③]

商号	集股资金	商号	集股资金
段敬斋	一万元	大盛川	三千元
通盛远	一万元	三玉川	二千元
大盛魁	六千五百元	巨盛川	一千元
裕盛厚	三千元	东升店	一千元
协盛昌	一千元	天顺泰	一千元
鼎盛新	一千元	德亨魁	五千元
汉发堂	五千元	同德堂	五千元
义生堂	五千元	义和堂	五千元
义成堂	五千元	张汉捷	五千元
赵聘三	五千元	刘寿轩	五千元
张麟祥	五千元	蔺伯衡	五千元
李子香	三千元	于馨之	三千元

后公司股份定为三千股，每股银百元，总额三十万元。股东以大盛魁与各联号缴股垫款最多，在表3-1中，大盛川、三玉川、巨盛川、通盛远、大盛魁、裕盛厚等均是大盛魁的分号及联号，其他参与商号也几乎为山西帮商号。

---

① 内蒙古档案馆.绥远电灯公司呈报归绥所办电灯改为绥远电灯公司［J］.内蒙古档案，1989（2）：39.

② 内蒙古档案馆.1922年4月4日《绥远电灯公司呈公司章程暨股东姓名册》，《内蒙古档案》第2期.1989：39.

③ 内蒙古档案馆.1922年4月4日《绥远电灯公司呈公司章程暨股东姓名册》，《内蒙古档案》第2期.1989：39页；代林，马静.大盛魁闻见录，呼和浩特：内蒙古出版集团，内蒙古人民出版社，2012：37.

段履庄正式担任经理后，对筹办电灯公司投入极大的精力和财力，他的行为在遭到大盛魁财东及其他经理非议和责难的情况下，依然没有动摇他将这项事业进行下去的决心。（民国）十一年（1922年）一月，段履庄于车站迤西购妥地基，并开工建筑，五月竣工，开机发电。当时全市共装电灯三千余盏，然电机容量仅六十二个半开维爱（KVA），以之供给全市。因电机容量不足，故办理一年左右，股东通过决议，继续扩大营业，续加资本十万元，且由津转购日商电机一部，并迁移厂址于新旧城马路中间路南，购地建筑。①

此次扩营，于（民国）十三年（1924年）七月开工，十四年（1925年）八月工竣，开机发电，唯新机构造不良，然其效用尚不及应用。迫使至十五年（1926年）春，又一次暂告停业。不久段履庄等即集议复业，延聘工程师王梦龄，就原公司改组为绥远塞北第一电灯股份有限公司，股本总额仍定为三十万元，共分三千股，每股百元，以原有财产锅炉、五金电料、工具、家具、车站厂址、房屋及马路机房等，折合国币十五万元，余由发起人负责招认足额，乃向瑞士国卜郎比维来厂订购新式特尔宾发电机及附属品全部，拔柏葛锅炉全部，修理机器全部。公司厂址仍择车站迤西旧址，委托武士臣、郑全有经理重修。自1930年4月开工建筑，到11月工竣，开机发电，全部建筑费为二万五千五百余元，乃开办未久，又以交通阻塞，商务衰落，营业不振，宣告歇业。

3. 1929年5月（农历四月）～1937年10月

在大盛魁接办电灯公司营业逐步走上正轨的情况下，因其迭向绥远平市官钱局抵借巨款，到期未能偿清。绥远平市官钱局遂以大盛魁续办电灯公司，而申请转让股本，由绥远平市官钱局组织地方商绅接收了绥远电灯股份有限公司，段履庄（字敬斋）及地方商绅仍然参股②。1937年10月，日寇侵入，电灯公司也被其掌控。

绥远平市官钱局对塞北电灯公司的接管方法如下：

"其法以塞北电灯公司股东大盛魁所负官钱局债务国币三十一万七千六百二十三九分为转让之价。股东以官钱局与地方绅、商三方面为基干。官钱局担任三分之二，绅、商共任三分之一，协力经营，以维久远。绅商股款暂先由官钱局垫付，并合组整理委员会，从事接收。于（民国）十八年（1929年）十一月二十三日由省政府派员接收，资产及一切债务均依据表册点验明确，由财、建两厅派员验勘，接收既竣，遂更名为绥远电灯股份有限公司整委会，诸事悉移交之。时十八年（1929年）十二月二十一日也，至是一切始遵照公司法定章备案，其资

---

①②　绥远通志馆.（民国）绥远通志稿［M］. 第三册卷十九《工业》, 呼和浩特: 内蒙古人民出版社, 2007.

本总额定为国币四十万元，每股百元，共四千股。官钱局认缴二千一百六十股，是为官股，计银二十一万六千三百元，绅商各户认缴一千零一十四股，是为商股，计银一十万零一千四百元，官商各股，至（民国）二十年（1931年）八月均已缴齐。旧股内有王梦龄等九十股，亦归入新股，计银九千元，总计所收股款共为三十二万六千七百元，已敷数额定三分之二强。①"

1931年，将旧有财产及官绅合股事宜处理完毕后，于（民国）二十年（1931年）十月三十日，新成立的公司召开创立会，亦即第一次股东大会。此次重组，公司组织结构及经营方式按照近代化企业的模式进行。

"首次选定董、监事为冯曦、阎肃、张垣等七人与郭象侃、朱锦二人。十一月四日，董事会遂代整委会而成立，公司内部组织由董事中互推董事长及常务董事各一人，选任经理、副经理各一人，聘任技师一人。又别分总务、营业、工程、会计四股。每股设主任、干事、工友约三四人。此外，则有工长、工匠、工徒、苦工各若干人。工长、工人月薪自六十元至八九元不等，工作时间，职员每日八小时，工人每日十二小时。设备方面，只修灯一部，附带电台避电器全套，单双汽包水管锅炉各一部，带干汽管全副烟囱一座，水池一处，变压器四十九个，共计四百零三各办开维爱，水泵房一处，均归锅炉房使用。雷泵房一处，内用马力电机拖动二寸半水泵一部，归绥电厂使用。又修理部内设车床、钻床、刨床各一部，均立式小汽机转动，另装虎钳三把。全市线路共五六、二启罗米达，电杆一千三百零五条，此公司内部之大概也，本市电灯事业，历遭失败，用户率皆观望。②"

此次改组，由绥远平市官钱局以国家政府的力量插手电灯公司事宜，解决了公司在发展过程中始终面临的资金短缺问题。故自民国十八年（1929年）接收后，新的组织成员极力改进，营业之始，灯户仅一百五十八户，每户均赠送电费半月。电灯公司借资提倡，并由公司备料装售灯，以便使用。至是，电灯公司业务日见起色，信用逐渐巩固，一时登记装灯者，异常踊跃。至民国十九年（1930年）灯户已增至二千一百六十四户，遂又添工匠，装置内线，力求迅速，对外线则添加干线、支线，以满足用户之要求。民国二十年（1931年）用户又增至二千九百五十一户，售灯超过万盏，仍乃改进线路。在旧城添设干线一路，计二、七五启罗米达。迨二十一年（1932年），售灯已至一万四千余盏，对于营业益谋

<hr />

① ② 绥远通志馆.（民国）绥远通志稿［M］.第三册卷十九《工业》，呼和浩特：内蒙古人民出版社，2007.

发展，复扩充原修置之水池，使水凉愈快，光亮愈足。当初办时，因经费不足，运输燃料，借用义记炭栈之叉刀，出入殊感不便。是年更备款购置地皮，自铺岔道，直达炭场，运输乃得便利，此其历次改进事项也。① 然好景不长，日军于1937年10月占领了归绥，电灯公司也随之沦陷，对筹建电灯公司竭尽全力的段履庄因拒绝与日本人合作，被日本人迫害致死。

（二）归绥采用电力机械生产的面粉业

归绥近代工业先有电气业，继而有面粉业②，传统面粉业在有电气业之前，系手工生产，磨面工具主要以畜力带动的石磨和石碾。归绥电气业出现后，面粉业开始采用机械生产，归绥第一家采用电力磨盘的面粉厂最初为电灯公司附属事业，因此在电灯公司剩余地基扩充建筑工厂而建，以电灯公司原股本及历年盈余为资本。经理人员由电灯公司负责人员兼理，仅增加工人六十余名，内有工长一人，其余均为工匠、工徒及苦工等，薪金与电灯公司略同，但工作时间职员与工徒、工匠、苦工均为十二小时。在设备方面，置有钢磨五盘、英国拔柏葛锅炉公司锅炉、英国亨得来钢厂引擎及德国亚美公司洗麦机、净麦机、打麦机、特别检沙检匹尔发机，平筛漂粉机、吸热吸尘机、装袋机、缝袋机、修理机。并附有拉丝床子、轮袋、绞轮等。归绥面粉业自（民国）二十三年（1934年）一月十六日开磨，每日出麦一千袋，每袋售价二元五角五分，红号二等，每袋二元三角，蓝号三等，每袋一元。公司所出面粉以五塔牌为名，绥远省各县均设分销商号，并沿平绥线路一带，如大同、北平、天津各地，亦均有销处。自其开办以来，订购之户，日见增多，之前内地绿船牌面粉在绥远境内行销甚畅。自五塔牌面粉出，因面粉洁白精细，人皆乐用。于是绿船牌面粉入境渐少，而五塔牌东销之路，遂日益推广矣。因平绥路运费较他路特大。民国二十四、二十五年（1935年、1936年）左右，炭价倍涨，面粉公司需炭甚巨，为每年支出大宗，故其营业利益大受影响。③

除归绥电灯公司附属面粉公司外，归绥采用电机营业的面庄还有义合面庄，与电灯公司面粉公司相比，规模次之。置有电力设备美国禅臣洋行十马力电机面粉机一架。这家面粉公司需包用电灯公司电力进行生产，每月包价九十元，每晚引用八九个小时，可磨面一千余斛，每年约出小麦面粉三十六万斛，莜麦面粉一二十万斛，共计可出面粉五六十万斛，出产面粉主要在省内销售④。1937年归绥城沦陷前，据笔者至今所搜集到的史料，归绥采用电机磨面的面粉公司仅此两家，电灯公司附属面粉厂专制小麦面粉，义合面庄则兼制小麦、莜麦两种，而其

①②③④ 绥远通志馆．（民国）绥远通志稿［M］．第三册卷十九《工业》，呼和浩特：内蒙古人民出版社，2007.

他磨坊或商号有七十多家，制莜、荞、白、豆、熘①五种，出产数量以白面、荞面最多，然多用旧式石磨磨制面粉②。此外，山西晋南万荣荣河镇商人潘立善（字子良），在日本投降后，与归绥天主教常神甫和教友赵贵等筹资安装电动石磨4盘，开办了裕盛涌面庄，所产面粉为永车牌，颇受欢迎。然而，由于电灯公司保护本公司附属公司利益，该面庄因电力问题与电灯公司纠纷不断，至1949年歇业。③

皮毛业也为归绥较早采用机械生产的行业，民国十一、十二年（1922年、1923年），皮毛业仍采用旧机生产，出货较少，获利甚微。因为皮毛业历来是归绥对蒙贸易大宗，是本地手工业中最盛的产业，其中以制革、毛织二业为最多，所以，自清末提倡新政以来，归绥历届地方政府十分重视皮毛业振兴。传统皮毛业，山西商人从业者很多，但笔者未找到提倡及改革皮毛业的商人籍贯资料，因此只能对清末以来归绥地区皮毛业的变革进行简单概述。光绪三十一年（1905年），归绥道胡孚宸曾创设归绥工艺局，形制为官商合办企业，政企不分，道、厅皆任督办委员，负责办理。聘织布、织带、染色各师，教练工徒五十人，试办经费两千两白银来自绥远城将军、归化城副都统、道台，一千两白银来自商股捐输。此工艺局出品颇受归绥市民欢迎，但因后任地方当政者未加重视，于民国七年（1918年）歇业；毛织业也曾筹资十万元购机设厂进行筹办，终因政局不靖，地方政府集全力用于剿匪，不重视关乎民生的实业，致营业状况时开时停。民国傅作义管理归绥时期，在傅作义的支持下，绥远建设厅厅长冯曦等曾创设毛织工厂，也为官商合办，共有资本三十万元，每月出品毯、呢及毛线总值二万元。日人江上波夫1931年对内蒙古锡林郭勒和乌兰察布盟进行探险考察时，参观归化城毛织厂时，曾做出如下描述：

"回来的路上，参观了新建的毛绒厂。这个工厂的厂长是位在日本留过学的蒙古人，他用流利的日语热情地为我们介绍了工厂的情况。这里用新式的机械纺织出漂亮的罗纱，这些机械是从美国买进的，还没有偿还完贷款，所以今年也没有什么利润，但预计来年可以有很丰厚的回报。令我们感到意外的是，据说这里的产品多数从新疆转卖到苏联。工厂非常清洁，多数是年龄较大的女工在劳动。

---

① 豆面为小麦、豌豆合制，熘面为大麦或莜麦与黄豆合制，在碾制前已经火炒熟，可与早餐啜粥时拌食，为各地贫苦劳力者最经济最普通之食品。见绥远通志馆.（民国）绥远通志稿［M］.第三册卷十九《工业》，呼和浩特：内蒙古人民出版社，2007.

② 绥远通志馆.（民国）绥远通志稿［M］.第三册卷十九《工业》，呼和浩特：内蒙古人民出版社，2007.

③ 邢野.走西口通鉴［M］.呼和浩特：内蒙古人民出版社，2009.

尽管到了这个季节，工厂院内的美人蕉仍开着艳丽的花。"①

归绥毛织厂建立之前十年，赵允仁之工读社、李宝斋之经纬工厂，也曾提倡采用近代经营方式设厂振兴归绥皮毛业，因募资有限，设备仍用旧机生产而歇业。②

第二节　山西商人与包头城近代工业

包头地居口外，处东西两路之冲，陆路有平原车驮之便，水有舟楫之利，凡京、津、陕、甘、新［此新字当为青］，内外蒙古、新疆货物往来，均以此为转运之场③，清末民初已然成为西北一水旱码头。虽至民国初年，包头仍为萨拉齐县属下的一个镇，然萨县大宗货物之出入则在包头镇④。据民国八年（1919年）塞北关报告，输出羊皮九十余万张，牛马皮次之，羊毛九百八十余万斤，驼毛二百余万斤，甘草六百余万斤，马四万三千余头，牛二万六千余头。输入土布二百余万匹，砖茶四万余箱，其余洋广杂货输入之数，约六百万元。⑤

19世纪后期至20世纪初，包头外部政治、商业环境的变化，与归绥的不同之处有三：①清末西北阿古柏变乱及新疆商路被阻，包头作为货物转运码头的地位不降反升（前文已有所论述）。②由于包头成为西北皮毛集散中心，洋商在此地广设毛庄，直接操纵了包头皮毛市场。光绪十年（1884年），洋商在包头设置毛庄，并斥巨资，就地茧购，迄光绪末年，有英商天长仁、天聚公、新泰兴设庄于此⑥。民国九年（1920年），包头皮毛输出停滞，银根奇紧，商家周转不灵，颇多亏闭，唯多属于洋商。因包头皮毛业，素操于洋商之手，洋商挟资来绥，设立洋行，势力雄厚，隐然有操纵市价及垄断贸易之权，故此次洋行损失较大。中国商号受影响较小。包头较著名的洋行，计有八家，分别为隆昌、益昌、德裕隆、平和、仁记、仁义永、天聚公、永丰等⑦。③平绥铁路终点由归绥变为包头，包头作为水陆交通枢纽中心的地位更为巩固。

民国十二年（1923年），平绥铁路通至包头后，包头交通优势得到了最大功

① ［日］江上波夫等. 蒙古高原行纪［M］. 赵令志译. 呼和浩特：内蒙古人民出版社，2008.

② 绥远通志馆.（民国）绥远通志稿［M］. 第三册卷十九《工业》，呼和浩特：内蒙古人民出版社，2007.

③⑤⑦ （民国）林竞. 蒙新甘宁考察记［M］. 兰州：甘肃人民出版社，2003.

④⑥ 绥远通志馆. 绥远通志稿［M］. 第三册卷二十七《商业》（下），呼和浩特：内蒙古人民出版社，2007.

能的发挥，铁路、公路、水路及驼路等多种交通运输方式会集于此。与归绥城商贸转口地位衰落的情境相反，包头在西北的商贸地位一跃成为西北地区水路交通中心，甚至有赶超归绥的势头。

民国十五年（1926 年），平绥铁路通车后短短三年时间，包头贸易额由原来的五百余万已增至一千万以上，商店大小由原来的一千二百余家增至二千家以上①。包头作为西北货物集散中心的地位基本确立：

"牛皮、羊皮、杂皮、驼毛、羊毛、羊肠、杂骨、甘草、水烟、枸杞自西宁、兰州、宁夏三处来，葡萄干、哈密瓜、哈密杏、吐鲁番棉花自新疆经蒙古草地来，苁蓉自阿拉善蒙古来，杂粮自河套及后山来，口蘑自内蒙古来，碱自鄂尔多斯来。以上各物，除极少数留供本地应用外，余均输出销售于内地及外国。白米、麦、豌豆自宁夏来，木料自西宁来，完全行销于本地。盐自阿拉善之吉兰泰（今内蒙古阿拉善左旗北的吉兰泰镇，西依吉兰泰盐湖）来，行销于晋北及绥远一带。粗瓷自山西河曲来，水烟自河南清华镇（即今河南博爱县东的清化镇，旧时为晋、豫间货物集散地）来，行销于内蒙古及河套一带。洋布、火柴、煤油、茶叶及各种杂货，来自京、津，而转销于蒙古、甘、新、陕北一带②。"

与归绥相比，包头境内山西商人所占比例有过之而无不及。萨县及包头镇商业多为山西祁县、太谷、榆次、定襄等各县资本家设立③，故在包头近代化过程中亦有山西商人的活动。

一、清末民初包头城晋商主营商业

1. 米面业

米面业和百姓生活息息相关，自包头成为西北转运码头以来，米面业即为传统行业。而据 1933 年的调查资料，本业资本额最多五千元，少者一千元，较著名为复巨成、义成永、大有魁、公合兴、庆恒茂、如盛泉数家，资本各五千元；复巨成、公合兴、如盛泉开设均五十余年，义成永三十余年，大有魁二十余年，广恒茂十余年，其兼营榨油业，有复巨成、义成永、大有魁、公合兴、广恒茂、义盛永、德巨兴、公义合、复顺久、复盛油坊、广生复、广远等十二家④。固阳、安北之东北部，多产胡麻，运售包头。故油业极盛，各家营业总值年约九十余万元。每年以七、八、九月为旺月，一、二、三月为淡月。店伙不下四五百

---

①② （民国）林竞．蒙新甘宁考察记［M］．兰州：甘肃人民出版社，2003.

③④ 绥远通志馆．绥远通志稿［M］．第三册卷二十七《商业》（下），呼和浩特：内蒙古人民出版社，2007.

人，其年薪最多者百二十元，少者三十元，普通多为六十元，亦无奖金及分红办法①。

据《绥远分县调查》，至民国二十二、二十三年（1933年、1934年），包头城内有米面店二十二家，营此业者以山西籍为最多，包头籍次之②。如山西祁县乔氏复盛公、复盛全、复盛西三大号在本市共有十几个门脸，米面业也多有插手③，除复字号外，光绪年间始营业的通和粮店也为乔氏所开。范春康先生为山西祁县人，原在包头复盛西面铺经商④。然乔氏复字号面铺、粮店大多于民国二十二年（1933年）左右歇业⑤。大义魁、隆盛长粮店和隆盛长面铺则为大盛魁在包头所开⑥。

2. 皮毛业

包头皮毛业颇盛，以山西籍商人最多⑦，主要来自山西忻、代及周围地区。最早专营皮毛业的商店曰公义店⑧，财东是山西陈姓商人，地址位于包头草市街川行店路北口⑨。道光八年（1828年）开业⑩，光绪六年（1880年）分为三家，即明远堂、天源店、恒义德，兴盛于光绪年间⑪，另于道光年间开业的还有山西河曲人创办的中义西。包头皮毛业著名商号有广义恒、广恒西、天成恒、义同厚、双顺裕各家⑫，最大的皮毛货店为广恒西，最早的创始人来自公义店析出商号明远堂。光绪十五年（1895年）底，山西定襄人牛帮良邀约原明远堂从业人员邱才山（萨拉齐人）、郭堆玉（山西代县）和李学庆（山西盂县）创办了广恒西。当时又有山西忻县商人邢宝恒（德润荣）、张英士（诚敬堂）、丁锡珍（锦兴恒）作为财东向广恒西投资五千八百五十两白银并将店铺设于包头前街（今包头市东河区胜利路北），并聘牛帮良任经理，邱才山为副理，于光绪十九年（1893年）正式开张。开业后五六年间，经营得当，已与宁夏、肃州、凉州、外蒙古、阿拉善等地一百二三十家商号有业务往来，店员也增至七十多人。⑬

光绪年间包头皮毛业之所以兴盛，最重要的原因在于天津开埠后，国际市场对皮毛的需求旺盛。加之西北边疆利权渐丧，英、法、美等国洋行于光绪十

---

①⑪　绥远通志馆．（民国）绥远通志稿［M］．第三册卷二十七《商业》（下），呼和浩特：内蒙古人民出版社，2007.

②⑦⑫　全国图书馆文献缩微复制中心．中国边疆史志集成［M］．卷三十一《内蒙古史志》，北京：全国图书馆文献缩微复制中心，2002.

③⑤　邢野，王新民．旅蒙商通览（上册）［M］．呼和浩特：内蒙古人民出版社，2008.

④⑥　代林，马静．大盛魁闻见录［M］．呼和浩特：内蒙古出版集团，内蒙古人民出版社，2012.

⑧　包头市地方志办公室，包头市档案馆，内蒙古社科院图书馆．（民国）孙斌．内蒙古历史文献丛书［M］．（之八）．呼和浩特：内蒙古出版集团，远方出版社，2011.

⑨⑩⑬　包头市工商业联合会编．包头工商史料［J］．内部资料，1990.

年（1884年），派人至张家口收购皮毛。光绪十八年（1892年），英仁记洋行在包头收购抓毛二三十万斤，之后英、日、俄及德等在包头设立分支机构①。除仁记洋行外，还有新泰兴、天长仁、天聚德、天泰公、天昌仁、天巨公、盛记、巨立、隆昌（俄）、平和、聚立、慎昌、安利等②。至20世纪初，西方各国在张家口设立的洋行有40余家从事收购皮毛等活动③，而这些皮毛的最大来源地以包头为转运码头。故包头很多从事皮毛业的商人实际充当了洋行中间商的作用，他们多属代客买卖牲畜，资本无多，获利甚厚④。如在包头有名的皮毛业商铺广恒西在其发展过程中，由于洋行和挂牌洋行在中国内地持子口联票（税票）者，享受在各关卡不纳税的特权，其业务受到强烈冲击，但该商铺及时对其经营方式进行改革，向洋行学习，一方面在包头镇坐地经营，一方面派出精于皮毛的行家里手到产地设庄采办，才使其营业额与日俱增⑤。当然，面对外商雄厚的资本，广恒西还能继续发展壮大，与当时国际市场对皮毛的强盛需求有关。

民国二十二、二十三年左右（1933年、1934年），包头皮毛业整体贸易情况为：包头皮毛业共有二十一家，资本额多者五千至三千元，少者一千元。全业店伙约四百余人，工资每年仍按两计，近亦改用（民国）国币，最多者银百五十两，少者十两，通常每年多者五十两，三年开账分红。每年总计销售羊毛、驼毛、羊绒约六百万斛，山羊皮、老羊皮、羔皮、狐皮、牛皮、狗皮等约五十万张，合计总值共二百五十万元。销场为天津，而张家口、宣化、大同亦有少数客商来此收买者，输入来源，则多运自新、青、甘、宁以及各蒙旗，而邻县亦有少量之产生，均运集包市求售。每年交易以五月至八月及十一月至次年一月为旺月，二月至五月、九月至十月为淡月⑥。其中，羊毛多购自甘肃、蒙地、陕北一带，驼毛购自蒙地，羊绒购自绥远省各县及陕北，各色皮张，均多购自肃州、蒙地及青海⑦。民国二十五年（1936年），每年输出羊毛绒二千五百万斤，价值二千八百万元；虎皮、狼皮、一切细皮、老羊皮、山羊及其他牛马犬驴等皮，共计二十五万张，价值一百五十万元，以上两宗共计二千九百

---

① 政协内蒙古自治区委员会文史资料委员会. 内蒙古工商史料［M］. 呼和浩特：内蒙古文史书店，1990.

②⑤ 包头市工商业联合会. 包头工商史料［J］. 内部资料，1990.

③ 政协张家口委员会文史资料委员会. 张家口文史资料（21）［J］. 内部资料，1992.

④ 包头市地方志办公室，包头市档案馆，内蒙古社科院图书馆.（民国）孙斌. 内蒙古历史文献丛书［M］.（之八）. 呼和浩特：内蒙古出版集团，远方出版社，2011.

⑥ 绥远通志馆.（民国）绥远通志稿［M］. 第三册卷二十七《商业》（下），呼和浩特：内蒙古人民出版社，2007.

⑦ 全国图书馆文献缩微复制中心. 中国边疆史志集成［M］. 卷三十一《内蒙古史志》，北京：全国图书馆文献缩微复制中心，2002.

五十万元。这年，皮毛业首户广恒西流水账为八百万元，与京（北京）、张（张家口）、宣（宣化）、大（大同）等处均有汇兑往来，不过一信即可办事。民国十八年（1929年）至二十二年（1933年）间，每年所有输出之货不过二百五十万元。包头沦陷于日本之手后，每年输出之货为二百五十万元，仅为1934年之十分之一二。①

3. 牲畜业

牲畜业从业者亦以山西人为最多②，本业计有六家，资本额最多者不过三千元③，著名者有兼营毛业之双顺裕、德和隆、天顺恒、和合德四家。所交易牲畜为牛、驼、羊、马四种，均产自蒙地。由各蒙商售货易回，经牲畜业为之经纪成交，从中取佣。每年销售数量，牛约八百头，驼二千只，羊三万四千只，马一千七八百头，销售总值共约三十六万元。所取佣费，牛、马每只售卖各出六钱，驼每只各一两一钱，羊每只各八分。店伙全体共约八十人，工资多者年约七十元，少者如学徒仅十余元，通常多为七十元，三年开账，盈余多寡，按元定厘股分配。④ 各家每年营业值自六万元至八万元不等⑤。

4. 蒙商业

蒙商业主做对蒙贸易，做此业的商人向包头市各行采办各种杂货，运往内外蒙古，以货易货，易得蒙地所产，复运归包头市⑥。本业约有二十家，乃经商于内蒙古者，分设于县城前后街，其资本额多者五千元，少者一千元。其由包运出货物，有砖茶、洋布、斜纹布、绸缎等。民国二十年（1931年）运蒙砖茶二千五百箱，总值七万两，洋布三千匹，总值二万四千两；斜纹布一千匹，总值八千两；绸缎两千匹，总值一万五千两；其运回者则为驼毛、羊毛与牛、马、驼、羊各畜。曩年营业盛时，每年由蒙古运回皮毛、牲畜，其总值在四五十万元左右。而此运回货物之多寡，与运出物质多寡，成为正比。往返运输之工具，则全恃骆驼，或自备，或雇用，无一定也。自民国以来，营业状况可分为三期。民国九年（1920年）以前为全盛期，由包运蒙杂货，每年总值有达三十万两以上者。民国九至十九年（1920～1930年）为衰落时期。因自是年春，外路断绝，运蒙货物。仅达内蒙古北边而止，总值十万两之谱。民国

---

① 包头市地方志办公室，包头市档案馆，内蒙古社科院图书馆.（民国）孙斌.内蒙古历史文献丛书［M］.（之八）.呼和浩特：内蒙古出版集团，远方出版社，2011.

②⑤⑥ 全国图书馆文献缩微复制中心.中国边疆史志集成［M］.卷三十一《内蒙古史志》，北京：全国图书馆文献缩微复制中心，2002.

③ 据（民国）《绥远省分县调查概要》，牲畜业资本额最多二千元，最少一千元，普通一千五百元。

④ 绥远通志馆.（民国）绥远通志稿［M］.第三册卷二十七《商业》（下），内蒙古人民出版社，2007.

二十与二十一两年营业状况，亦均平淡，现在全业店伙约三百余人。① 《包头市志》记载，此业运往蒙古地之货物为山东之茧绸及洋褡裢、黄红色之库缎、库金、紫色之便帽、皮靴、玉器、珊瑚、鼻烟、生烟、砖茶等物，所换回之货为马、牛、羊、驼及皮毛、口蘑、奶油等物，每年营业不过十余万元，较清代不过十与一之比例而已②。

5. 杂货业

此业在包头市内共计有五十家，开设于前后街一带，营业者以山西忻代二县人为多，次则平津等地人，经营洋广杂货、布匹、茶糖、烟等货，资本额最多者五千元，最少者二百元，普通一千元。其销售货品，如洋布、斜纹布、铁、红白糖，均自天津采购，绸缎及国产布匹、京鞋，则购自平津各处，茶购自平津各处，生烟购自山西曲沃，均销售于本县乡各处③。

本业计有五十家，分设于前、后街，经售洋广杂货、布匹、茶、糖、烟等，资本额最多者五千元，最少者二百元，以一千元者居多。著名商店有永顺恒、义成昌、天义长，均已开设五十年。其往年营业总值，天义长最高达四万元，最低亦两万元；又有德兴源开业三十年，其营业额与天义长同，又恒盛源开设最久，已历八十年。巨源昌开设七八年，其往年营业总值，亦均在一万五千元至三万元之间。全业店伙约计一千人，工资最多者年约二百元，少者十余元，普通在四五千元之谱，学徒在三年以内，工资约为八两，后当酌加。所售各货，除生烟购自山西曲沃，余则大都运至平津，销于县乡。最近（20世纪20年代末30年代初）每年销售数量，洋布、斜纹布约两千匹，绸缎约百匹。国布五万匹，茶百箱，每箱一百三十斛。红、白糖五百包，每包一百五十斛，生烟三百□，每□一百三十斛，铁万斛，鞋万双，其销售总值合计二十二万七千元。包头销数，间有萨县少者，以乡村数目不及也。④

6. 药材业

此业多系山西代县人开设⑤，计有十五家，店员共计五六百人。分设县城内前、后街，资本额最多者五千元，少者一千元，普通三千元。全业进出口总值，每年约三十四五万元。著名商号有永和正、开设已四十余年。永和堂、常泰和开设近十年，大德堂、同仁永开设十二三年，永和庆十八年，往年营业总值，永和正、永

①④ 绥远通志馆．（民国）绥远通志稿［M］．第三册卷二十七《商业》（下），内蒙古人民出版社，2007.

② 包头市地方志办公室，包头市档案馆，内蒙古社科院图书馆．（民国）孙斌．内蒙古历史文献丛书［M］（之八）．呼和浩特：内蒙古出版集团远方出版社，2011.

③⑤ 全国图书馆文献缩微复制中心．中国边疆史志集成［M］．卷三十一《内蒙古史志》，北京：全国图书馆文献缩微复制中心，2002.

和堂、常泰和三家，年各二万元，他家依次递减。大德堂一万元，同仁永八千元，永和庆六千元，各家经售之大宗货品。其中祁县李顺廷，是兴盛隆铁铺、永和堂中药铺的东家，同时也是大盛魁的掌柜，兴盛隆永和堂本号在归绥、包头都有分号①。永和堂中药铺的温先生、卢先生，都是山西祁县人②。

7. 铜铁匠铺等行业

从业者也多为山西人，至民国依然是手工生产。道光年间山西人李根马在包头开设小铁匠炉，后刘宝窑村王月庆投资五百两白银将其改名为通盛旺。随后开业的铁匠炉有万和炉、万明炉、三合车铺、和合成、福顺成、公和炉、昌胜炉等，至1926年，约有大小铁匠炉79余家，从业人员300余人。同治年间山西代州人开设大成玉铜铺，主用黄铜制作铜佛像，民国初年发展为20余人。③

8. 货店业

多为绥远本地人开设，也有山西人开设，合经纪人、客栈、货店三种兼营面油业务④。本业有七八家，乃合经纪人、客栈、货店三种业务而成，资本额最多者五千元，少者千数百元。本业以广恒西、义同源、广义恒为最著名，均已开设四十余年，复新和、义德成亦有二十余年。凡客商之自西路或蒙地来者，均投宿焉，运来货物亦卸存店内，为之经纪出售。迨买卖成交，抽收佣金，买卖主各出百分之一。客商收到货款，复托店商代购各项杂货，佣金亦同。在最近（20世纪20年代末30年代初）三四年间，各客商运货经货店经纪转售者，为杂粮、杂货、红白盐、碱诸物。杂粮运至宁夏及本省五原、临河，年约三千吨，红白盐运自宁夏，年约六七百吨，总值合计约十万元。碱则运至蒙杭、鄂各旗，年约二百吨，总值四千元。其由货店代购运出者，为布匹、茶、糖、铁料，均运往陕、新、宁各省，每年计中国布约十五万匹，总值三十万元，外国布五万匹，总值五十万元。糖类三万包，总值九十万元，外国铁条五百吨，总值二十六万元。茶则运于内、外蒙古，年约七千箱，总值二十一万元。全业店伙有一百五六十人，工资最多者年约百元，最少者十元，普通四五十元，三年结账，按股分红。⑤

9. 纸烟煤油业

该业商品，均自津沪运来。本业有忠义恒、永利义二家，皆由归市分庄于此，已历十年，号址均在前街，往年营业总值，两家合计最高达八十万元，数目之巨，为各业所望尘莫及者，然亦以发出西路为多数，可见各地社会消耗之大。

①② 代林，马静．大盛魁闻见录［M］．呼和浩特：内蒙古出版集团，内蒙古人民出版社，2012.

③ 包头市工商联合会．包头工商史料［J］．内部资料，1990（10）.

④ 全国图书馆文献缩微复制中心．中国边疆史志集成［M］．卷三十一《内蒙古史志》，北京：全国图书馆文献缩微复制中心，2002.

⑤ 绥远通志馆．（民国）绥远通志稿［M］．第三册卷二十七《商业》（下）．呼和浩特：内蒙古人民出版社，2007.

全业店员合计二十余人，工资最多者年约二百四十元，普通五六十元，店伙无分红规例。①

二、国民政府时期包头近代工业的启蒙

包头向以商务著称，但工业发展却未能与时俱进。包头利用机器生产的仅电、面粉、甘草膏三种②。原因为清末民初，地方遭兵燹之余，继以天灾匪患，市面萧条，各工相继歇业，进入20世纪20年代末，政局相对趋于稳定，其独特的地理交通优势迅速得以发挥，西路商务较之归绥较为活跃。

1. 电气业

包头电气业仅有电灯面粉股份有限公司一家，创始于民国十九年（1930年）夏，由私人集资，股东多直鲁晋等省人③，开办费二万八千元，资本原定二十六万四千五百元（一说资本八万元④），内分电灯、面粉两部。电灯部置德国制一百三十匹马力之卧式蒸汽发动机一架，安培一九三电压为三千华尔达发电机一座，于是年五月发电。电费每度二角八分，电灯二十五烛光者，每月每盏七角五分，原有灯户一千三百六十七家，年营业数为一万五千元，营业尚可维持，资本亦有增加，至30年代初已达三十余万元，用灯户三千，盏数一万有余⑤。

2. 面粉业

一为电灯公司之面粉部，据《绥远通志稿》，其营业尚可维持，然《绥远省分县调查概要》称面粉厂营业不佳，自开办以来，已亏损三万有余，仅有电灯营业，尚足维持现状⑥。

除此之外，还有晋源西油粮面粉有限公司，于民国十七年（1928年）七月开办，股东多为山西籍，资本十万元，⑦厂址在东门内，所置磨粉机，价值约二万四千余元，有店伙三十余人，管理机器工二三名。其业务部制粉外，并收买油、粮，厂内置有德国清麦机、筛麦机及二十寸钢磨一部，旧式石磨六具，柴油引擎机一部，总值二万四千余元。小麦采购自归、包二市和周围乡村，三、四等面销于包头市内，二等及次面运销于五原、临河及宁夏各处，营业状况较好⑧。

3. 甘草膏业

挖甘草及贩卖甘草从业者多为山西保德、河曲等地人，制甘草膏业之永茂源甘草公司，则为芬兰人维利俄斯独资创办，开始营业于民国十九年（1930年）十月⑨。永茂源甘草公司有资本三千元，置有锅炉十四座，男工十五六名，全用

---

①②⑤⑧⑨ 绥远通志馆．（民国）绥远通志稿［M］．第三册卷二十七《商业》（下）．呼和浩特：内蒙古人民出版社，2007.

③④⑥⑦ 全国图书馆文献缩微复制中心．中国边疆史志集成［M］．卷三十一《内蒙古史志》，北京：全国图书馆文献缩微复制中心，2002.

人力及畜力发动。所用原料，为甘草之细枝，每百斛价值洋四元。每制膏百斛，须用甘草三百五十斤，价约十四元。该公司于民国二十年春季，经官方收回（回），归绥远平市官钱局经营①。

4. 毛毯业

毛毯为县内著名工业，计有毛毯厂二十三家，资本大者二千元，小者一二百元，其规模以永茂厂及和记厂为最大，此外有暨庆功、同义昌、裕兴公、天厚盛、延吉庆、义盛和、万和长、立兴、信义和、富生成、恒记、广成合、祥记、德和长、德盛公、永和西、双和成、三义长、吉庆长、俊兔、红万字会各家。全年所织毛毯，共约计二万二千余方尺，其总值约计三万九千余元②。

综上所述，内蒙古工业近代化几乎集中于归绥和包头两大城市，其他城镇近代工业发展相对处于停滞状态，因近代交通及邮政、政治体制变革等因素影响，商业也多少发生一些变化，但主要还以手工业、百货业等传统行业为主。这些城镇中，山西商人分布较多的地方集中在内蒙古西部，其中萨拉齐、丰镇市有近代工业出现，内蒙古东部则为多伦诺尔。

多伦诺尔作为由宗教中心而兴盛起来的城镇，位于张家口通向外蒙及东北的交通孔道上。多伦诺尔商业在清代嘉庆道光间，买卖最盛，商铺约有三千家之多③，清末民初，多伦诺尔商号降至一千多户④。传统商业主要输出茶叶和纺织品，输入牲畜、皮毛和木材。转口多伦的茶叶一般输入蒙古各部和俄国，颇受蒙古族及中亚一带居民欢迎的砖茶，每年销售量达 2.5 万 ~ 3 万箱，清末每年只有 6000 ~ 7000 箱；雍正年间中国输往俄国的棉布价值 43000 余两白银，丝绸价值 56000 余两白银，乾隆中叶棉布约为俄币 106 万卢布，丝绸约为 21 万卢布；由多伦至内地牲畜的销售量至清末，每年大约为羊 10 万只、牛 2 万头、马 2 万匹，总价值 230 万 ~ 250 万元⑤；由陆路输入的木材为松木 20000 车、檩子 6000 车、柁 1000 根、椽子 30000 对，另有板材、车辕、车轴等木料⑥。

在多伦经商的商人来自晋、冀、京、津等地，以山西商人占据商业优势。如多伦经营布匹的大货栈大约有十二家，小栈难以计数，每一家小栈在一年之中要好几次成为外地来的棉布厂商的驻留处，大部分布匹和杂货来自中国内地。做这行生意的商人主要是山西人，他们运来中国丝织品、半丝织品和棉布、生熟铁器和铜器、刀子、火镰、旱烟袋、烟盒及蒙古人的其他用品。从南方的天津和其他

①② 全国图书馆文献缩微复制中心. 中国边疆史志集成［M］. 卷三十一《内蒙古史志》，北京：全国图书馆文献缩微复制中心，2002.

③ 任月海. 多伦文史资料［J］. 呼和浩特：内蒙古大学出版社，2006（1）.

④ 任月海. 多伦文史资料［J］. 呼和浩特：内蒙古大学出版社，2007.

⑤ 许檀，何勇. 清代多伦诺尔的商业［J］. 天津师范大学学报（社会科学版），2007（6）.

⑥ 黄禄彭. 多伦县调查报告［J］. 直隶实业杂志，1915（6）.

港口来的汉人，还向多伦诺尔运来欧洲商品，如斜纹布、府绸、印花布和德国呢，不过这些德国呢往往是俄国呢的仿制品。①

19世纪末20世纪初，多伦商务日渐退步，衰落原因主要源自20世纪初西伯利亚铁路修成，商路中心转移到东北地区所致，此时外蒙商路断绝及匪患不断，也给衰落的多伦蒙汉贸易雪上加霜。光绪十年（1884年）俄人经营东三省（多伦），商人东向，此地遂就衰落。西比（伯）利亚铁路建成，外蒙货物来者减少。自关内外铁路与俄人铁路相接，一切货物，全归东省，此为商业败坏之远因。迩来马税甚重，南方马客，裹足不前，蒙盐加税，相率观望，南北交易不通，商务大受影响，此为商业败坏之近因。况商家负担甚重，如官场之供给，巡警之饷费，无不取给于商。由是不得不高其卖价，以求补偿。然物贵而销路益滞，而商业遂愈不堪问矣。②

萨拉齐县东通归化城，南通山西河曲、府谷等县，北通蒙古，西通包头，东南通托克托县，地势适中，物产丰富。民国初年，萨拉齐尚有钱庄十八家，当铺四家，粮店十家，马店两家，其余杂货、饭铺等业二百余家，多为山西祁县、榆次、定襄各县资本家投资设立，营业颇称繁盛③。当时，萨拉齐县商务在绥远境内仅次于包头、归化，出产以粮食及煤为大宗，入口以归化之洋货、山西之木材、水烟及阿拉善蒙古之盐为大宗④。

然萨拉齐县此时也和其他城镇一样，由于政局动荡和匪患，对商业经济发展极其不利。民国四年（1915年）冬，卢占魁匪伙攻陷县城，盘踞数日，全城商号被抢掠一空，钱当两行，均归倒闭，自此市面萧条，难以振兴。（民国）十年（1921年）四月，本地驻军传营哗变，民国十一年（1922年）三月，保卫团叛走，各商均饱受惊慌，损失尚少。民国十五年（1926年），绥远旱灾又受时局扰攘，军队过往频繁。民国十六年（1927年）冬，徐文彪旅驻城，各商供应无度，骚扰不堪，地方愈形疲敝，原来的商业繁荣景象在此之前已难恢复，之前各资本家尚可勉力支持，如今则纷纷撤庄，所存者仅少数之小本营业。20世纪30年代，县城大小商店仅剩一百三十六家，可称述者，仅六十余家，资本在千元以上者，不过十余家，其他仅百数十元而已⑤。

萨拉齐县的工业，仅次于归、包、丰三大商市，工业上没有特别称道的产品，唯榨油、毛织等业，尚称发达。民国以来，经长期匪祸，继以旱灾，农商交

① ［俄］阿·马·波兹德涅耶夫. 蒙古及蒙古人（第二卷）［M］. 呼和浩特：内蒙古人民出版社，1987.

② 任月海. 多伦文史资料［J］. 呼和浩特：内蒙古大学出版社，2006（1）.

③⑤ 绥远通志馆.（民国）绥远通志稿［M］. 第三册卷二十七《商业》（下），呼和浩特：内蒙古人民出版社，2007.

④ （民国）林竞. 蒙新甘宁考察记［M］. 兰州：甘肃人民出版社，2003：27.

困，工业也随之衰落。进入 20 世纪 30 年代，地方治理相对平稳，工业始略见起色，唯利用木机制造者，仅毛织业数家，余皆手工业，且资本缺乏，出品粗陋，殆不足以言近代工业。①《绥远省分县调查概要》据民国二十一年（1932 年）的调查也提到，萨县工业不甚发达，利用木机以制造物品者，仅有毛织工厂四处，其他如黑皮房、水泥铁匠等，均系手工业。此年，毛织四工厂为公义和工厂、洪源工厂、广义恒工厂和双义和工厂，均为木机生产，规模最大的公义和工厂资本仅五百元，用简单木机织制，每日可出方尺，营业数五千余元，年获利约五百元。②

丰镇位于今山西大同和河北张家口商道之间，距大同仅 50 里之遥。清代丰镇成为晋商尤为忻代商人的聚集之地，当地民谚称"崞县衙门忻州街"。乾隆年间已有山西人出入贸易，物产售销出境者有胡麻、菜籽、莜麦、骡、马、猪、羊，输入有棉布、丝绸、茶叶、煤炭、食盐等。民国五年（1916 年），京绥铁路通车至丰镇，丰镇可与平津等地直接进行贸易往来，贸易范围和交易量也有所扩大。其交易货物以杂粮为大宗，绥东各县商粮，皆出于此，药材、皮毛次之。由于平绥铁路通过，所受匪患较绥远西部较少，故丰镇县获得较多商业发展机会，近年（1930 年左右）商业较之绥西各县稍胜一筹，绥远地区除绥、包两市外，当以丰镇最为繁盛。据近年（20 世纪 30 年代）调查，采用机器生产的主要有制蛋粉业，其他如绒毛交易、铁、木二工及毡业较为繁盛。制蛋粉业，有裕民、鸿记、益兴三家，均成立于民国二十一年（1932 年）间，裕民创办人为冯宗海，采用简单机器生产，鸿记创办人为马廷臣，益兴创办人为王恒志。③

第三节　内蒙古城市工业近代化中晋商的经营困局

在率先走向近代化的内蒙古城市中如归绥、包头等，在清代，山西商人几乎遍布商业各个行当，且在一些行业中长期占据垄断地位如钱庄、票号④、茶叶、粮食、百货等，然步入清末，外资入侵，地方政局变动不安，匪患不靖，西伯利

① 绥远通志馆.（民国）绥远通志稿［M］.第三册卷二十七《商业》（下），呼和浩特：内蒙古人民出版社，2007.

② 全国图书馆文献缩微复制中心.中国边疆史志集成［M］.卷三十一《内蒙古史志》，北京：全国图书馆文献缩微复制中心，2002.

③ 绥远通志馆.（民国）绥远通志稿［M］.第三册卷十九《工业》，呼和浩特：内蒙古人民出版社，2007.

④ 钱庄、票号在后面一章有专门论述。

亚铁路、平绥铁路的修通等，对内蒙古传统商业结构造成很大的冲击。其中，外资入侵、新疆动乱及民初外蒙独立，使得原先做西庄和外蒙古生意的店铺纷纷倒闭或面临歇业，包括资金雄厚的大盛魁、元盛德和天义德，其他中小店铺不言而喻。但近代交通方式的改变，如铁路、公路的修建尤其是平绥铁路的修通，对铁路沿线的城市快速步入近代化的促进作用明显，出现了很多新兴城镇，一部分具有交通转口优势的城镇迅速崛起，如包头。

交通方式的改变加速了内蒙古城市步入近代化的步伐，部分改变了原有的商人群体结构。面对汹涌而来的近代化浪潮，尽管归绥、包头近代工业领头行业如电气业、面粉业的创办主体仍为山西商人，然大多数行业的山西商人此时明显处于保守态势。清代旅蒙山西商人几乎一统商业领域的局面被打破，沿线而入的平津商人成为内蒙古地区商人新秀，带来了内陆发达城市的新兴行业。此时，随着清政府倒台，晋商家族及其名下的大商号，如大盛魁、榆次常氏家族的连锁店铺等因债款无法追回和民初汇兑风波而纷纷倒闭，致一些有创新意识的旅蒙山西商人在投资兴办近代工业的过程中有心无力。下面对山西商人在内蒙古城市工业近代化中的商业经营困局加以概述。

一、遭受破产危机，缺乏社会资金支持

如前所述，电气业、面粉业是归绥、包头工业近代化领头产业，这两个行业的创办人和参股商号以山西商人居多。但山西人所属商号由于新疆动乱、外蒙古独立风波影响、外资入侵、民初军阀混战、土匪骚扰等原因纷纷面临倒闭的境地。其中，外蒙古独立对其影响极大。以大盛魁为例，大盛魁经过清政府的特许，做乌里雅苏台、科布多四十八个和硕的买卖，驮上货先到旗下，由王府派给蒙民，当年派货，第二年收账。外蒙古独立以后，欠下大盛魁三百万两银子[1]。与大盛魁并称为三大商号之一的元盛德于民国元年（1912年），柜上的伙计和工人在外蒙古被打死83人，随后在库伦的店铺全部歇业[2]。

据曾经的当事人叙述，可见当时山西商号突遭打击之惨烈。和大盛魁段敬斋有过生意往来的邢思圃先生讲，民国元年（1912年），外蒙古闹独立，大盛魁在前后营的掌柜被押到了库伦，后来创办绥远电灯厂的段敬斋去库伦接洽，押起的四人，他只带回两人[3]。曾在库伦兴隆增做过买卖的山西代县人赵姬兆叙述：库伦有两家放官账的，分别是大盛魁和协玉和，协玉和是山西府南的东家，他在张家口有庄，既放官账，又做买卖。库伦计有汉商二千七百多家，代县人就是一帮。民国十六年（1927年），因外蒙二次独立，蒋介石封杀苏联在华使馆和商

————————

①③ 代林，马静. 大盛魁闻见录 ［M］. 呼和浩特：内蒙古出版集团，内蒙古人民出版社，2012.

② 邢野，王新民. 旅蒙商通览（上册）［M］. 呼和浩特：内蒙古人民出版社，2008.

号，外蒙古封锁了边境。樊耀南刺杀新疆省主席杨增新，引起新疆动乱，西路至此不通。不仅归绥的驼运业和皮毛业遭到毁灭性打击，民族用品制造业受到的冲击不小①；内蒙古城市在外蒙库伦、乌里雅苏台的蒙商业也相继破产。"（库伦）买卖就不能做啦，人们还观望，延至民国十九年（1930年），汉商的买卖彻底完蛋啦。当时丢下财产往回走，还能回来，犹疑不定的人，就回不来了②"；于1918年在乌里雅苏台学商的山西右玉人赵璠先生也谈道："外蒙古二次独立，高司令的队伍撤退走之后，大盛魁还能收账。民国十九年（1930年），汉商就退出乌城了③。"

遭遇外资竞争的中国商家，因本国没有相应的商业保护政策，受到前所未有的打击④。自幼在汉口和归绥茶庄工作过的祁县田书甫："民国十年，俄国的白党占了库伦，茶行无买卖，外蒙古不通，茶走不了，我在归绥通顺店住了七个月，没有做买卖。民国十年以后，苏联协助会在汉口买茶，广东商人多当买办，有顺风洋行、新泰洋行、兴商洋行。这三家洋行收上茶叶运到汉口，交与苏联协助会，协助会在汉口设置压茶机，把茶压好，装了轮船，由汉口直接运到海参崴。苏联协助会收价高，收得多，压得快，山西茶商竞争不过，有几年买卖不好⑤。"

另外，地方军阀混战及匪患对内蒙古城市商业亦为一次次浩劫。《绥远通志稿》及民国时期对内蒙古地区所做的社会调查如《绥远省分县调查概要》、《察哈尔口北六县调查记》等屡屡提到军变及土匪对商铺的劫掠。曾在大盛魁做生意的张大俊称，1926年冯玉祥军队向地方要十万元，大盛魁一家出名，就拿出六万元，其实这六万元都摊给各分号承担，大盛魁一家落下名誉⑥；深受匪患的多伦诺尔土匪纵横，居民多筑堡自守⑦。据一般商客所谈，民国十五年（1926年）奉军与国民军相峙于此。两军出入者数次，元气亏损，已难以数计。又某次奉军攻入，统帅穆春谓多伦人民协助国民军作战，号令士兵入城大抢三日，焚杀抢掠，全城商号，无幸免者。又据一商人谈，一军官在商号搜得毯子数条，认为国民军存物，遂将掌柜拷打，并用石击碎脑颅而死。又到一著名商号，见储存白面甚多，亦指为国民军物，抢劫搬运，转售营利。商号不得已，将余存面粉送交军部，乃免于难，类此情形，不一而足，计被杀害三百余人。至今多伦商人，提及此事，犹有余痛，喇嘛庙建于清初，内存珍物甚多，军兵侵入庙内，数百年名迹

① 呼和浩特政协文史资料委员会编．呼和浩特文史资料［M］．工商经济专辑，1989.

②③⑤⑥ 代林，马静．大盛魁闻见录［M］．呼和浩特：内蒙古出版集团，内蒙古人民出版社，2012.

④ 前文商业环境的改变中外资入侵部分对此也有所论述。

⑦ （民国）杨溥．察哈尔口北六县调查记［M］．北京：京城印书局，1933.

毁于一旦。蒙人切恨，无如之何。连年内战，文化摧残弗已。瞻念前途，为之长叹。①

如此无休止的天灾人祸使得原本繁荣的内蒙古商业伤痕累累，资金雄厚的商铺也无以为继。20世纪20年代末，国民党政府对内蒙古的统治确立，地方治安渐趋稳定。向来商业发达的归绥、包头等市开明商人受大环境影响，开始投资近代工业，如时任大盛魁大掌柜的段履庄等。由于缺乏来自政府的社会资金支持，段不得已动用他身为大盛魁掌柜的身份，从大盛魁各分号抽取资金，用来筹划绥远电灯公司和交结政府政要以谋求发展。而此时，大盛魁生意已处于萎缩阶段，财东及其他掌柜持观望或反对态度，导致兴办绥远电灯公司的事业困难重重。下面这则史料可说明大盛魁各号对电灯公司的资金补入：大盛魁的财神股二百多年来只添存、不动用，到段履庄时，听说已存有两间房的银钱。段打开此门，取出银钱，成立十一个联号，如祁县的大盛川、三玉川、绥远电灯公司，其他还有天顺泰、同记银行等。但电灯公司累年赔钱，段调动各联号的股款，维持电灯公司。结果电灯公司也没做好，把各联号也抽垮了，从此段就被大盛魁东家开出号。各联号相继倒闭，至此大盛魁另选了托克托县人陈严甫当了大掌柜把买卖结束了②。段几乎倾尽大盛魁各号结余资金，甚至动用了大盛魁几百年从未敢动用过的财神股。

但让人不解的是，在归绥电灯公司的基础设施基本完善之时，大盛魁各号相继倒闭，资金面临断流，投资电灯公司的平市官钱局竟以其欠债为由将其接收，个中原因令人费解。曾在大盛魁小号鸿记做过生意的山西祁县人梁克华提及：大盛魁倒闭以后欠下平市（即绥远平市官钱局）的债，平市把绥远电灯股份有限公司接收了。电灯公司委托鸿记买粮，欠下鸿记几万元。协盛昌当初给鸿记垫股一万银元，电灯公司扣下鸿记这笔资金，用于大盛魁归还平市的债务，也就是协盛昌抽去鸿记的股本。鸿记直接脱离了协盛昌，间接脱离了大盛魁③。在包头义兴永甘草店经商的尹子宏先生，据说段敬斋投资电灯公司借了平市官钱局四十八万银元，把大盛魁挤垮以后，电灯公司顶了四十万银元，裕盛厚顶了八万银元，买卖并不赔钱④。段结交政府官员的不稳定性也给其带来无穷隐患：大盛魁坏在仇研田厅长名下。段敬斋创办绥远电灯公司，由绥远平市官钱局撑腰，平市主任陈敬堂已经应承下大盛魁，仇厅长经平市官钱局经理说陈敬堂胆大妄为。平市一共才是五万银元的资本，再不能给大盛魁支垫啦。裕盛厚拨不通，大盛魁就放了

① （民国）杨溥.察哈尔口北六县调查记［M］.北京：京城印书局，1933.
②③④ 代林，马静.大盛魁闻见录［M］.呼和浩特：内蒙古出版集团，内蒙古人民出版社，2012：156.

气，一下子就完了①。

时人对大盛魁创办归绥电气业的事情有过评价，笔者认为相对来讲较为中肯，肯定了大盛魁的贡献，然对其失败原因的挖掘基于历史原因则不深刻、全面，本书将在本书结论部分从全局出发进行论述。时人评论如下：

"论者谓以旧式商人经营新式事业，购机不慎，经理失宜，以致失败，固也。唯大盛魁当日挟其总联合号之资力，锐意以繁荣市面自任，经理段履庄实主持之。前既谋开展绥西之商运，举办汽车公司，未能顺利成功。嗣复以绅商筹办电灯，事败垂成，毅然集资，力任其难，不愿借重外股，计其前后建筑、机器营业各项，斥资达七十万之巨，再蹶再起，始终不扰。新址新机甫就端绪，业务前途，已将派出障碍，渐入佳境矣。乃总号于十八年秋遽以停业闻，盖大盛魁债累，固与电业有关，然非外藩贸易绝其来源，仅其七十万元，未足牵动全局也。地方官绅以大体已就之事，不宜听其利权外操，于是以全部资产抵平市之债，并由地方投资，官商合营，完成斯举②。"

二、固守传统行当，鲜有涉足新兴产业

近代百货公司、照相馆等新兴行业及新职业的出现也反映了城市的现代性③。纵观近代以来内蒙古城市手工、百货及近代工业发展，新兴行业及产业的提倡者和开办者以沿平绥铁路而入的冀平津商人及少数入本地经商的江浙商人居多，而占归绥、包头等地商业主体地位的山西商人则相对处于保守地位。笔者认为：这固然与全国政治、商业大环境有关，但从山西商人自身原因的角度出发，更为深刻的原因在于大多数山西商人对外来近代化冲击的反应迟缓，受维持固有营业状态的惯性使然，对新兴行业或持怀疑态度，或没有相应的技术而不敢轻易涉足。

洋广杂货业为近代进入内蒙古城市的新兴产品，主售京津之洋广及绸缎、洋布、绒呢、麻布、鞋帽等业务④，运自京津一带⑤，行业从业者多为京津冀商人⑥。其中，洋货清单有：洋烛、日光皂、洋铁锁、次花露腜皂、洋瓷花、素脸

① 代林，马静．大盛魁闻见录［M］．呼和浩特：内蒙古出版集团，内蒙古人民出版社，2012．

②⑤ 绥远通志馆．（民国）绥远通志稿［M］．第三册卷十九《工业》，呼和浩特：内蒙古人民出版社，2007．

③ 巫仁恕，康豹，林美莉．从城市看中国的现代性［M］．台湾：台湾研究院近代史研究所，2011．

④ 包头市地方志办公室，包头市档案馆，内蒙古社科院图书馆．（民国）内蒙古历史文献丛书［M］．（之八）．呼和浩特：内蒙古出版集团，远方出版社，2011．

⑥ 呼和浩特政协文史资料委员会．呼和浩特文史资料［J］．工商经济专辑，1989．

盆、花露水、铁胎瓷羹匙、铁胎瓷茶杯、下花露胰皂、高花露胰皂、卫生衣裤、各色洋花扣、铁胎瓷饭锅、洋针、本国胰子、洋铁茶叶筒、黄杨木梳、中洋炉子、洋漆烟袋杆、中国风琴、金华汇、手电灯、疙瘩针、仰绒手套、中漆布、大靴页、上漆布、洋回铁胰盒、手提灯；广货有玻璃片、牙刷、纸包牙粉、细烧料器、粗烧料器、油布雨伞、油纸雨伞、二尺玻璃大挂镜、五寸玻璃砖镜、方圆砚台、乌木筷子、料烟嘴、各牌火柴、一尺玻璃大挂镜、中国公粉、风镜、三寸玻璃砖镜、花肥皂、改良灯罩。

这些从外而来的日常消费品在一定程度上改变着内蒙古城市居民的日常生活，从事洋广杂货销售的商人大多为冀平津一代商人，山西商人多从事传统茶、糖、纸张等行业。洋广杂货业归绥市约有一百三十家，内设布摊三十余家，其最著名的如裕合兴、天元恒、德泰钰等，而本业加入平津公会者，有三家，其他加入醇厚绸布杂货公会①。尽管洋广杂货业的商人主体是京津冀商人，但也有少数山西商人涉足。如归绥聚锦泰是一家从事京广杂货的商店，财东是代县城东南东素村的王山照，他是王廷相（曾任大盛魁大掌柜）的儿子②。包头洋广杂货业的大商号有德华兴、大德成、德铭号、裕康号、增盛魁等，共商号四十八家，商人五百零九名，大半河北人③。

德华兴是民国年间归绥市较有名气的一座鞋帽百货商店，在包头开有分店，地址位于旧城大南街路西，开业于1924年，是北京东安市场德华兴在归绥设的分号，其财东康耀庭和秦宝章是河北冀县人，掌柜为邢荣轩，二掌柜为常福五。德华兴主营鞋帽，兼营针织品、服装（主要是大衣）、百货等。当时，德华兴货品齐全质佳且样子新颖，很快受到当地人的欢迎，甚至姑娘出聘没有德华兴的帽子就不上轿④。平绥铁路修通后，京帮商号大量涌进包头⑤。包头另外一处非常繁盛的商贸市场"中市场"大院，则是山西保德人房产主刘治宽包租阎家院一处开设，南通中市街全长约二百米，商铺见缝插针排列：从北到南西有鸿德医院、德盛永百货店、复盛布庄、李记纸烟庄、张记春德永水果铺、张秀河百货店、阎记布庄、崔喜成膏药铺、梁德明算命馆、康记酒馆、王记茶庄等，东有德顺和布店、德华南纸庄、杨春林布庄、杨玉濂酱油铺、绥西药房、保安医院、赵朝禄豆浆馆、山西祁县宋大全剔鱼馆、赵亮卿测字算命室、梁记福林堂

① 全国图书馆文献缩微复制中心. 中国边疆史志集成［M］. 卷三十一《内蒙古史志》，北京：全国图书馆文献缩微复制中心，2002.

② 代林，马静. 大盛魁闻见录［M］. 呼和浩特：内蒙古出版集团，内蒙古人民出版社，2012.

③ 包头市地方志办公室，包头市档案馆，内蒙古社科院图书馆.（民国）内蒙古历史文献丛书［M］.（之八）. 呼和浩特：内蒙古出版集团，远方出版社，2011.

④ 呼和浩特政协文史资料委员会. 呼和浩特文史资料［J］. 工商经济专辑，1989.

⑤ 包头市工商联合会. 包头工商史料［J］. 内部资料，1990.

膏药铺等，居民日常生活所需各业应有尽有，成为包头居民日常不可或缺的消费去处。①

光绪年间，包头经营纸业的商人多为山西忻州、定襄人。民国初年，京津南纸石印商人开始在包头设南纸石印局，此后数量逐年增多，并采用新技术，对从事传统纸业的商人造成冲击。据开办德华纸庄的财东董良叙述：其中 1923 年周凤鸣开设了华商纸庄；1924 年周彩芳独资二百银元开设谦慎石印局；1925 年梁殿文投资三百银元开设新记纸庄，周敬卿、周荣、王璞合伙投资三百银元开设竞权纸庄等；1935 年董良、董迁畅各投资三千银元开设德华纸庄，从业人员 10 余人，河北逯姓财东投资三千银元开办协和纸庄等；1937 年由北京发展到包头的陆吉纸庄有资金五千银元。②

照相馆也为归绥市新兴行当之一，民国年间归绥市有六家照相馆，合记照相馆和豫芳照相馆为技术力量最强的两家。合记的创始人张金魁祖籍为河南安阳人，成年后到北京丰台谋生，平绥铁路开通后，从丰台至张家口又转到归绥市；豫芳照相馆的开办人则来自北京③。包头第一座西药房万古药房经理王甲斌和老中西医药房刘镇远同为河北邢台人④。

三、经营方式陈旧，改革创新意识渐失

清代山西商人在长期的经商过程中，最先在企业中实行了人力股制、东掌合作制的经营管理体制，与同时期其他商帮的经营机制相比，处于领先地位。进入近代，外资企业入驻中国，将西方先进的经营方式带入国内。受外来企业经营方式影响，沿海及北京、天津等城市的民族企业开始借鉴外资企业新式的管理方法和销售策略。内蒙古城市虽近代化趋势较晚，但清末洋行和民国初年新一批冀平津商人商号进入归绥、包头等地，他们采用的新式经营管理方法和销售策略很受当地居民欢迎。

相比之下，山西商人固有经营管理方式的缺陷开始凸显，一些商人尚能适应形势及时调整经营策略，而更多商人改革意识淡薄，坚守老套经商观念。对于山西商人趋于保守的经营态势，当时归绥商界曾对山西商人和京冀商人的经营特点做过比较：山西人善守，河北人善攻，"山西帮"管理严谨，经营扎实，"河北帮"经营灵活，善于开拓。

如在 1920 年平绥铁路开通前，从丰镇过来的恒聚兴（财东为河北人）即按京庄样式设计门面，其除借鉴了晋帮的经营管理优点，雇佣财东原籍乡人，同时

①②④　包头市工商联合会. 包头工商史料［J］. 内部资料，1990（10）.
③　呼和浩特政协文史资料委员会. 呼和浩特文史资料［J］. 工商经济专辑，1989（7）. 其中作者张质彬为合记财东后人。

· 103 ·

注意根据市场需要将一些适销对路的货物运来归绥销售，由于津货很受归绥当地市民喜欢，便直接从天津进货。在货物管理上，库房管理均有专人负责，出进货物分别录账，比较贵重的绸缎都编号在门市销售，员工生活待遇要好过"山西帮"①。

以包头魁记为例：由于受洋行影响，魁记的经营方式结合了人力股制和新式经营方式的优点，将员工的待遇提高；在销售方式上，则十分注意广告营销和调查顾客的消费心理。包头魁记是大同恒丽魁绸缎庄的分号，其总经理为起梅魁，由大同恒丽魁、丰镇永记煤油庄、丰镇恒丽魁绸布庄三家投资，共九千元资本，由三家派经理和总经理进行经营，以经销美商美孚油行的煤油、机油、汽油、黄油、洋腊、石蜡、灯罩等为主，兼代销德国拜耳大药厂的西药，德国谦信洋行靛水及各种染料，英国丹华公司的火柴、利华公司日光皂等。当时魁记每年除去开支外，按财股、身股分红。店员学徒平时预支，年底据本人工作优劣由经理评定，将借支除外发给剩余工资。一般店员每年工资约一百银元，业务员每年工资约两百银元，高级店员约三百银元，每年还发给回家探亲往返车费等。德国拜耳大药厂每年商品广告费投入达百万银元，免费送至包头的宣传品达数千银元；非常注重商品质量，发来的西药一旦过期失效，总公司即立刻来信通知，将过期药品退回。德国谦信洋行则在每桶燃料内均装50支一铁圆桶的炮台香烟或前门香烟，颇受染店员工欢迎②。而同时期从事同行业的山西商号则在进货渠道、员工待遇及销售策略上改变较少，清初其刚进入内蒙市场的锐意进取精神渐失。

① 呼和浩特政协文史资料委员会. 呼和浩特文史资料［J］. 工商经济专辑，1989（7）.
② 包头市工商联合会. 包头工商史料［J］. 内部资料，1990（10）. 作者张希田曾在魁记煤油庄当学徒。

第四章　山西商人与内蒙古城市金融近代化

　　清代山西商人几乎垄断了内蒙古城市钱当业店铺的经营，内蒙古地区山西商人票号有平遥帮、祁县、太谷帮之分，专营汇兑[①]，以祁太帮为最，忻帮次之。至民国年间，祁太帮经营规模有所萎缩，忻帮较盛，至 20 世纪 30 年代左右亦不振矣[②]。总之，山西商人在归绥、包头等地的钱商业并未因民初汇兑风波而全部倒闭，直至 1937 年抗日战争前还与近代银行同时并存。在金融逐步走向近代化的过程中，传统金融机构如钱庄、票号等处于近代金融机构竞争的夹缝中，面临重重生存困境。

第一节　内蒙古城市金融近代化概况

　　内蒙古城市金融逐步近代化，主要表现在两个方面，其一为近代金融机构银行的设立；其二为调控市面金融稳定的权利由传统行社宝丰社转向绥远平市官钱局。

一、内蒙古近代金融机构的设立

　　内蒙古金融机构趋向近代化，始于 1904 年绥远官钱局和 1905 年清政府大清银行归化分行的设立。光绪三十年（1904 年）十二月十日，绥远城将军贻谷向清廷上奏要求设立绥远官钱局，以解财政危机。在清廷允准下，绥远官钱局成立，发行官帖和民帖两种纸币，并同时经营一般金融业务，于光绪三十四年

---

① （民国）郑裕孚纂，郑植昌修. 归绥县志［M］：台湾：成文出版社，1968.
② 绥远通志馆. （民国）绥远通志稿［M］. 第四册卷三十二《金融》，呼和浩特：内蒙古人民出版社，2007.

（1908年）四月十一日，因贻谷被撤职查办解散①。光绪三十四年（1908年）二月，于光绪三十一年（1905年）八月成立的户部银行改称大清银行。宣统元年（1909年）二月十日，归化城都统三多向清政府度支部（原户部）上奏设立大清银行归化分行的请求准奏。同年四月，清政府在归化开设大清银行分号，隶属于太原分行，经营存款、放款、汇兑、代收公司股票等业务，于民国初年停止营业。

民国伊始，已在内地营业的各种近代银行开始在归绥、包头开设分行。金融机关，在省市内有绥远平市官钱局、丰业银行、交通银行办事处、山西省银行分行、绥西垦业银号分号等②。先是民国三年（1914年）中国银行首设分行于归、包两处，民国四年（1915年）交通银行继之，民国九年（1920年）绥远平市官钱局成立。③ 至1936年，归绥市及包头近代银行设立情况如表4-1所示。

表4-1　归绥市银行一览表④

名称	性质	成立年月	备注
平市官钱局	官办	民国九年（1920年）	资本十万元，除普通业务外并代理省金库及经理公债，还本付息事项，发行钞票流通全省并大同等处新票约一百五十余万元，旧票未收回者四十余万元，合现洋十余万元，库存现洋约百万元，包头、丰镇、五原、萨县、兴和、临河、托县、清水河、天津、太原各设分局。
丰业银行	商办	民国九年（1920年）	初资本二十六万元，发行纸币十四万元。民国十七、十八两年，新币跌落停止兑换，嗣按八六等折分期兑换纸币，收回者已达十三万元，二十一年停业，次年九月，阙复添招资本十万元，续发钞票十万元
山西省银行	官办	民国十七年（1928年）	民国二十年以前之钞票三十元换现洋一元，已收回另发，兑现新券折扣
绥西垦业银行	商办	民国二十一年（1932年）	总号设包头，分行设太原天津

① 苏利德. 内蒙古金融机构沿革（1012～1949年）［M］. 呼和浩特：远方出版社，2003.

② 全国图书馆文献缩微复制中心. 中国边疆史志集成［M］. 卷三十一，《内蒙古史志》，北京：全国图书馆文献缩微复制中心，2002.

③ 绥远通志馆.（民国）绥远通志稿［M］. 第四册卷三十二《金融》，呼和浩特：内蒙古人民出版社，2007.

④ （民国）郑裕孚纂，郑植昌修. 归绥县志［M］. 台湾：成文出版社，1968.

续表

名称	性质	成立年月	备注
中国银行寄庄	官商合办	民国三年（1914 年）	原为支行，后改寄庄归天津分行直辖
交通银行支行	官商合办	民国六年（1917 年）	初为分行，继改支行，复改办事处归天津分行直辖
北洋保商银行支行	商办	民国九年（1920 年）	初日办事处

表 4 - 2 包头近代银行一览表（1911 ~ 1937 年）①

名称	性质	成立年月	备注
中国银行支行	官民合办	民国三年（1914 年）	在包头市升恒店内路西，隶属于天津分行，民国十五年（1926 年）停办，二十年（1931 年）复设。改为支行，营业状况每年四百万元，流通钞票约三十万元
交通银行分行	商办	民国六年（1917 年）	于民国六年（1917 年）设立包头办事处，后改为支行，隶属天津分行，每年营业额约二百万元，在包头市流通之票约二十万元，均印有天津二字，辅币均有张家口三字，有一角、二角、五角三种
丰业银行分行	商办	民国九年（1920 年）	在前街广恒西南院，资本二十六万元，营业每年约一百万元，在包头市发行纸币约十四万元。在民国十七、十八年间，本币跌落，停止兑现，收回纸币十三万元，二十一年（1932 年）九月复业，续招资本十万元，总行设于绥远，共发行纸币四十万元
平市官钱局分局	官办	民国九年（1920 年）	在前街路北，总行设于绥远，资本十万元，专办收存赋税，代解公款，放款贴现各种业务外，并代办省库经理公债、还本付息等息，发行钞票四百五十万元，分一元、五元、十元三种，辅币一万元，分一角、二角、五角三种。铜元票十五万元，分五种。流通市面及大同等处，总行所存物资抵押品一百万元，事变时分局经理岳魁梅携款而去
绥西垦业银行	官办	民国二十一年（1932 年）	设在本市前街义盛店内，为王靖国私人之营业，营业状况无法查访
屯垦信用合作社	官办	民国二十四年（1935 年）	总社在五原，营业情形未详

---

① 包头市地方志办公室、包头市档案馆、内蒙古社科院图书馆. 内蒙古历史文献丛书［M］.（之八），呼和浩特：内蒙古出版集团，远方出版社，2011.

由表4-1、表4-2可知，归绥、包头具有官办性质的银行和纯粹商办性质的银行各占一半，但从资金多少、设立分行范围、规模大小及职能看，受地方政府支持的官办银行占有优势，同时也说明近代政府对金融市场掌控能力的重视和增强。

（1）以各行拥有资金、设立分行范围及规模看，因官办性质银行得到地方政府支持，掌管银行事务者为担任公职的政府官员，业务开展顺利，获益较快。以绥远平市官钱局为例，初办时资本十万元，于民国九年（1920年）五月，道尹周登暤、财政厅长张鼎彝、警务处长杨绍曾会呈都署设立，后于六月二十三日委派总务处长刘宗昆为官钱局总办、警务处长杨绍曾为会办，定于六月二十七日成立，开始营业，之后于七月三日委任绥远道尹周登暤、财政厅长张鼎彝为监理，陈廷珪为经理，李培藻为副经理。民国二十年（1931年）十月，修订初始章程，按近代银行管理体系配备相关人员，内部组织设总办一人，监督全局事务，设经理一人，主持全局事务，副经理一人，协助经理，另由总办委派稽核一人，分营业、书书、会计、出纳、发行五股，每股各设主任一人，股员、练习生若干人，分任各种事务。在政府的大力支持下，民国十五年（1926年）又拨洋款三万四千余元，并将分行设至天津、太原、太谷等处。两年后，又于丰镇、五原、临河等处设庄，后由于其信用日益巩固，分局遍布绥远各县。截至民国二十一年（1932年）六月三十日，绥远平市官钱局资产项下已达四百零三万八千八百二十七元零五分，负债项下为三百九十八万三千九百六十三元七角三分。至于其盈亏状况，除开办的第一、二年有亏耗外，其他年份均有盈余。①

平市官钱局包头分行每年营业，存款约六万元，放款约十五万元，汇兑数目，最多年份一百五十万元，最少年份一百万元。绥远总局共发大洋票四百五十万元（分一元、五元、十元三种），辅币一万元（分一角、二角、五角三种），铜元票十五万元（分十枚、二十枚、三十枚、五十枚、一百枚五种），在包流通数目未详②。

丰业银行为商办性质，是天津商人沈文炳等集资合办，归绥市各机关商会集资，初股本定为一百万元，只收足二十六万六千元，请农商部注册后，于民国九年（1920年）四月开幕。原为官商合办，并经财务部允许发行钞票，于归绥设总行，包头、天津设分行，山西太原、忻州、定襄等地设办事处。民国十三年（1924年）官股抽出，改为商办。民国十六年（1927年）又有一部分股东撤股，

---

① 绥远通志馆．（民国）绥远通志稿［M］．第四册卷三十二《金融》，呼和浩特：内蒙古人民出版社，2007.

② 全国图书馆文献缩微复制中心．中国边疆史志集成［M］．卷三十一《内蒙古史志》，北京：全国图书馆文献缩微复制中心，2002.

另募新股补充。至此，其开办之初，尚可营利。后由于受公私欠款拖累、绥钞停兑影响，业务日渐衰落。而平市官钱局虽也受时局影响，然由于政府鼎力支持，故影响不大，可屡渡难关。民国二十年（1931年）后，分期收回旧钞，继由地方官商集股十万元。民国二十三年（1934年）春，又改组行务，继续贷款、汇兑业务。至20世纪30年代，因丰业银行股东及顾客多为归、包两市绸缎、百货商号，随着这些商号生意不振，仅可维持现状，业务也日益清减。北京保商银行也为私人投资设立，其业务一直没有起色，信用也不如绥远平市官钱局。垦业银行也为私人独资设立，于民国二十二年（1933年）在归、包设办事处，经营业务以后套屯垦军之经济活动为主。① 另丰业包头分行营业，每年平均收存款三万元，放款十万元，每年汇兑数目，最多一百万元，最少七十万元。钞票一元、五元、十元三种，绥远总行，共发三四万元，在包流通数目不详②。

（2）受地方政府支持的官办银行业务经营范围和职能更为广泛。绥远平市官钱局的基本营业范围与普通银行相似，有办理汇兑、贴现及存放款项仓库等业务，另还有发行纸币特权，并受省官厅委托，代理地方金库及经理公债、还本付息事项。在他经营的所有业务中，以汇兑及存放款项为多，对于地方公益事业，其作为官方经营的金融机构，也均予以尽力协助，如地方历年渠工借款、赈灾借款、各种慈善团体捐款等。除此之外，绥远平市官钱局还经营仓库业、兴办实业。如民国十六年（1927年），奉系军队占领绥远，每日从官钱局提款充军费，当时官钱局钞票已奉令停止兑现，遂以筹调现洋为名，在本地购入大批土药、皮毛、运往天津销售，往返数次，营业较佳。之后，便一发不可收。本地土药、绒毛及粮食均纳入其经营范围。民国二十一年（1932年）一月，淞沪抗战爆发，南京国民政府迁移至洛阳办公，电令绥远省接济小麦四十万斛，以维持军队开支。此时，官钱局先为代买小麦二千余石以备转运，价款俟后拨转。后因战争停止，价款无望，而购妥之粮，因粮价屡落，以时价出售，亏损数千元，故于粮价上升后进行脱手，始没有大的亏折。由于其资本的扩大，加之有官方特权，把地方上有经营潜力的实业也想方设法纳入其名下，如原由大盛魁承办的绥远电灯公司和面粉厂、山西银行投资设在山西榆次的晋华纺织厂、芬兰人创设的包头甘草膏工厂等。③民国十七年（1928年）八月在归绥设立分行的山西银行，其业务存项以公款居多，放款与银钱行号、绥西水利均有往来④。

与平市官钱局为代表的受地方政府大力支持的官办银行相比，官商合办或商

---

①③④　绥远通志馆．（民国）绥远通志稿［M］．第四册卷三十二《金融》，呼和浩特：内蒙古人民出版社，2007.

②　全国图书馆文献缩微复制中心．中国边疆史志集成［M］，卷三十一《内蒙古史志》，北京：全国图书馆文献缩微复制中心，2002.

办银行的经营范围则逊色许多。如民国三年（1914 年）和民国四年（1915 年）在归绥和包头设立分号的中国银行，主要业务仅为随时收缴津中钞之汇兑，而对于存款、放款、买卖货币等业务均不经营，也不承揽任何大公司或邮局、路局之存汇款项①。交通银行经营范围以地方商务兴衰及业务之进退为转移，归绥分行的主要业务在民国十年（1921 年）之前，发行归化钞券、商号及官厅各放款都有所经营，民国十一年（1922 年）之后，紧缩放款，停发钞券，专门以汇兑为主要业务，另英美烟公司、南洋公司、邮政、铁路等款，均与该行定有契约归其收汇；包头交通银行分行主要业务为经收盐税及承汇邮局和英美烟公司等汇款②。纯粹为商办性质的丰业银行主要业务为归、包两市东路商帮之存放汇兑，外县则以五原、临河一带，出贷汇兑，往来较大③。

（3）受地方政府支持的平市官钱局面对市面金融危机的抗风险能力强于其他银行。进入民国，内蒙古地区政局频繁变动，仅绥远都统就几易其主，北洋政府、晋、奉军、国民政府势力轮番上台，对当地商业和金融造成极大不安。直至 20 世纪 30 年代，傅作义主政，当地局势才稍作安定。但绥远平市官钱局可屡屡渡过危机，营业利润日甚一日，与之相比其他银行则没有如此幸运。《绥远通志稿》用下面这段话描述了这段时期，军阀混战致市面金融混乱的局面：

自（民国）十五年（1926 年）后，时局多难，军事迭兴，地方长官用款无度，仅一官钱局。资金本属有限。每当军用紧迫之际，辄取给于斯，悉索敝赋，恣意提垫。积欠亏累至数百万元。现金予绌，纸币愈滥，既无实力以善其后，则惟出于停止兑现一途。由十六、十七年至二十年，票价跌落，由七八折至三四折，而全省不堪其损害矣，此为本省金融最为混乱之时期。故论民国以来，金融之不能稳定者，其病在官，所幸地方官绅自二十年春，鉴于金融几将破产，急起直追，讲求整理方策。历年筹集款资，达三百四十余万元。④

民国《归绥县志》对这一时期归绥金融失控的情形有所叙述：

民国以来，银元输入，现银制钱渐减少，于是银元、谱银并用。九年始周中国、交通两行纸币，平市官钱局、丰业银行亦发纸币。（民国）十四年（1925 年）又有西北银行票、商会救济兑换券、善后流通券，山西银行票四种。（民国）十五年（1926 年），西北军退陕甘，西北银行票成废纸，数至百

---

①②③④ 绥远通志馆．（民国）绥远通志稿［M］．第四册卷三十二《金融》，呼和浩特：内蒙古人民出版社，2007．

万。各商乃议定依照谱银办法，同时并用。谱洋且以谱银价格为标准。（民国）十六年（1927年）春，晋奉战起，奉军一度入绥远平市官钱局停兑现。（民国）十七年（1928年），邑大旱，旱灾救济会以农民籴粮受拨兑，折合之损失，呈准废除，拨兑粮行帖子亦取缔。（民国）十九年（1930年），晋察绥出师战豫鲁间，平市官钱局、山西银行、丰业银行纸币及商会救济券、善后流通券俱不兑现，且狂落。次年，山西省银行票三十元仅易现洋一元，盖金融紊乱至此极矣。①

面对军阀在绥远的争夺战及对地方经济的掠夺，各银行受损害及恢复程度由于其实力不同而有所差异。绥远平市官钱局由于作为调剂地方财政的一个重要机构，每届在绥统治者对其运转情况非常重视，发生危机时会设法救济。冯玉祥的西北军在绥期间，发行纸币数始渐增加，同时各机关欠款竟积累至三十七万余元。民国十五年（1926年），西北军退却后，以内部空虚，发生挤兑，营业停顿。后阎锡山的晋军入绥后，总办仇增诰即尽力挽救，首先规定统一办法，委托该局代理金库、税款收入及军政各费支出，又筹拨三万四千余元存入局内，作为维持金融费，将营业金融汇兑范围逐步扩充，并分别设分行于太原、天津、太谷、大同等地。民国十六年（1927年），晋奉战起，军需急用，曾挪用局十八万一千余元。后奉军据绥仅七月，就挪用官钱局款数达六十余万元。民国十七年（1928年）夏，晋军又回绥，继续整理，将其营业范围扩至五原、丰镇、临河等地，后渐遍及全省，使其营业获利每年达十万元以上。但每遇军费开支，都向平市官钱局挪用，至民国二十年（1931年）二月，共挪欠洋一百六十四万余元。继而受外蒙军事影响和晋钞牵动，营业艰难。②

民国二十二年（1933年）二月，平市官钱局纸币经省政府主席傅作义设法理董，采取措施以稳定市面金融，以四折兑现，另发新票。商会救济券亦四折，丰业票则六折或八折，其善后流通券亦收回，并遵国府令，废两改元，禁止滥发纸币及虎盘乡镇间，并设农民信用合作社，至是谱银、谱洋不复存在。市面周行者纸币、银洋、铜元三种而已③。至此，市面金融，日趋稳定，绥远官钱局业务范围也逐渐扩至仓库业及实业，信用、利润日增。④

而除此之外的其他银行，受时局影响颇大。民国八年（1919年），因库伦、恰克图沦陷，外蒙与内地商货阻绝，张、归、包各地市面深受影响。这一时期，国内报纸对包头、归绥等地的金融局势也多有报道："查归城此次秋标，

①③　（民国）郑裕孚纂，郑植昌修．归绥县志［M］．台湾：成文出版社，1968．

②④　绥远通志馆．（民国）绥远通志稿［M］．第四册卷三十二《金融》，呼和浩特：内蒙古人民出版社，2007．

商界各行因受时局影响，金融紧迫，因而停业者有七八家之多，包头查上两星期市面仍属清淡，百货停顿，唯粮行生意稍形活动。^①"中国银行于民国八年（1919年）七月在包头设分行后，受外蒙局势影响，该行业务清减，故营业状况以外蒙未失之前为最盛时期，民国十二、十三年（1923、1924年）至十五、十六年（1926、1927年）为衰落时期，后又因外蒙通未曾实现，新、甘商货时生梗阻。加之，平绥路线军事迭起后，各地商市弥形凋敝，归、包两行鲜有营业之业，兼以军费摊借，负担过重，致其营业不见起色。故采取保守营业宗旨，更别谈业务扩张。^②

交通银行因地方商务不振，时局治乱，故其营业方针随地方金融松紧而变迁，其存放款项业务逐渐减少。山西省银行于民国十九年（1930年）十月，因包市商业萧条将包办事处裁撤。丰业银行则于民国十六年（1927年）后，受公私款拖累，绥钞停兑影响，业务日渐衰落。至20世纪30年代初，又因归、包两市绸缎百货各东路商帮生意亏损，致其业务范围也逐步缩小。^③

二、调剂金融的机构由宝丰社转向绥远平市官钱局

因清代内蒙古城市钱商业行社组织为宝丰社，故其有本地金融调剂的职能，自民国九年（1920年）此项功能逐步由平市官钱局所担。绥远平市官钱局成立之初的目的就被打上半官方机构的色彩，重要功能之一是充当官方调拨大量资金集中于官钱局以平市价，故宝丰社调剂本地市面金融之功能被它取代，只需一个较为有力的地方政府出现便指日可待：

> 绥区地处边远，商业习惯，人民日用，率以钱为本位，但使市间钱价，果无紊乱之虞，自然金融圆活百业、因之发展。本年（民国九年，1920年）有丰业银行之组织，而辅助银行者，自应次第举办，盖银根松动，固借银行以扩其源，而泉布流通，尤赖钱以济其后。现在归绥市面铜币，既参差不齐，钱价尤涨落无定，而钱商狡谲者，不免乘机操纵，垄断金融，以致市面受其影响。为整顿市面起见，拟为平市官钱局之筹备，请由公家筹拨巨款，借平市价，庶于银钱行使，无畸轻畸重之虞，既可辅助银行所不及，又能接济市面于无形，便民裕商，利赖无穷。^④

---

① 外埠金融及商况：包头：（九月六日通信）：查上两星期，包埠市面仍属清淡［J］.（民国）北京银行周刊，1920，1（20）.

②③④ 绥远通志馆.（民国）绥远通志稿［M］.第四册卷三十二《金融》，呼和浩特：内蒙古人民出版社，2007.

内蒙古为蒙人游牧地，俺答内附后，始有晋人来营商业，初交易以货易货，入清后，代以货币，以货币银为主，制钱辅之，钱商为便利周行，开始有谱银及拨兑①。其中，谱银的作用类似货币，而无实质，仅是各商使无相当价值之货物，以为抵备。拨兑与谱银作用类似，不同之处仅为代表制钱而已，市面通称为拨兑钱，使用惯例，数至一吊，借可拨兑，吊以下始用现钱，各商均须在钱行过账，营业始能运用。其时钱之流通，视同现款，往往有存储数年不用者。而号帖有两种：一为凭帖，由本号开出，其代用性质，为本号信誉所开极重，与近代银行钞币无异，见帖即付，拨账现银均可，以之购物偿债，较用现钱为变。商号亦甚乐收，故持帖兑现者极少；二为附帖，由甲号开出至乙号代付，有时乙号不存甲号之款，可拒绝开付。故较凭帖之信用稍次，从前口外各厅、商号出帖情形，大略相同。②

乾隆嘉庆年间，内蒙古与外蒙交易日渐发达，交易纯以银为本位，钱为辅币。同治光绪交汇之际，西路通行后，西北两路每年外货输入，价值都在两千万两以上。而归绥、包头均为内蒙古大宗贸易转口城市，为交易方便，在现款凭帖之外，大宗商品，采用拨兑手段，这也是内蒙古以往金融特色。拨兑之设，在商务繁盛之初，内蒙古地区地居边塞，现银短缺，交易虽大，但可补银钱交易之不足，由各商相互转账，借资周转，极为便利。随着时间流逝，逐渐取代货币成为商家交易的主要形式，担负了重要流通职能。但因没有有效监管，拨兑之法，虽可救硬货之穷，而互谋盘剥，易生买空卖空之弊，于是钱商遂得从中操银钱涨落之权。钱商每晨赴市定银分汇水、利率价格，买空卖空者曰虎盘，粮商亦发制钱帖子③。有时地方政府以商民受害，严行干涉，立法禁止。不经数年，又成具书④。而此时归绥钱商行社为宝丰社，清政府没有专门的官方金融调控机构，故操奇计赢，总握其权，为百业周转之枢纽者全在宝丰社。于是，宝丰社在清代始终为商业金融之总汇⑤。

而宝丰社掌管调控金融市场的职能，利弊参半：

如各项商业，或欲多购存货品，或欲多贪放账款。有钱行以称货之，则营业顺遂，利不后时，至行商大贾，西北两路输出输入之货数达巨万。春出冬还，以银办货，以货易银，往返过付，更非钱行不办，故宝丰社者，乃昔日金融之总枢，行商作贾，皆与之有密切关系，而不可须臾离者也。平日行市松紧，各商毫无把握，遇有银价涨落，宝丰社具有独霸行情之权，昔之金融，概以银为本位，

---

①③ （民国）郑裕孚纂，郑植昌修．归绥县志［M］．台湾：成文出版社，1968.

②④⑤ 绥远通志馆．（民国）绥远通志稿［M］．第四册卷三十二《金融》，呼和浩特：内蒙古人民出版社，2007.

借西北两路大宗营业，亦均按银两往来，自光绪季年，银钱利均定为四厘。当时详察地面情形，斟酌至再，各行商社，会称公允。始行慎重规定，且银钱事同一律，断不应只增银利，致金融发生窒碍，盖存银者多为巨资殷商。存钱者概属小本生理，银钱利率相同，尚虑富商把持。若再重银轻钱，则小商亏蚀更甚，此定理也。故曩日或有播弄之商，使银利突过四厘，则市面金融，顿形纷扰，官方必出而干涉之，顾其影响，已使居民小商受损失无形矣。其弊仍在于商家之空盘，卖空者则顾银价之渐缩，买空者则望银价之升高，利害冲突，两方遂生衅隙，而讼事以兴，此类案件，几于年年有之，甚至此讼未已，彼讼复兴，各挟求胜之心，冀达其存空之利，以致市面金融扰动，不惟商界不安，而以银钱利殊，物价随而高涨，即地方全局亦恒连带受害，以往市情，大概如是。①

民国后，银元输入，现银制钱渐减少，于是银元、谱银并用。但归绥、包头市面金融状况，仍沿旧例，即由商家各出凭帖，流行市面，于是至民国九年（1920 年）前，内蒙古西部地区大宗商业，尚以谱拨为主，钱商仍有左右金融的势力。此年，进驻归绥的近代银行如中国、交通两行纸币，平市官钱局、丰业银行开始发行兑换纸币，民国十四年（1925 年）后又有西北银行票、商会救济兑换券、善后流通券、山西银行票四种。② 受外蒙独立影响，归、包两市经济低落，加之军阀混战，市面金融不稳。

当地政府于民国十七年（1928 年）废除拨兑，地方币政，兼得统一，但拨兑虽去，而谱银办法犹存。民国二十二年（1933 年），国民政府实行法币改革，通令全国，废两改元。归绥旧有商市金融习惯，得以扭转。以平市官钱局为官方钱币兑换机构，规定旧有平市官钱局票不论官民，一律以每元折合现洋四角使用实现兑现。仅流通市面者，有折现票过多，不能兑现，□由官方及地方人士责令该行分期兑现；交通银行，中国银行之钞票，均与现洋一律行使。绥内垦业银号，其发行面之钞票尚少，亦与现洋一律使用。③ 从此，地方金融之权，渐由商转入于官，而平市官钱局遂成为民国时绥远省唯一具有调剂金融权利的机构。

① 绥远通志馆.（民国）绥远通志稿［M］.第四册卷三十二《金融》，呼和浩特：内蒙古人民出版社，2007.

② （民国）郑裕孚纂，郑植昌修. 归绥县志［M］. 台湾：成文出版社，1968.

③ 全国图书馆文献缩微复制中心. 中国边疆史志集成［M］. 卷三十一《内蒙古史志》北京：全国图书馆文献缩微复制中心，2002.

第二节 内蒙古城市金融近代化中的山西商人

在内蒙古城市金融近代化过程中，一系列近代金融机构的建立及政府对这些机构的政策倾斜，使得传统钱商业在近代银行互相竞争的夹缝中艰难生存。追溯内蒙古城市钱商业的产生，大多与口外大宗长途贸易有关，清末民初，因外蒙独立及中国政治局势变化，归绥、包头传统的西庄业、蒙商业、茶庄等一蹶不振，依附于此的钱商业备受打击，很多祁县籍钱商业东家纷纷撤庄，如祁县渠氏等，民初忻代籍票号、钱庄的兴起就与此有关。当然，祁县籍东家撤庄还与他们在其他城市如北京、汉口等各地店铺票号大批倒闭等有关。进入民国，劫后余生的票号、钱庄业与近代金融机构银行相比，在组织管理、经营理念和方式等方面的不足之处暴露无遗，要获得更大的发展空间，最优选择便是改组为近代银行，纳入近代金融体系。由于种种历史原因，由山西商人占主导地位的内蒙古城市传统钱商业大多没有实现凤凰涅槃，劫后重生，而是因循旧有方式保守经营，坐等其金融资产不断萎缩①，这种状况一直持续至1937年抗日战争爆发前夕。下面对内蒙古城市山西商人经营的钱商业生存状况进行探讨。

一、清代内蒙古城市山西商人钱商业经营概况

旧式钱商业包括钱庄、票号和当铺。内蒙古地区当业相传始于清康熙年间，有恒升当，称盛一时，唯历年久远，无可稽考，其见诸商家账簿信而有征者，在道光元年业务已非常兴盛，历咸、同、光、宣，营业均极发达②。钱庄、票号业则源于归、包地区商人从事长途贸易，时"行商贩运货物至大青山后诸部落及新疆一带出售，易得金银、牲畜、皮毛、药材等以归。当时有后山营路与西北营路各生意，贸易于乌里雅苏台一带者谓前营，贸易于科布多一带者为后营，贸易于毕雅尔、伊犁、新疆古城子、红庙子等处者为西营。凡经商于诸营路者，路途遥远，携带多金不便，皆向票庄汇兑，而票号之设最晚，盖始于清之季年，前此营

---

① 燕红忠. 近代中国金融发展水平［J］. 经济研究，2009（5）. 对1887年、1920年和1926年金融机构的资产总额统计中，1887年票号的资产总额为3.29亿元，钱庄为2.8亿元，典当为3亿元，总额9.09亿元；1920年银行的资产总额为9.11亿元，钱庄为1.6亿元，典当为1.5亿元；1936年银行为72.76亿元，信托公司为0.22亿元，储蓄会为1.45亿元，保险公司为0.63亿元，钱庄银号为5亿元，典当为2亿元.

② 绥远通志馆.（民国）绥远通志稿［M］. 第三册卷二十七《商业》（上），呼和浩特：内蒙古人民出版社，2007.

业往来，纯为以货易货"。①

在清代内蒙古城市经营长途转口贸易的商人中，山西商人占绝对优势，故依附于此的钱商业也大多为山西商人开设，其中祁太籍商人占据绝对多数，忻代籍次之，这些描述在《归绥县志》、《绥远通志稿》等地方方志中均有记载，但关于准确数目限于旧时史籍撰写侧重点不同而语焉不详。据嘉庆四年（1799年）七月《归化城蒙古民事同知为饬行事遵将给发过所属各当商生息银两数目清册》，可对归绥及其周边地区山西商人开办钱商业之当铺业情形作准确了解，如表4－3所示。

从表4－3可知，清代嘉庆年间内蒙古归绥一带的当铺经营者全是山西人，其中以祁县、太谷籍为代表的晋中商人占至90%以上，少部分属于山西北部地区忻州籍和大同籍商人，一座当铺为晋东南地区武乡籍财东所开。包头复盛公、复盛西、复盛全三家当铺，均系山西祁县乔家堡乔姓"在中堂"直接投资开设，统归复盛公钱铺统辖②。

表4－3　嘉庆四年（1799年）归化、绥远及周边地区山西商人
经营当铺数目清单③

地区	当铺名	姓名	籍贯
归化城	双盛永	刘彤	祁县塔寺村
	亨盛永	刘彦	祁县塔寺村
	宁远当	郭永泰	太谷县李满庄
	兴泰和	高以学	太谷县侯城镇
	通源当	张兴通	祁县南城
	仁义当	曹大林	介休县盐庄村
	昌盛当	施书汉	大同县本城
	庆源当	常遇	太谷县敦坊
	仁和当	曹兰恺	介休县沙堡村
	三合号	杨思闵	太谷县龙门堑
	通盛兴	乔瑞林	太谷县桃园堡

①　绥远通志馆.（民国）绥远通志稿［M］.第四册卷三十二《金融》，呼和浩特：内蒙古人民出版社，2007.

②　包头市工商业联合会：渠自安，程云瑞，潘予宜.包头典当业浅谈［J］.包头工商史料，1990（1）.

③　土默特档案馆藏.归化城蒙古民事同知为饬行事遵将发给所属各当商生息银两数目清册［M］.嘉庆四年七月，80－6－95，转引自乌仁其其格，18～20世纪初归化城土默特财政研究［M］.北京：民族出版社，2008.

续表

地区	当铺名	姓名	籍贯
归化城	泰亨利	白生杭	太谷县北光村
	孟楼当	闫旺	祁县张名村
	泳兴隆	吴振基	太谷县白城镇
	恒聚和	吴新	太谷县秀水村
	泰和德	吕茂成	榆次县南庄
	丰亨宁	杨建功	太谷县张村
	福盛当	弓子仲	祁县北谷丰
	三义当	曹三谟	太谷县北光村
绥远城	义成当	张德隆	太谷县本城
	永顺当	朱自新	阳曲县本城
	合成当	梁灏	祁县白奎镇
	义和当	程元忠	太谷县东山低
	义盛当	郭元龙	太谷县东山低
	如川当	要席畛	太谷县李满庄
	信成当	党红泽	太谷县本城
	永兴当	吴凤	大同县本城
	信义当	孟曰安	太谷县东咸阳
	太信当	杨有斌	太谷县太平裕
毕克齐村	增荣号	史昌绅	祁县祁城
	义顺当	高廷芳	祁县圙圙
	永盛和	张体敬	右玉县本城
	协成号	闫明利	祁县上八洞
	永恒泰	杨复魁	太谷县新村
	永和顺	李本初	太谷县黄卦村
察素齐村	隆泰奎	张起	祁县贾岭镇
	万成奎	周廷谟	忻州本城
	合兴永	杨安书	介休县本城
	和顺当	董公舒	介休县里屯村
	新合号	常增泰	徐沟县本城
	新盛德	智正纯	太谷县谷村
讨不气村当铺	会兴德	武承统	太谷县官长村
	恒盛玉	樊继辙	翔州野场村

续表

地区	当铺名	姓名	籍贯
古力半乌素村	永合公	曹起贵	汾阳县东阳城
	协力玉	武承业	太谷县官长村
朱亥村	自成当	赵国相	忻州上社村
	恒盛泳	王元中	忻州左城
速里图村	合盛当	赵良典	祁县鲁村
常合赖村	万兴全	杨遇春	祁县本城
	大来泳	武定国	武乡县石窑会
兵州亥村	三合永	郑旺伦	祁县任何窑

　　内蒙古地区的钱庄、银号于康熙年间已经出现，至嘉道年间有50多家。截至光绪末期，归绥的钱庄、银号业有祁太帮的东义源、协和成、法中庸、谦益恒、谦益永、德泰和、义成德、隆盛厚、瑞盛庆、谦恒永、永和号、复泉茂、万昌涌、隆昌旺、大德生、达泉牲、蔚隆泰、天亨玉（光绪中叶改为天亨永）等；忻代帮的泰和昌、聚义恒、德顺和、天生德、丰盛隆、晋义通、双盛成、德和长、乾元通、大成兴、恒升昌（后改为日升元）、恒吉昌、德生昌、恒玉昌；大同帮的双兴厚、元亨泰、义泰祥；另还有大盛魁的裕盛厚钱铺、丰镇厅隆盛庄的昌盛兴钱铺及绥远本地商人开设的元恒泰钱铺[1]。
　　归、包一带的钱庄票号业经营状况据《绥远通志稿》载：

　　道光年间，自有票号，银项始能调动，票商之来绥也。初仅有祁县帮之大盛川、存义公、合盛元，太谷帮之锦生润，京都之蔚丰厚诸号。光绪十三年（1887年），茶庄大德行鉴于票号生意发达，遂亦改营此业，更名曰大德通、大德恒。彼时银行未兴，往来款项，概经票号之手，汇兑频繁，分号林立。光宣两代，实为极盛时期，尤以大德通、合盛元、存义公为最，票号商增至十三家[2]，盖行商坐贾息货其资以为子母钱。自光绪二十九年（1903年）后，兴办垦务。凡行辕所收地价、押荒款及垦务公司垫款、解部各款，亦皆归其汇兑，故其营业日渐充盈。藩商巨贾欲存货则有钱行资其垫办，欲调款则有票号赖其汇通。当年金融活

　　① 苏利德. 内蒙古金融机构沿革（1012～1949）[M]. 呼和浩特：远方出版社，2003.
　　② 这十三家票号有归化的大美玉、大德玉、义成谦、大德恒、大盛川、恒义隆、裕源永、大德通、长盛川、存义公、协成乾、长慎允，包头的蔚丰厚、大德通、存义公、大盛川、大德恒、裕盛厚、裕源永、恒义隆等分号和联号。见苏利德. 内蒙古金融机构沿革（1012～1949）[M]. 呼和浩特：远方出版社，2003.

动情况，概可见矣。①

可见，清代山西商人经营的票号业财东确以山西祁太籍晋中商人居多，同时京帮商人也占一席之地。由于当时清政府没有完整的金融机构体系，山西商人票号经营极盛时期，将票号与清政府捆绑在了一起，如内蒙古地方政府所收地价、押荒款、垦务公司垫款、解部各款，均归其进行汇兑。因此，清政府存续期间，山西票号尚可保持发展态势，一旦政府垮台，靠信用经营的票号业，在缺乏相应的商业法保护的前提下，即发生破产危机了。

二、民国年间山西商人钱商业之生存状态

1904 年绥远官钱局的设立和 1905 年大清银行的设立，使原先存在山西票号的官方款项大部分被抽走。1911 年辛亥革命，结束了清政府的统治，同时由于各地兵变，全国城市工商业遭到不同程度的破坏，山西票号也未能幸免，发生挤兑风波，迫使大部分票号无奈倒闭。尽管民国初年，内蒙古地区新的金融机构近代银行还没有建立，市面金融调控仍然掌握在钱商业宝丰社手中，但受全国局势及外蒙独立影响，内蒙古城市票号业和钱庄业依然受到强烈冲击。

1. 银钱、票号业

进入民国，祁太籍钱商业受全国局势发展纷纷撤庄。民国二年（1913 年），归化城由 50 家减为义丰祥、法中庸等 13 家。自民国三年（1914 年）至民国十五年（1926 年），先后又有祁太籍晋升恒、晋丰祥、云集祥、义聚昌，大同籍丰盛隆、和成钱庄、大盛魁的通盛远等钱庄开市。之后，由于内蒙古地区军阀混战，各个近代银行和地方政权又多次发布纸币，使刚有所恢复的钱庄业经营又一次萎缩。民国二十二年（1933 年）傅作义整治市面金融后，钱庄经济又有所回升，此时钱庄银号有双兴厚、泰和昌、义泰祥、晋书祥、云集祥、乾文通、日升元、聚义恒、丰盛隆、裕盛厚、晋升恒、大同银号、和成钱庄等，1935 年归绥共有钱庄、银号 19 家②。1937 年抗战前期仅剩 8 家银号，掌柜全部是山西人，1945 年后又重新恢复营业，组建钱商业公会（见第六章）。另据《呼和浩特文史资料》第七辑《工商经济专辑》，这 8 家银号分别为：日升元钱庄，掌柜冯炳，字子明，为山西代县城内人；双兴厚钱庄，掌柜张可让为山西大同人；裕盛厚钱庄，掌柜阎继宏为山西府南人；天亨永钱庄，掌柜陈大关、杨俊卿为山西府南

① 绥远通志馆.（民国）绥远通志稿［M］.第四册卷三十二《金融》，呼和浩特：内蒙古人民出版社，2007.

② 以上本段钱庄、银号数据见苏利德.内蒙古金融机构沿革（1012～1949）［M］.呼和浩特：远方出版社，2003.

人；聚义恒钱庄，掌柜苏昭书为山西忻县人；义聚昌钱庄，掌柜阎继世为山西忻县人；成记钱，庄掌柜康玉泰为山西阳曲人；义丰祥钱庄，掌柜也为山西人。①包头在1919～1927年钱庄数量多至20余家，除广义贞、宏义和财东为本地籍外，其余钱庄投资者均为山西人。

表4－4　1935年归绥钱庄、银号情况一览表②

庄号名	开设年月	资本数	营业数（银元）	股东	经副理	详细地址
法中庸	光绪十三年	银30000两	150000	祁县乔映霞	程纪元、王槐龄、留继周	大南街二道巷
聚义恒	民国十三年五月	洋20000元	120000	忻县张鸿钧	苏昭文、侯崇山、孙智	小东街
天亨永	咸丰六年三月	银15000两	350000	榆次积成永	王盛林、陈大光、杨俊卿	大南街
平市裕盛厚	民国十八年七月	洋100000元	100000	平市官钱局	程继禹、阎云山	大南街头道巷
义泰祥	光绪二十三年二月	银10000两	60000	忻县郜连壁	贾学愚、古玉山、狄善珍、韩章	大南街三贤庙巷
义丰祥	民国七年八月	银10000两	50000	忻县郜连壁	冯义、成翰章、张子清	圪料街
双兴厚	光绪七年九月	银10000两	120000	启伦、薛先耀	张友仁、张化斋、张克昌	大南街二道巷
和成钱庄	民国十七年	洋54000元	90000	和记钱庄	杨见三、郝荣甫、杨子恭	大南街二道巷
云集祥	民国十三年	洋50000元	30000	云锦章、宝源成、宏瑞久	阎信臣、郝子顺	圪料街
日升元	民十二年六月	洋30000元	40000	日升广	冯子明、张子平、冯斌	棋盘街
仁发公银号	民二十二年四月	洋100000元		陆军七十师储金会	许艺圃、田聚堂	棋盘街
和记钱庄	民十一年六月	洋50000元		义聚公司	冀立轩、靳玉如	大南街二道巷
亨记银号	民十八年四月	洋1000000元		阎锡山	阎达仁、冯子久	圪料街
晋兴钱庄	民十五年八月	洋100000元		阎竹圃、张益斋	康瑞芝、许试茹	大南街二道巷
晋裕银号	民十七年六月	洋150000元		山西营业公社	李钢甫、卢耀光	五十家街源丰粮店内
溥晋银号	民十四年五月	洋80000元		祁县乔锦堂	安乐斋、高子权	小东街
汇通银号	民十九年六月	洋80000元		曹俊臣（太谷）	弓步先、白子如	头道巷日兴隆内
永利银号	民十二年五月	银40000两		大永玉、永成魁	田守基、苗益臣	头道巷日兴隆内
德生厚	民二十年八月	洋100000元		阎锡山	赵星斋、郭德庵	亨记银号内
垦业银号	民二十一年八月	洋250000元		山西省绥靖公署	孙鉴轩、张建国	棋盘街

① 呼和浩特政协文史资料委员会．呼和浩特文史资料［J］．工商经济专辑，1989（7）.
② 苏利德．内蒙古金融机构沿革（1012～1949）［M］．呼和浩特：远方出版社，2003.

续表

庄号名	开设年月	资本数	营业数(银元)	股东	经副理	详细地址
义聚昌	民二十二年九月	洋5000元		(忻县)邰连魁、阎继世、程受山	程受山	圪料街
晋泉源	民十七年四月	洋5000元		乔锦堂（祁县乔氏）	侯甫臣、齐振斋	大南通通顺店内

注：摘自《民国二十四年全国银行年鉴》和部分档案。

表4－5　1919～1927年包头钱庄一览表①

钱庄	财东	籍贯	投资形式	资金
复盛公	乔氏	祁县乔家堡	独资	三万两白银
复盛全	乔氏	祁县乔家堡	独资	三万两白银
复盛西	乔氏	祁县乔家堡	独资	三万两白银
公和源	渠通海	祁县赵村	独资	六千两白银
公和泰	渠通海	祁县赵村	独资	六千两白银
源恒长	渠通海	祁县赵村	独资	六千两白银
广顺长	德兴堂	祁县乔家堡	独资	一万两白银
广顺恒	右中堂	祁县乔家堡	独资	五万两白银
宝昌玉	许氏	祁县贰乡	独资	六千两白银
复聚恒	董家	祁县塔寺	独资	六千两白银
兴盛号	陈姓	祁县	合资	六千两白银
兴隆永	李柱孔、李宝成	祁县	合资	六千两白银
谦和诚	王氏	榆次聂店	独资	六千两白银
天兴恒	杨立宏等	太谷	合资	六千两白银
广义贞	广义恒毛店	包头	独资	六千两白银
广恒源	广恒西毛店	代县	独资	一万两白银
宏义和	张小秃	包头东河村	独资	八千两白银
复兴恒	陈氏	忻州	独资	一万二千两白银
懋和允	石氏	忻州段村	独资	一万二千两白银
聚兴钱庄	刘之西	忻州	合资	六千两白银
广义和	高崇礼	大同	独资	八千两白银

① 包头市工商业联合会：渠自安口述，刘静山笔记. 包头工商史料 [J]. 内部资料，1990 (1).

票号业损失最大，至民国十年（1921 年），道光以后兴起的票号业几乎全部覆灭。据现有资料，仅剩大德通一家营业，然汇兑业务已基本停止，让步于近代银行，靠发放贷款维持。表 4-6 为内蒙古部分票号设置情况。

表 4-6　内蒙古部分票号设置情况表①

票号	资本	总号所在地	开办时间	分号设置	备注
蔚丰厚	银 17 万两	山西平遥	道光六年（1826 年）	归化、包头	1916 年改组为蔚丰商业银行
日新中	由日升昌票号出本	山西平遥	道光二十年左右（1838~1842）	归化	咸丰十一年（1861 年）倒闭
大德通	银 6 万两	山西祁县	咸丰年间（1851~1861 年）	归化、包头	初为大德兴，光绪十年（1884 年）改组为大德通，资本银 12 万两，歇业时资本 35 万两
大德玉	银 30 万两	山西太谷	光绪十一年（1885 年）	归化、库伦	1913 年歇业
存义公	银 6 万两	山西祁县	同治元年（1862 年左右）	归化、包头	1916 年歇业
大德恒	银 6 万两	山西祁县	光绪七年（1881 年）	归化	资本后增至 26 万两白银，1940 年总号撤销，转移到北京，改组为银号
大盛川	银 10 万两	山西祁县	光绪十五年（1889 年）	多伦、包头、归化、库伦等	资本由归化城大盛魁商号提供，1929 年歇业
协成乾	银 6 万两	山西太谷	咸丰十年（1860 年）	归化	1913 年歇业
锦生润	银 3.2 万两	山西太谷	光绪二十九年（1903 年）	赤峰、喇嘛庙、凉城	1917 年歇业，时资本 9 万两

2. 当业

归绥地区当业进入民国，仅剩 8 家，资本最多者一万八千，少者八千元，营业数最多者五万五千元，最少者一万九千元。全业资本总额九万一千余元，营业

---

① 苏利德. 内蒙古金融机构沿革（1012~1949）［M］. 呼和浩特：远方出版社，2003.

总额二十九万二千余元。在前军阀混战钞价跌落剧烈时期，当业出赢入亏，几难立足，20 世纪 30 年代趋于稳定，较从前渐有起色①。包头之钱当店依然为三家，即复成全、复成公、复盛西，皆晋人合资设者，资本各三万元，以典质为主要营业，信用放款，与代客汇兑副之②。

总结上述民国时期归绥山西商人钱商业的经营状况，呈现出如下发展态势：

第一，山西商人经营的传统钱商业总体数量较清代呈萎缩趋势，"历年银钱业，就归绥一隅言，仅存十一二家，仅及从前三分之一③"，但从民国元年（1912 年）至民国二十六年（1937 年）归绥沦陷前，因内蒙古政局稳定与否，经营数量有所差别。1912 年，辛亥革命爆发及外蒙独立危机，尤其是归绥地区，传统钱商业之钱庄、银钱业、票号业均遭受巨大损失，钱庄业归化城由原来 50 家减至 13 家，当业仅剩 8 家，票号至 1921 年几乎绝迹。钱庄业和当业随着地区政治局势和金融市场的稳定，经营数量会有所回升，票号业则完全退出历史舞台，让位于更加适合近代金融体系的银行业。包头 1922 年由镇升为设治局，1923 年京绥铁路通车至此后，为包头金融发展极盛时期，钱庄迅速发展至 20 余家④。

第二，传统的钱庄、银钱业、当业虽然在数量上整体有所减少，但可弥补近代金融机构之不足。在一些银行尚未设立、经济较为落后的城镇，仍是当地商业须臾不可离开的金融机构。内蒙古地方各县不设（绥远平市官钱）局之处，多赖少数钱业或其他殷实商号⑤。商业较发达的归绥、包头两地资本规模较小的店铺，一般向银行贷款需要抵押房产等有形资产，而钱庄靠信用经营，据商业习惯，这些商户尤其是与钱庄财东、掌柜有同乡关系的商铺，还是会选择钱庄做资金周转。如民国年间归绥城内日升元钱庄为山西代县人开设，在绥、包一带的代县商人、官绅、工匠、脚户向家中寄款时，一般都在日升元汇寄。代县籍商人开办的绒毛店进出货物时，一般也通过其支付和收入款项，如天和恒、谦合益、福生祥等。此外，代县籍商人的骆驼庄、粮店、杂货铺等也乐意与其有业务往来⑥。如此，清末民初银行业虽已兴起，但钱庄还有一定的生存空间。

总之，民国期间传统钱庄、银钱业虽有一定的生存空间，但其主导金融市场调剂周转的权利逐渐让步于近代银行。从内蒙古部分票号设置情况可知，山西籍钱庄、票号财东适应形势改组为近代银行的凤毛麟角，仅有山西平遥籍财东开办

① ③ ⑤ 绥远通志馆．（民国）绥远通志稿［M］．第三册卷二十七《商业》（上），呼和浩特：内蒙古人民出版社，2007.

② 全国图书馆文献缩微复制中心．中国边疆史志集成，卷三十一《内蒙古史志》，北京：全国图书馆文献缩微复制中心，2002.

④ 包头市工商业联合会，渠自安口述，刘静山笔记．包头工商史料［J］．内部资料，1990.

⑥ 呼和浩特政协文史资料委员会．呼和浩特文史资料［J］．工商经济专辑，1989（11）．

的蔚丰厚钱庄改组为蔚丰商业银行，其他则遵循以往钱庄票号老路子。钱庄与近代银行相比，在组织结构、调剂金融的灵活性及降低预期风险等方面均有很大差距。民国时期，绥远省整理金融币政统一后，行市无大涨落，业此者自少操奇计赢之机会，仅有少数放款之利息，维持营业于不敝而已。故前数年间，以汇兑及存放款项言，于钱业中之分体相较，该（绥远平市官钱）局则占优势①。包头市1930～1931年，在包头的中国银行、交通银行、绥远平市官钱局分行均直接承接地方各行业汇兑业务，钱行业务在近代各银行挤压下日渐萎缩。同时，在新的金融体系下，传统钱商业因调控金融权丧失全无，失去做虎盘生意的机会。加之军阀混战和土匪勒索，资金较小或组织不健全的钱庄相继倒闭，如公和源、公和泰、源恒长、兴隆永、广义贞、宝昌玉、谦和诚、广顺长、兴盛号、复兴恒、懋和允、宏远等②。

---

① 绥远通志馆. (民国) 绥远通志稿 [M]. 第三册卷二十七《商业》（上），呼和浩特：内蒙古人民出版社，2007.

② 包头市工商业联合会：渠自安口述，刘静山笔记. 包头工商史料 [J]. 内部资料，1990（1）.

第五章 山西商人与内蒙古城市行社组织近代化

自明清以来，在商品经济活跃的城市，商人行社组织已成为不可忽视的民间自治社团组织，如行社、会馆等，这些组织对于旅居在外的商帮具有举足轻重的作用。传统商人社团组织的政治功能较为薄弱，主要具有联乡谊、祀神祇和办善举等社会功能，同时作为商业团体，也具有交流商业信息、谋商务的经济功能。清代内蒙古城市，山西商人甚多，故转口贸易发达的城市如归绥、包头等从其社团组织发展伊始便出现以行业为区分的行、社组织。内蒙古东部城市多伦诺尔商人分晋、燕两帮，商人组织以会馆形式出现。

步入近代，清政府对商人组织的态度有所改变。1904年，清末新政，清廷颁布《禀定商会简明章程》和《商会章程附则六条》，并要求各地行社、会馆等一律改组为商会。进入民国后，北京政府颁布《工商同业公会规则》，将商会组织从法律上加以规范和引导。此时，商会组织开始被赋予更多的政治功能。山西商人，作为近代化较早的内蒙古城市如归绥、包头等地商人主体，很多大商号原本就在各行社中处于领导地位，改组的商会中，他们又成为商会会长等，而多伦于民国后处于衰落态势。因此，本部分着重对内蒙古城市归绥、包头行社近代化历程、山西商人在商会组织中所占比例和社会活动进行探讨。

第一节 内蒙古城市传统商人行社及职能

行社是封建城市经济发展到一定程度的必然产物，乾嘉之际，内蒙古城市由于商品贸易发达，"原设厅志归、丰、萨、托各县，均已开辟商场，人烟稠密，市廛栉比，工商各业，规模略备①"。各行各业商人为"自身利益计，时相集议，以商定货价、工资及贸易间一切通行规例，采取众论而折中之，为共同遵守的准则，因而形成团体，或以行名，或以社名，或别立字样，冠于行社之上，以示区分"。故内蒙古西部城市旧有商人团体自产生之初，便以行社命名，具备协调同行业店铺之间的竞争及负责组织完成政府临时摊派、征发②的最初经济功能与政治功能，其也为近代商会的前身。民国年间，随着国家政治体制的改变，政府日益重视商业，通过颁布相关商会法以规范商会管理。内蒙古城市旧有行社在中国传统行社走向商会的过程中开始步入近代化历程。

一、内蒙古城市传统行社组织

山西商人较为集中的内蒙古西部城镇，商人组织一般以行社区分，而以山西商人占商业优势地位的内蒙古东部城镇，商人组织以会馆形式居多。

（一）归绥城

归绥工商业于雍正年间始有以商业为区分的"行"和"社"商人组织。此时，土默特左翼都统丹津仿照北京的行会组织，成立了归化城工商业团体组织，俗称十二行。据雍正年间《古丰识略》载：

归化城商贾，向有十二行，俗传都统丹津由京师带来，其说无可考。近则百物蕃衍，不营数十行，遇有公务，则仍曰十二行，其余各以类附之，总其大者而言之业。十二行公举乡耆四人，总领十二人，举一人经理庶务。乡耆、会馆设三贤庙，凡词讼事件，辄令处结。各行公议条规，俱由乡耆、总领定议，五厅各镇皆然，惟择各行铺长，老成谙练者充之。③

《归化城厅志》也载：

归化城商贾向有十二行，相传为都统丹公仿照京师所定；近则生聚蕃衍，货物具备，改为十五社。又有外九社及票庄、借庄、茶庄、布庄、苏庄、府庄，京

───────────────

① 绥远通志馆.（民国）绥远通志稿［M］. 第八册卷六十三《政党法团》，呼和浩特：内蒙古人民出版社，2007.

② 清时，国家对内蒙古城市旧有行会的管理大多处于自发状态，唯有在"地方官署遇有征工役，征用物品及临时摊派捐款支配差徭"时，才会让各行社议行以完成政治任务。见绥远通志馆，（民国）绥远通志稿［M］. 第八册卷六十三《政党法团》，呼和浩特：内蒙古人民出版社，2007；魏文享. 民国时期的工商同业公会研究（1918～1949）［M］. 华中师范大学中国近代史研究所，2004.

③ 徐丽华编. 中华少数民族古籍集成［M］.（汉文版）第二十七册，成都：四川人民出版社，2002.

羊庄、羊马庄、驼庄等名目。遇有公务，则各以其类应之，此总其大者而言也。

十五社公举乡耆四人总领，则各社公举正副一、二、三、四人不等，经理庶务。乡耆会馆设立三贤庙。遇有商贾公事，则乡耆者邀同行总领公义条规，仍由乡耆等酌定；商贾词讼，亦尝谕乡耆处结。凡乡总均择各行铺长老或谙练者充之。①

至咸丰光绪年间，归绥商业已颇盛，"市廛鳞接，梵宇如林，商贾踵事增华，即以归化一城而言，岁三百六旬赛社之期，十逾七八②"。光绪年间，高赓所编《归绥道志》称，归绥工商业渐由十二行演变为十五社，之后随着当地工商业分工愈细，形成大行十五社，小行三十社的格局③。实际上，咸丰年间归绥市行社组织已达到百业百社的繁荣景象。当时每月都有行社在庙宇举行社事，情况如下：

正月初四、五、六日，太阳社在东栅栏街，三官社在小西街；初七、八日安静社在马蔺滩，合义社在南茶房，通顺社在通顺街；初十、十一、二日兴旺社在北茶坊；十一、二、三日义仙社在玉皇阁；十四、五、六日平安灯社在城内，十五日醇厚社在火种庙；十五、六、七日平安社在崇福寺前，兴旺社在无量寺前一在牛桥，三官社在隆寿寺前；十九、二十、廿一日，兴旺、平安社在南柴火市；廿一、二、三日平安社在宏庆寺前；廿四、五、六日，意诚社在崇福寺前；又是月，有福庆驼社在北茶房及城内驼桥无定日。

二月初一、二、三日，青龙社在财神庙；初七、八、九日大南街太平社在火神庙；初十、十一、二日大西小北两街平安社在火神庙；十二、三、四日代州社祀财神在十王庙；十四、五、六日金炉社在南茶房；十八、九、二十日祈保平安社，一在三官庙旁观音寺，一在宏庆招巷观音寺；廿一、二、三日平义社在南茶房。又清明节有平安社在城隍庙，二三月间有陕西社在小东街关帝庙无定日。

三月初一、二、三、四日诚意社在延福寺前，真庆社在城内；初九、十、十一日成宁社在无量寺前；十三、四、五日集锦社在费公祠，十四、五生皮社在小东街关帝庙；十六日纸房社祀蔡侯在南龙王庙；十七、八、九日蒙古社在十王庙，集义社在财神庙，圣母社在三官庙街圣母庙；廿一、二、三日鄡侯社在海

① 黄丽生．从军事征略到城市贸易：内蒙古归绥地区的社会经济变迁（14世纪中至20世纪初）[J]．台湾师范大学历史研究所专刊，台湾：1995．

② 徐丽华．中华少数民族古籍集成 [M]．（汉文版）第二十七册，成都：四川人民出版社，2002．

③ 绥远通志馆．（民国）绥远通志稿 [M]．第八册卷六十三《政党法团》，呼和浩特：内蒙古人民出版社，2007．

窑，公义社在南茶；廿三、四、五日诚敬社在三贤庙；廿七、八、九日义合社在财神庙。

四月初三、四、五日，马王社在小东街一在海窑，义和社在南查房，车店行社在玉皇阁；初七、八、九日晋阳社在南茶房，交城社在十王庙；十三、四、五日福兴羊社在北茶房；十四、五、六日良缘社在崇福寺前；十七、八、九日边宁社在边宁寺；廿三、四、五日福兴牛社在北茶房；廿六、七、八日十二行社在费公祠，又是年有农民社在南龙王庙，定襄社在财神庙，福隆羊社在北茶房无定。

五月初一、二日，祁县社在小东街关帝庙；初四、五、六日上党社在南茶房，云中社在财神庙，宁武社在关帝庙，忠义社在十王庙旃檀佛；初九、十、十一日十二行社在城隍庙；初十、十一、二日骡店行社在玉皇阁；十二、三、四日介休社在南茶房，崞县社在财神庙，盂县社在北茶房，单刀社在关帝庙；十八整日农围社在南龙王庙，威镇社在关帝庙；十九、二十、廿一日，瘟神社在南茶房；廿四、五、六日，成衣社在财神庙，太谷社在关帝庙；廿六、七、八日，榆次社在南茶房，意和社在关帝庙；廿六、七、八日榆次社在南茶房，意和社在西茶房。又是月有书水社在小东街关帝庙无定日。

六月初五、六、七日福虎社在玉皇阁，毡毯社在财神庙；初八、九、十日三义社在西茶房；十一、二、三日崇福社在崇福寺前；十四、五、六日宝丰社在财神庙；十七、八、九日诚意社在延福寺前，鲁班社在鲁班庙；廿二、三、四日十二行社在大神庙；廿三、四、五日平安社在隆寿寺前，聚锦社在南茶房，德先社在西茶房。

七月初六、七、八日恒云社在城内；十一、二、三日净发社在南茶坊，十四、五、六日京都社在城内，十一、二、三日净发社杂南茶房；十四、五、六日京都社在三官庙，崇德保安社在城隍庙；廿一、二、三日金炉社在南茶房，廿六、七、八日集锦社在费公祠。

八月初一、二、三日六合社在南茶房，初三、四、五日定福社在财神庙，十四、五、六日平安义社在火神庙，平安社在海窑土地祠，忻州社在关帝庙，十八正日仙翁社祀酒仙在小东街；廿一正日纸匠公义社在南龙王庙，又是月有聚仙社在小东街祀酒仙，崇丰社在九龙湾小东街。有本街社道署及同知巡检署前俱有平安社无定日。

九月初一、二、三日福盛社在三贤庙，初八、九、十日银炉社在玉皇阁，灵佑社在小东街，十二、三、四日太原社在南茶房，寿阳社在三贤庙，十五、六其日税局德义社在西茶房，十六、七、八日蔚州社在财神庙，十八正日金龙社在小东街，廿四、五、六日，应浑社在财神庙。又是月有汾孝社在十王庙无定日。

十月初一、二、三日，平安社在城隍庙，此外醇厚社在费公祠，荣丰社在玉皇阁，河神庙，□君社在财神庙，瘟神社、吴真社、盖城社在南茶房，俱无定月日，其他许愿酬神彩觞燕会不在此数。①

由以上山西崞县人张曾描述归绥城各行社一年十二个月举行的赛事情况，其中提到的行社组织有太阳社、三官社、安静社、合义社、通顺社、兴旺社、义仙社、平安灯社、醇厚社、平安社、意诚社、福庆驼社、青龙社、太平社、代州社、金炉社、平义社、陕西社、诚意社、真庆社、成宁社、集锦社、生皮社、纸房社、蒙古社、集义社、圣母社、酆侯社、公义社、诚敬社、义合社、马王社、义和社、车店行社、晋阳社、交城社、福兴羊社、良缘社、边宁社、福兴牛社、农民社、定襄社、福隆羊社、祁县社、上党社、云中社、宁武社、忠义社、骡店行社、介休社、崞县社、盂县社、单刀社、农围社、威镇社、瘟神社、成衣社、太谷社、榆次社、意和社、榆次社、书水社、福虎社、毡毯社、三义社、崇福社、宝丰社、诚意社、鲁班社、聚锦社、德先社、恒云社、净发社、京都社、崇德保安社、六合社、定福社、平安义社、忻州社、仙翁社、纸匠公义社、聚仙社、崇丰社、福盛社、银炉社、灵佑社、太原社、寿阳社、税局德义社、蔚州社、金龙社、应浑社、汾孝社、荣丰社、□君社、瘟神社、吴真社、盖城社共99个行社组织，可谓囊括了百行百业。当然有一些行社如仙翁社和聚仙社均为与酒有关的行业，其中代州社、晋阳社、陕西社、交城社、定襄社、祁县社、上党社、宁武社、介休社、崞县社、盂县社、太谷社、榆次社、书水社、太原社、寿阳社、蔚州社、应浑社、汾孝社为以乡缘关系结成的行社。除陕西社与蔚州社外，其他以地名相称的行社名称几乎皆为晋商集中的晋中和忻代地区地名。而其他行社如蒙古社、醇厚社、金炉社等也以山西人从业者众。

在这些行社中，较大的商业十五行社如表5-1所示。

除十五大社外，还有十五小社行，分别为崇书社，教读；福庆社，骆驼行；义仙社，染匠；兴隆社，羊马行；纸房社，纸行；生皮社；诚敬社，店伙夫；公义社，钉鞋匠；义合社，果木行；新疆社，走西营；福隆社，京羊庄；西公义社，皮货行；成衣社，裁缝；骡店社，开骡店；义合社，靴匠；鲁班社，泥木石匠；净发社，剃头；金炉社，铜铁匠；东义合社，羊皮匠；协意社，字号火夫；六合社，磨面匠；公义社，纸匠；吴真社，画匠；山货行，盆碗扫帚等类；银行，银匠；染行；蜡行；杂营行，木器等类；铁行；药行②。

① 徐丽华. 中华少数民族古籍集成 [M]. （汉文版）第二十七册. 成都：四川人民出版社，2002.

② 绥远通志馆.（民国）绥远通志稿 [M]. 第八册卷六十三《政党法团》. 呼和浩特：内蒙古人民出版社，2007.

表 5 - 1 　归绥城十五社分列表①

社名	醇厚社	荣锦社	福虎社	宝丰社
行业	京货估衣	粮货店、布张、纸张	磨面	银钱行
社名	集锦社	青龙社	当行	集义社
行业	外藩	碾米	典当物件	靴鞋铺
社名	威镇社	仙翁社	聚仙社	荣丰社
行业	老羊皮	戏院、饭馆	清茶馆	小羔羊皮
社名	衡义社	毡毯社	马店社	
行业	细皮狐狼皮社	做毯	马社	

（二）包头市

包头商业兴起于乾嘉年间，晚于归绥，但因位于东西口外，交通发达，为水旱大埠。于道光二十六年（1846 年），包头始设大行，以资团结。后因大行二字有犯忌避（君主崩，曰大行皇帝），改为公行②。咸同年间，商业已极发达，大小商肆有千余家，公行规模甚大。包头行社组织形式与归绥市同，设正副总领各二人，以司其事，正副总领，由各商店分十大股，互推担任，各股襄助。每年公行应总领者四家，一切经费，岁费至三四万金。光绪二十九年（1903 年），五原厅、萨拉齐厅在山西巡抚允许下，整顿行规，改公行为公社，改总领为社长。其中萨拉齐厅旧有公行，设乡耆、总领六人如故。

包头的九行组织，大多属于商业，名称如下：①皮毛行，同光时期，西北既平，西商来此贩卖皮毛，始有皮毛店；②杂货店，道光时居民日众，始有杂货行；③油粮行，道光之世，农商渐繁，始有油粮行之开设；④陆陈行，光绪之世，垦户日众，产量日多，始设立路陈行；⑤牲畜行，嘉庆时汉蒙以牲畜贸易，始有牲畜行；⑥蒙古行，自康乾之世，汉人来包与蒙古人贸易者，谓之蒙古行；⑦货店行，光绪初年，始有货店之设立，以代客商买卖货物；⑧银钱行，道光年有钱业之设，并有钱市；⑨当行，亦设于道光③。

另还有十六社之组织，也是工商业者组织，名称如下：①成衣社，同治年成立，即为人做针线之工人团体；②威镇社，道光四年（1824 年）成立，即皮袄庄之团体；③集义社，咸丰年成立，即做皮靴之工人团体；④义合社，同治年成立，即做靴鞴工人之团体；⑤鲁班社，本宫之团体，成立于同治年；⑥义仙社，

---

① 绥远通志馆．（民国）绥远通志稿［M］．第八册卷六十三《政党法团》，呼和浩特：内蒙古人民出版社，2007.

②③ 包头市地方志办公室，包头市档案馆，内蒙古社科院图书馆．内蒙古历史文献丛书［M］．（之八），呼和浩特：内蒙古出版集团，远方出版社，2011.

同治年成立，即染色业工人之团体也；⑦合义社，制白皮之工人团体；⑧清水社，即粉糖业之工人团体；⑨仙翁社，饮食店业之工人团体；⑩金炉社，铜铁工人之团体；⑪毡毯社，光绪二年（1876 年）成立，做毡及毡帽鞋袜之工人团体；⑫会仙社，画工之团体；⑬恒山社，即山货小摊之商人团体；⑭理发社，剃头之工人团体；⑮得胜社，宰杀牲畜的工人之团体；⑯公议仙翁社，制点心干货之工人团体。①

（三）多伦诺尔

多伦诺尔的商人组织以地缘关系相区分。多伦市内有山西会馆一处，并附建有关公庙，极为壮观，与多伦市内三官庙同建于清康熙丙申五十五年（1716 年)②，之后于道光年间曾经重修③。

二、清代归绥、包头行业组织形式及功能

旧有行社管理处于自发组织状态，没有相关政府法对其进行规范。管理形式为十二行公举乡耆四人，总领十二人，举一人经理庶务④。后来，较大十五社的管理形式为：每社正总领一人，副总领二人，均由同社铺户轮流充当。旧有行社具体职能主要有三：

（1）祭祀酬神祇。清代山西崞县人张曾在归绥生活多年，其著作《古丰识略》中记载了当地行社的初始功能，即"盖士民各有本业，自当追奉其现代创始之人，崇德报功祈福会祝⑤"。张曾为内地受正规儒家教育出身，对归绥城每月都有行社举行酬神活动的景象稍有不解，认为归化商民"借酬神之举，以为燕乐之期，桑柘影斜家家幅醉，歌台舞榭亦足以点缀升平，圣人在上，原所弗禁"，其他四乡各厅则尚难"指数靡财，滛志荡心"⑥，较之归绥稍逊，从侧面反映了当时归绥商业活动的兴盛景象。

（2）处理行社财务，订立社规、处理商业纠纷。行社订立行规及处理纠纷的地点一般设在乡耆、会馆所设三贤庙内，凡词讼事件，由各行社首领会同处结，各行公议条规，也由乡耆、总领定议，而各行铺长，选取老成谙练者充之⑦。其余五厅各镇皆如同归绥行制。在行社举行赛事前，即先期"清算布施经费经旬累月"，并"私意"刊立社规条约，稍有依违，则屏诸社外旁观，稍有触

①　包头市地方志办公室、包头市档案馆、内蒙古社科院图书馆．内蒙古历史文献丛书［M］．（之八），呼和浩特：内蒙古出版集团、远方出版社，2011.

②　（民国）杨溥．察哈尔口北六县调查记［M］．北京：京城印书局，1933.

③　许檀．清代多伦诺尔的商业［J］．天津师范大学学报（社会科学版），2007（6）．

④⑤⑥⑦　徐丽华．中华少数民族古籍集成［M］．（汉文版）第二十七册，成都：四川人民出版社，2002.

犯即咨行细打①。可见，归化各行社为民间自行组织，政府不介入管理，由于地方商业发达，行规甚严。传统行业在保护本行业的同时，因无相应法令进行规范，也为"虎盘"生意滋生提供了温床。

（3）临时担任政府与基层社会的交涉中介。自归绥市行社组织成立以来，"地方官署遇有征工役，征用物品及临时摊派捐款支配差徭，均使各行社议行②"。

第二节　内蒙古城市传统行社向近代商会的改组

虽然清末新政立法开始规范中国各城市商人组织，但由于此时清政府已处于风雨飘摇之中，大部分城市商业团体重组都延至民国以后。改组后的商会组织形式及职权更为清晰明了，在沟通地方政府与商业基层社会的互动关系方面担任着重要角色，商会首领即商会会长甚至以半官方的姿态出现在地方政府机构中。本部分通过内蒙古归绥、包头商会改组历程及职能转变来探讨其近代化历程。

进入民国，归绥市原有行社仍旧保存，但制定各种团体组织法规进行约束，要求各商行社遵照法令而组织商务总会于归绥县城，改组为国家法律承认的正式团体。由于今内蒙古西部地区在民国初年被划为绥远省，故归绥、包头、丰镇等地总商会名称为绥远商会。归绥为内蒙古西部地区商业最为发达的城市，是绥远首府所在地，故商会总址设在归绥，组织形式采用会长制③。民国时内蒙古城市商会组织改组具体情况及历程如下。

民国元年（1912年）八月，归绥将旧有行社合组为山西归绥商务总会，主持会事者，为协理及特别会董，并例定会章，呈准工商部备案。改组后的行社在清末旧有行社基础上形成，共三十三行社，有醇厚、集锦、聚锦、宝丰、青龙、福虎、绥丰、估衣、中兴、茶庄、西庄、银物、药行、集义、京兆、杂营、炭行、毡毯、仙翁、聚仙、苏府、布庄、车店、当行、回商。民国四年（1915年）二月，改组为绥远总商会，采用会长制。民国十八年（1929年）秋，改委员制。

民国十七年（1928年），国民政府成立后，归绥及各县在原有商会基础上，成立了商民协会。组织管理形式采取委员制，参加会员为店员或学徒个人，而非

---

① 徐丽华. 中华少数民族古籍集成［M］.（汉文版）第二十七册，成都：四川人民出版社，2002.

②③ 绥远通志馆.（民国）绥远通志稿［M］. 第八册卷六十三《政党法团》. 呼和浩特：内蒙古人民出版社，2007.

商店或行社等集体形式，各商店经理、财董，均无参加的资格。商民协会成立后，商会组织形同虚设。

民国十八年（1929年）秋，国民政府制定商会法及工商同业公会法，公布实施。民国十七年（1928年）成立的商民协会随之停办，各县商会间有依照新法改组为委员制者。民国十九年（1930年），商会和公会两法，又经修正后颁布实行，此次商会法令规定了商会的具体职能、组织资格、管理形式和经费收支等内容。

民国二十年（1931年）春，国民党政府决定举行国民议会，规定出席代表应由合法团体选出，设立须由本区域内五个以上工商同业公会发起。无公会者，须由商业法人或商店五十家以上发起。会员分公会会员、商店会员两种，会员代表，以在本区域内经营商业之中华民国人民，年龄在二十五岁以上。公会会员代表，由公会举派，会中设执行委员及监察委员，从会员大会代表中选任，经费分事务费、事业费两种。事务费，由会员于其所派代表人数及资本额比例负担，事业费由会员大会议决筹集。各商会为图谋增进商业公共之福利起见，同一省区域内，组织全省商会联合会。又依修正公会规定，凡在同一区域内经营各种工业或商业者，均得设立同业公会，以维持增进同业公共之利益，及矫正营业之弊害为宗旨。其设立须有同业公司，行号七家以上发起，同一区域内之同业，设立公会以一会为限，以上两法当时虽经公布，但因时局关系，本省迄未见付诸实行。①

根据国民政府制定商会法和工商同业公会法，内蒙古各城市进行了积极的准备工作。至办理国民会议代表选举时，绥远正式改组并成立合法商会的地方有归绥、萨拉齐、包头、丰镇、武川、集宁、兴和、托克托、和林格尔、固阳、陶林、凉城各县及大佘小佘设治局，共十三处。继续成立者，有临河、五原、清水河三县。其中归绥、包头、丰镇、集宁四商会，均由商店会员、公会会员合组而成，其余皆为商店会员组织者。还有一些地方虽有商会但暂时未经政府批准的地区有隆盛庄、乌兰花、河口三市镇商会，这些地方均为清代及民国初年新兴商业城镇。它们虽为县下属镇，但规模与各县商会殆相伯仲。此次，绥远全省商会联合会，设执行委员会9人、监察委员5人、执监候补者各3人，参加的会员，为归绥、萨拉齐、包头、丰镇、五原、武川、集宁、兴和、托克托、清水河、和林格尔、固阳、陶林、凉城、临河、大佘太各市县局十六商会。其中，归、包两商会各出3人，丰镇商会出2人，其余各县均出2人，会址在大南街二道巷，经费每月350元，按会员比例分担。如有临时支出，则由会员开会核议决定。1931年

---

① 绥远通志馆.（民国）绥远通志稿［M］.第八册卷六十三《政党法团》，呼和浩特：内蒙古人民出版社，2007.

秋，各县商会选派代表，到省集议，全省商会联合会遂于九月宣告成立。①

归绥及其他地方商会改组情况如下。

1. 归绥市商会

南京国民政府重新修订商会法及工商同业公会法后，归绥市商会于民国二十年（1931年）四月成立，设执行委员15人，监察委员7人，候补执监委员各3人，参加委员计商店会员26人，公会会员28人，经费每月600多元。此次各行社依法改组为同业公会者28处，各设执行委员7人，经费均无定数，支出多寡，随时由会员平均分担。②

萨拉齐县商业团体初名公行，后改为公社，与归绥行社设置相同，设有乡耆、总领，管理商会事务。民国元年（1912年），改组为商务会，由各商店推选会董，互推会长，执行会务。民国二十年（1931年）参加会员、同业公会2处，商店代表101人，选出执行委员15人，监察委员5人，常务委员5人，主席1人，会址设在城内关帝庙。③

包头于民国元年（1912年）由公行改为商务会④。民国二年（1913年），改组为包头商会。当时包头还为萨拉齐县下属镇，因此，虽有商会之实，然并无政府承认的商会之名。民国十五年（1926年）包头正式升为县，商会始有商会之实名。民国二十年（1931年）四月，奉令改组，选出执行委员15人，监察委员7人，参加者有10同业公会，会员总数3096人，会址在县城内东街关帝后院⑤。民国二十一年（1932年）又将九行改组为十二行同业公会，名称如下：皮毛公会、油粮工会、米面公会、牲畜公会、货店公会、杂货公会、京货公会、运输公会、蒙古公会、药材公会、布业公会、钱业公会⑥。

2. 丰镇县商会

创立于清宣统三年，设董事执行会务。民国元年（1912年），改设会长，五年呈准农商部备案。民国十八年（1929年）秋，改委员制。民国二十年（1931年）三月二十八日，按照颁布的商会法令改组，于执监委员外，设有书牍、会计、书记。会员有公会会员8人、商店会员76人，年支经费3000多元。按各商店的业务状况，分等负担，会址设县城内油坊巷。县属第四区隆盛庄镇，向来为丰镇贸易繁盛之区，设有商务所，创始于民国三年（1914年）三月，每届二年，改选1次。今已改选十次矣，设常务委员5人、执行委员8人、监察委员5人，

①②③　绥远通志馆.（民国）绥远通志稿［M］.第八册卷六十三《政党法团》，呼和浩特：内蒙古人民出版社，2007.

④⑥　包头市地方志办公室，包头市档案馆，内蒙古社科院图书馆.内蒙古历史文献丛书［M］.（之八），呼和浩特：内蒙古出版集团，远方出版社，2011.

⑤　绥远通志馆.（民国）绥远通志稿［M］.第八册卷六十三《政党法团》.呼和浩特：内蒙古人民出版社，2007.

会员有商店会员 70 多人，无同业公会及行社之设，会址在本镇东街①。

民国二十年（1931 年）三月，丰镇商会改组时，有以下六个商会，分别为杂货业，会员 15 人；米面业，会员 53 人；粟店业，会员 16 人；当业，会员 12 人；钱业，会员 12 人；皮业，会员 12 人，其经费来源及使用情况，与归、包等地商会相同。②

第三节　山西商人在近代商会中所占比例及地位

山西商人在内蒙古城市归绥、包头等地经商者众，其人数在工商业很多行业占较大比重，即使在民国初年，本地外部商业环境和商人群体结构发生改变的情况下，山西商人在改组后的近代商会中依然占据人数和职位上的优势。本部分对山西商人在归、包商会中的比例及地位进行探讨。

在笔者收集的有关归、包两市商会会员档案及其他史料中，民国初年直至1937 年抗战前，包头历任商人领导成员籍贯的资料比较完备，归绥市有关1945～1949 年商会成员籍贯的资料较为详细。尽管有关归绥商会资料时间段在1945～1949 年，但也可对山西商人在商会中的情况作大致了解。

民国年间，归绥市行社组织改组为商会后，由于山西商人此时在该地依然占据主要地位，故商会领导成员中山西籍商人所占比例较大。在山西商人占据主导地位的行业中，这种情况尤为明显。辛亥革命后，商会会址设在归绥旧城小召西面的圪料街，商会会长每届任期两年。民国二十五年（1936 年）抗日战争爆发前，绥远商会会长共有九任，第二至三任均连任两届，其中籍贯为山西籍的 6人，分别为第一任聚生泰经理樊瀛洲（山西太原人）、第二任大盛魁经理段履庄（山西祁县人）、第四任蔚隆泰兼通盛远经理邢克让（山西崞县人）、第五任万盛公经理辍永贵（山西清源人，今清徐县清源镇）、第六任大德店经理张锦明（山西忻州人）、第八任日升当经理阎升（山西代县人），其余几任分别为第三任天义成货栈财东兼经理胡天泉（新疆古城人）、第七任丰业银行经理王大勋（天津人）、第九任福生祥经理陈福山（归绥南村人）③。《绥远通志稿》也载：自绥远

① 包头市地方志办公室，包头市档案馆，内蒙古社科院图书馆.内蒙古历史文献丛书［M］.（之八），呼和浩特：内蒙古出版集团，远方出版社，2011.

② 绥远通志馆.（民国）绥远通志稿［M］.第八册卷六十三《政党法团》，呼和浩特：内蒙古人民出版社，2007.

③ 邢野，王新民.旅蒙商通览［M］.（上册），呼和浩特：内蒙古人民出版社，2008.

商会成立以来，长会务者，颇多热心公益之选，如段履庄、邢克让、王大勋、贾永茂等①。

从 1945～1949 年归绥商会档案看，新兴行业如眼镜业、印刷业、照相业等冀京津商人所占比重较大，传统行业商业公会如银钱业、服装业仍以山西商人为主，没有写明商会会员籍贯的行业则无法判断不同地方商人所占比例。1945～1949 年，归绥市有 62 家行业公会，会员及会务领导有籍贯记录的行业公会有粮业、猪肉业、茶食饭馆业、毛制品工业、砖瓦灰石工业、漂染行业、日伪时期厚和市服装业、钱商业，以上行业除猪肉业和茶食饭馆业山西商人所占比例分别为12% 和 19% 外，其他行业均达到 50% 或以上。下面为各行业会员姓名籍贯及职务系列表格。

（1）归绥市粮业商业同业公会，约于 20 世纪 30 年代成立，会址位于小召前义丰恒店，主席周达德，常务李承、王善贵，有会员 305 人②。1946 年 2 月 22 日整理改组，除常务理事任志全和朱光贞为内蒙古武川县和萨拉齐县人外，1 人为晋中地区商人，3 人为忻代商人。归绥市粮业商业同业公会会员籍贯、职务情况如表 5-2 所示。

表5-2　归绥市粮业商业同业公会会务姓名、籍贯表③

姓名	公会职务	籍贯	店铺职务
陈辉	理事长	山西文水	大德店经理
任志全	常务理事	武川县	福源公经理
朱光贞	理事	萨拉齐县	聚丰店经理
王登云	理事	山西崞县	兴盛店经理
杨青山	候补理事	山西忻县	裕源公经理
尹祯	候补监事	山西崞县	德盛店经理

（2）归绥市猪肉商业同业公会，可溯至 1939 年 3 月，成立时属日伪统治，故名厚和特别业猪肉业公会，会址在大东街王家巷 2 号。1946 年 6 月 19 日第五次改选时有会员 51 人，其中山西籍有 6 人。

（3）1947 年 1 月，现呼和浩特市档案馆所藏《归绥市茶食饭馆商业同业公

①② 绥远通志馆.（民国）绥远通志稿 [M]. 第八册卷六十三《政党法团》. 呼和浩特：内蒙古人民出版社，2007.

③ 刘宏. 1945～1949 年归绥市工商业同业公会档案简况 [M]. 呼和浩特：内蒙古大学出版社，2011.

会各商号家数表》载有会员商号306家。1948年8月21日换届改选，理事长项冀山（凤林阁经理），常务理事张子元（会丰轩）、白世贵（兴隆元副理）、理事刘凤璋（麦香村经理）、任德寿（厚德福经理）、候补理事高鸿魁（鸿记号经理）、监事王连财（庆荣元副理）、候补监事陈世海（隆祥号副理）。据同年10月统计，他拥有的会员数共57人，山西籍11人，其中晋中地区1人，与忻代地方毗邻的大同地方6人，忻州、五台3人。具体如表5-3所示。

表5-3 归绥市茶食饭馆业同业公会会员表①

姓名	年龄	籍贯	商号职务	地址
李珠	61岁	和林县	凤林阁经理	小南街52号
马福	52岁	归绥市	古丰饭庄经理	大南街61号
阎久臣	51岁	北平	羊肉馆经理	北门内38号
姚生龙	56岁	山西大同	隆兴元经理	北门外10号
刘凤璋	65岁	山西大同	麦香村副理	大南街38号
樊馀	57岁	归绥市	中和源经理	小南街46号
王梦弼	48岁	山西文水	瑞丰号经理	北门内66号
许庭芝	33岁	山西忻县	正心斋经理	北门内1号
陈凤亭	41岁	天津	新兴馆经理	小东街74号
陈世海	52岁	山西大同	仲三元经理	大南街60号
蔺炳南	47岁	山西定襄	德顺源经理	大西街60号
白世贵	31岁	归绥市	兴隆元副理	北门外36号
杨全铭	55岁	天津	言记号经理	北门内2号
马有祥	51岁	北平	古丰轩经理	西顺城街61号
任德寿	51岁	北平	厚德福经理	西马道巷5号
李击声	43岁	归绥市	兴和元经理	北门外7号
贾吉庆	42岁	归绥市	玉河源经理	牛桥街51号
李文升	43岁	河北通县	云记号经理	大西街61号
杨福	43岁	山西大同	隆祥号经理	圪料街44号
卢桂林	56岁	河北宁河	新华号经理	车站北马路19号
李如芳	55岁	归绥市	四盛元经理	牛桥街24号

① 刘宏.1945~1949年归绥市工商业同业公会档案简况［M］.呼和浩特：内蒙古大学出版社，2011.

续表

姓名	年龄	籍贯	商号职务	地址
贾廷俊	48 岁	归绥市	新发春经理	大召前 72 号
赵连明	52 岁	归绥市	发福元经理	大召前 30 号
阎家栋	33 岁	归绥市	德和元经理	大东街 40 号
刘万世	41 岁	河北深县	双合居经理	大召商场 5 号
高鸿魁	42 岁	河北武清	鸿记号经理	北门内 45 号
胡经	38 岁	归绥市	四兴源经理	半道街 38 号
王乃勋	54 岁	归绥市	荣福源经理	半道街 91 号
陈祥	31 岁	归绥市	宝丰元经理	北门外 22 号
王玉文	58 岁	河北任丘	福盛元经理	丰道街 101 号
徐昌	59 岁	归绥市	昌义源经理	小西街 72 号
王魁	40 岁	和林县	兴源经理	半道街 88 号
张玉美	59 岁	归绥市	义顺斋经理	通顺街 80 号
白福	42 岁	归绥市	同心堂经理	大十字 7 号
邸显旺	58 岁	归绥市	德中堂经理	北门外 7 号
朱质明	44 岁	山西五台	义记经理	小北街 59 号
哈德清	41 岁	归绥市	德顺祥经理	大十字 8 号
杨凌枝	66 岁	山西大同	三和堂经理	礼拜寺巷 2 号
李升庭	40 岁	北平	富升元经理	三道巷 34 号
周根财	38 岁	山西忻县	兴合源经理	大召前 11 号
刘永增	54 岁	河北武清	同福永经理	塞北关街 34 号
张永福	52 岁	山西富山	长生园经理	新城南街 18 号
傅东汉	36 岁	河北省	东义源经理	新城南街 12 号
吴炳山	36 岁	山东省	兴华号经理	北门内 114 人
王银全	36 岁	归绥市	玉和源经理	大召前 20 号
徐继元	27 岁	归绥市	同兴号经理	新城东街 36 号
郝守业	53 岁	归绥市	永聚德经理	新城北街 21 号
童鹤芳	43 岁	浙江绍兴	鼎兴祥经理	中山里 35 号
王堂	42 岁	山西大同	庆纯茂经理	大召前 22 号
高玉会	50 岁	归绥市	双义合经理	新城南街 40 号
李珍	63 岁	河北通县	万隆居经理	吉兴里 93 号
□起云	38 岁	归绥市	德庆荣经理	大南街 63 号
都占魁	46 岁	河北定县	义兴成经理	小东街 72 号

续表

姓名	年龄	籍贯	商号职务	地址
邓荣	48 岁	归绥市	聚盛源经理	小东街 65 号
马凯	21 岁	丰镇	德记经理	北门外 33 号
杜有良	33 岁	山西忻县	三合全经理	大十字 6 号

（4）归绥市毛制品工业同业公会，据 1947 年 9 月 13 日报表显示，共有商号 25 家，以生产毛毡、毛衣帽、毡靴等为主。1948 年 8 月 6 日改选，有商号赵记工厂、元和成、福成元、仁德公、新新工厂、复新工厂、晋丰涌、福聚成、天元成、德和成、永恒成、元积成、德兴义、达记、永兴工厂、德义成、德生义、德和义、工友实业社、兴盛铭、天义兴、义聚祥、义生荣、天德公、福记、福源昌、永兴长、成记、三合堂 29 家。公会领导成员 10 人，山西籍 8 人，1 人为祁县人，属晋中地区，大同籍 5 人，左云籍 1 人，代县籍 1 人，如表 5-4 所示。

表 5-4 1949 年 7 月 24 日，第三届公会领导成员名单表①

姓名	公会职务	籍贯	商号职务
韩泌	理事长	山西左云	永恒成经理
冯材	常务理事	山西代县	晋丰涌经理
阎高	常务理事	山西大同	兴盛铭经理
贺政	理事	山西大同	福成元经理
李圣民	理事	归绥市	复新工厂经理
党山	监事	山西大同	元积成经理
许国庭	监事	山西祁县	工友实业社经理
高有惠	候补理事	河北	天义兴经理
常名士	候补理事	山西大同	天德公经理
荀安元	候补监事	山西大同	德生义经理

（5）归绥市砖瓦灰石工业同业公会址在归绥羊岗子。据呼和浩特市档案馆藏 1946 年 10 月 20 日《会员姓名报告表》整理，会员 15 人，以山西籍和本地人为主，其余为河北、北京人。其中籍贯为山西崞县的 7 人，属忻代商人，如表 5-5 所示。

---

① 刘宏. 1945 ~ 1949 年归绥市工商业同业公会档案简况［M］. 呼和浩特：内蒙古大学出版社，2011.

表5-5　归绥市砖瓦灰石工业同业公会会员姓名籍贯表①

姓名	籍贯	所在店铺
刘章明	山西崞县	世义窑交际
牛亮	归绥市	世义窑外交
侯万财	山西崞县	世义窑司账
刘湳	山西崞县	兴记石铺经理
信俊良	山西崞县	兴记石铺学徒
李英才	河北交河	合成窑经理
王政元	河北仓县	双成窑司账
岳恒如	北京	三义窑经理
惠普联	归绥市	明义窑司账
曹敬德	归绥市	明义窑外交
杨春明	河北交河	合义窑经理
王登皋	归绥市	德明窑司账
刘秉禄	山西崞县	供职不详
刘俊禧	山西崞县	供职不详
刘琳玉	山西崞县	供职不详

（6）归绥市漂染工业，1931年由传统染行改组成立，会址在通顺街涌泉茂。1946年3月，有会员店铺15家。公会领导成员共6人，其中山西籍4人，均为忻代两地及大同商人，如表5-6所示。

表5-6　归绥市漂染工业同业公会领导成员表②

姓名	公会职务	籍贯	所在店铺
唐茂林	常务理事	山西大同	永吉昌经理
谢秋品	理事	河北冀县	复益兴副理
张明基	理事	宣化蔚县	正兴隆副理
刘师源	候补理事	山西阳高	复兴泉经理
侯子中	常务监事	山西崞县	泰和泉经理
张铎	候补监事	山西代县	涌泉茂协理

①②　刘宏．1945～1949年归绥市工商业同业公会档案简况［M］．呼和浩特：内蒙古大学出版社，2011.

（7）下列这则统计史料为日伪时期1944年的统计数据，服装业同业公会领导成员共9人，山西籍7人，6人为大同人，属忻代地区以北，1人为寿阳人，属山西中部地区，如表5-7所示。

表5-7　日伪时期厚和市服装业同业公会领导成员名单①

姓名	公会职务	籍贯
石辅卿	会长	河北冀县
祁贵	副会长	山西大同
范美	检查委员	山西大同
刘玉珩	委员	河北枣强
华文元	委员	山西大同
李正喜	委员	山西大同
聂萃金	委员	山西寿阳
程守荣	委员	山西大同
唐凤岐	委员	山西大同

（8）钱商业为清代山西商人占统治地位的行业，民国后依然如此。归绥钱商业同业公会于1931年成立，从传统行社宝丰社改组而来。1948年归绥市钱商业同业公会名册中共有商人10人，其中晋中商人5人，忻代商人2人，如表5-8所示。

表5-8　归绥市钱商业同业公会名册②（民国三十七年（1948年）五月十七日）

姓名	年龄	籍贯	商号职务	住址
郎经轩	49岁	山西代县	日升元钱庄经理	归绥旧城棋盘街三号
郝荣府	59岁	山西崞县	天亨永银号副理	归绥旧城棋盘街三号
杨兆业	53岁	山西太谷	天亨永银号经理	归绥旧城棋盘街五号
杜蔚堂	52岁	山西忻县	天亨永银号副理	归绥旧城棋盘街五号
贾级三	61岁	绥远归绥	义丰祥钱庄经理	归绥旧城圪料街二十号
郭明远	45岁	绥远武川	义丰祥钱庄副理	归绥旧城圪料街二十号
阎瑞元	59岁	山西祁县	裕盛厚钱庄经理	归绥旧城大南街七十五号
张大俊	49岁	山西太谷	裕盛厚钱庄副理	归绥旧城大南街七十五号
李东翰	53岁	山西文水	义聚昌钱庄	归绥旧城大南街头道巷一号
王锡九	43岁	绥远凉城	义聚昌钱庄副理	归绥旧城大南街头道巷一号

①② 刘宏. 1945～1949年归绥市工商业同业公会档案简况［M］. 呼和浩特：内蒙古大学出版社，2011.

（9）包头市自民国第一届商会成立直至1937年抗日战争爆发前，十届商会领导成员共40人，山西籍23人，其中忻代籍8人，晋中籍15人，十任会长中有八任为山西人，如表5-9所示。

商会组织领导及成员多为地方商业中有影响力的人员担任。由系列表格可知，行业商会领导成员，一般为本行业店铺经理或副经理，商会会长也来自行业中规模较大，有领导地位的商铺。如归绥粮业公会领导成员所在商号裕源公、福源公，为20世纪30年代归绥粮食行业资本金额排名前五的店铺①，大德店为祁县乔氏所开②；饭店、糕点业的凤林阁、古丰饭庄、麦香村、隆兴元、兴隆元等均为民国时期业界佼佼者，其中凤林阁为清代以来归绥饭店业的老字号，至今呼和浩特市麦香村的烧卖依然为当地人认可，远近闻名③。钱业公会成员所在店铺日升元、天亨永、裕盛厚等属民国年间归绥八大钱庄，日升元则为其首④。包头商会中来自山西祁县乔氏复盛公、复盛西的成员为数不少，清代包头商业几乎为祁县乔氏垄断，有民谚"先有复盛公，后有包头城"之称⑤。广恒西为忻州人邢宝恒于光绪年间开设，是包头皮毛业首户⑥。

表5-9　包头市历任商会会长、职员姓名表（刘泽霖调查）⑦

年度	姓名	职务	籍贯	所在商号
自民国元年至三年	庞元龙	会长	山西代县	天德源
	罗映茂	副会长	山西祁县	复盛西
	杨志义	庶务	山西忻县	大益西
	白琇	会计	萨县	德盛魁
自民国四年至七年	罗映茂	会长	山西祁县	复盛西
	杨志义	副会长	山西忻县	大益西
	王世威	庶务	包头市	义泰店
	张汝猷	会计	包头市	义同厚

① 全国图书馆文献缩微复制中心.中国边疆史志集成，卷三十一《内蒙古史志》，北京：全国图书馆文献缩微复制中心，2002.

② 邢野，王新民.旅蒙商通览［M］.（上册），呼和浩特：内蒙古人民出版社，2008.

③④ 呼和浩特政协文史资料委员会.工商经济专辑［J］.内部资料，1989（7）.

⑤ 邢野，王新民.旅蒙商通览［M］.（上册），呼和浩特：内蒙古人民出版社，2008.

⑥ 包头市工商业联合会.贾曦.包头工商史料［J］.内部资料，1990.

⑦ 包头市地方志办公室，包头市档案馆，内蒙古社科院图书馆.内蒙古历史文献丛书［M］.（之八），呼和浩特：内蒙古出版集团，远方出版社，2011.

续表

年度	姓名	职务	籍贯	所在商号
自民国七年至九年	高志定	会长	山西祁县	福盛全
	曹丕承	副会长	包头市	庆丰裕
	郝喜禄	庶务	包头市	复顺久
	白玺	会计	山西祁县	同和店
自民国九年至十二年	马邦印	会长	山西祁县	复盛公
	牛邦良	副会长	山西定襄	广恒西
	郭鸿禧	庶务	山西忻县	天裕德
	张汝猷	会计	包头市	义同厚
自民国十二年至十四年	张汝亮	会长	山西祁县	广恒顺
	李崇林	副会长	绥远	崇集永
	李凰山	庶务	山西偏关	广生店
	张汝猷	会计	包头市	义同厚
自民国十四年至十六年	牛邦良	会长	山西定襄	广恒西
	李崇林	副会长	绥远	崇集永
	张汝猷	会计	包头市	义同厚
	董献芳	会计	山西代县	同兴西
自民国十六年至十八年	胡振业	会长	萨县	广生德
	高升堂	副会长	山西祁县	公和泰
	白英奎	庶务	萨县	广恒西
	高鸿飞	会计	萨县	复兴和
自民国十八年至二十一年	郭振清	会长	山西祁县	复盛西
	侯茂勇	副会长	山西定襄	大益西
	杨立崇	庶务	山西祁县	义同厚
	郄相国	会计	包头市	仁和祥
自民国二十一年至二十三年	乔晋德	会长	山西祁县	复盛公
	董世昌	副会长	萨县	广恒西
	朱贤五	庶务	山西祁县	义同厚
	张志清	会计	山西代县	义盛厚
自民国二十三年至成纪七三二年	董世昌	会长	萨县	广恒西
	朱贤五	副会长	山西祁县	义同厚
	张庆升	庶务	山西祁县	复盛公
	郄相国	会计	包头市	仁和祥

可见山西商人在归、包两市商会中的地位和影响之大，由此可推测在包头商会近代化过程中，他们也必定有诸多表现，可惜史料阙如，无法将他们的个人形象全面生动再现，仅能从今日史籍只言片语中寻找线索。

第四节　旅蒙山西商人与内蒙古城市商会职能转变

随着内蒙古城市商会改组，民国时期商会职能拥有了更多的近代化特征。由原先以祀神祇和联乡谊功能为主日益转变为政府与商业基层社会沟通的中介团体，在政治上拥有了更多的话语权，与政府形成一种互相合作又彼此制衡的关系，成为地方政府进行社会公共领域管理的非政府社会力量。需要注意的是，北洋政府和国民政府期间，商会对地方事务的参与管理能力略有不同。1927 年国民政府成立后，通过系列法律条文，加强了对商会的监督，将商会职能控制在经济事务及纠纷协调和行业自律范围内。民国二十一年（1932 年）四月三十日和六月二十三日绥远省政府分别要求归绥和丰镇商会章程不符合《商会法》的地方予以更正。具体内容为：

贵省政府内字第二七号咨送，绥远全省商会联合章册三份请查照备案等，由查绥远省仅有归绥陶林，丰镇五原萨拉齐等五商会曾经本部核准案有案，其余各商会章册尚未呈办到部所备案一节，核与商会法第三十七条规定不合未便，遂予照准，兹准前由相应复请。[1]

贵省政府内字第一〇九号咨，据建设厅呈转丰镇县商会，暨该县当业、山货业、米面业、杂货业、花布业、粟店业、钱业、皮业等通同业公会章册各三份，请查核备案等由。查该商会及各同业公会，既均经当地高级党部许可，指导，所具章册，复据建设厅审核，尚合应准备案。未查该商会原章第三十四条及各同业公会原章第二十七条，所有至少二字均应删除，又各公会原章第八条所增［五］字应删。再杂货业执委张有厚、刘斌核与会员名册出席代表张有贵、刘瑸两不相符，应复请。[2]

---

① （民国）陈公博．公牍：咨绥远省政府：商字第一一二五九号（中华民国二十一年四月三十日）：绥远全省商会联合会章册核与商会法第三十七条规定不合未便遂予备案请饬遵由［J］．实业公报，1932（70）：64～65.

② （民国）陈公博．咨绥远省政府：商字第一二一二一号丰镇县商会及该县当业等同业公会章册应准备案，请转饬知照［J］．实业公报，1932（78～79）：60.

下面对民国时期内蒙古城市商会职能总结如下：

一、维护地方治安，为商业环境安定保驾护航

民国初期，内蒙古局势不稳，加之外蒙古独立事件，归绥周边城镇如萨拉齐、包头等地匪患频繁，历来以做外蒙及新疆生意的归绥商人因此损失惨重。为保护商业运输安全，归绥、丰镇等地商会，都办有商团，保护商路，以通百货之运输，而便蒙汉之贸易[1]。其中，归绥商会保商团在安抚蒙古军队哗变和土匪卢占魁的事件中的表现尤为称道，负责此项任务的正是山西籍商人段履庄和邢克让。据《绥远通志稿》载：

归绥商会，对于地方治安，尽力维护，慨集巨资，以消弭兵变者数次，甚得地方之赞许。故以组织体育会为名，通告各商号，派员到会，担任巡逻市面之责，行之数年，成绩尚佳。嗣各商店以种种窒碍，派员困难，多愿出款另雇专人，以应斯役。自后体育会巡逻人员，逐渐易为出资募集，形同园丁矣。至民国六年间（1917年），市面平静，无须逡巡。是时，外路商货，以土匪出没，时有阻滞，会长段履庄、王大勋等，乃加以改组，成立骑兵保商团，设团总一人以统之，计分三队，各置队长，团丁约二百名，专司护送百灵庙与归绥市间往来商驮，团长银海，调度有方。历年虽遇股匪，发生激战，亦未尚有损失，而保商之名，遂为远近匪人所畏惮。其后增为四队，团丁二百四十名，每月经费银二千八百七十六两。由各商民驮货往来时抽收，其总部设于可镇北八十里之召河。[2]

民国二年（1913年），蒙古军队哗变，又值库伦南犯之际，商会派人疏通就抚，改编为本省防军，地方得以安谧。而这一事件的解决，很大程度上得益于段履庄的周旋协调。曾在大盛魁顶生意的段子峰先生对段履庄收复玉禄军队的详细过程做过口述：

段敬斋（段履庄字敬斋）为维持归绥至外蒙古的营路，收复过玉禄的队伍三百多人。玉禄从外蒙古回来的时候，段坐轿车去武川和玉禄见面。后段成立保商团，把玉禄的三百人编到保商团，银海喇嘛当团长。大盛魁给玉禄的（士）兵每个人发了两块银洋，并由归绥商会筹款养活保商团。凡是走外蒙古的通事行，走一驮子的货，交商会五钱银子，商会开上执照，保商团就放过去了。[3]

据曾任民国时席力图召旗旗长，新中国成立后又任绥远省乌盟副盟长、内蒙

①②　绥远通志馆．（民国）绥远通志稿［M］．第八册卷六十三《政党法团》，呼和浩特：内蒙古人民出版社，2007.

③　代林，马静．大盛魁闻见录［M］．呼和浩特：内蒙古出版集团，内蒙古人民出版社，2012.

古民族事务委员会副主任等职的蒙古族人士萨木腾回忆：段履庄任归绥商会会长时，和召河银海喇嘛关系要好，遂将保商团团长职务交给银海喇嘛充任，收服玉禄则完全由银海喇嘛办理。玉禄共有两千多人，有枪支的五百多人，后收服五百多人，其余人员解散①。段履庄于民国四年（1915年）四月六日，受到北洋政府批令署绥远都统潘矩楹，呈收抚玉禄办理完竣所有在事出力人员拟请择优奖叙，并恳颁给商会匾额一方以资鼓励②。

此外，段履庄还收复过刘汇文和卢占魁的土匪部队，这两股土匪队伍在内蒙古一带刁抢，如遇官兵围剿，刁抢不成，就跑到召河一带。段履庄便从大盛魁拨出资金负责他们的日常生活开支和马匹，因此所有土匪队伍不抢当时内蒙古地区最大晋籍商号大盛魁。后刘汇文被任命为师长，属下队伍编为绥远警备师。卢占魁由东北奉系张作霖收复，给了一个援库（援助库伦）总司令的名义，最后，刘汇文被汲金纯枪毙，卢占魁被张作霖枪毙了。③

对于归绥商会在维护地方治安方面的卓越成绩，北洋政府还给予特别嘉奖。民国十三年（1924年），北洋政府大总统指令第八百二十八号令内容为：呈核绥远都统请奖托县等处剿匪出力人员案内邢克让一员以荐任用拟请，并准邢克让荐任政府公职④；民国十六年（1927年）六月十七日，大总统指令第四百三十九号令，又因邢克让等人剿匪出力有功被荐任政府官职⑤。邢克让为山西崞县（今忻州原平市）人，曾任绥远商会第四任会长。

段履庄曾任大盛魁掌柜，邢克让也由大盛魁起家，清代大盛魁一向做外蒙生意，民国初年，外蒙独立危机给大盛魁的生意造成极大危机。他们作为地方商铺和商会领导人，为确保商路畅通，不息耗资保地方安宁。或许他们成立保商团的最初出发点是从自身商业利益考虑，实际上这些组织成为政府地方统治的有益补充，因而受到国家嘉奖也不足为奇。

之后，丰镇县商会保商团也于民国十六年（1927年）十月二十九日成立，目的为维持市面秩序。保商团，设团总1人，由本会长兼任，队长1人，副队长2人，司文兼事务员1人，团丁50人。队长副由会选任，报请县府备案，应募团丁，须由两家商号出结承保，购有新式快步枪50支，每年共支经费5750元。费

---

① 代林，马静. 大盛魁闻见录［M］. 呼和浩特：内蒙古出版集团，内蒙古人民出版社，2012.
② 大总统批令（中华民国四年四月六日）：署绥远都统潘矩楹呈收抚玉禄办理完竣所有在事出力人员拟请择优奖叙并恳颁给商会匾额一方以资鼓励由［J］. 政府公报，1915（1046）.
③ 代林，马静. 大盛魁闻见录［M］. 呼和浩特：内蒙古出版集团、内蒙古人民出版社，2012.
④ 大总统指令：第八百二十八号；令国务总理孙宝琦：呈核绥远都统请奖托县等处剿匪出力人员案内邢克让一员以荐任职任用拟请照准由［J］. 政府公报，1924（2934）.
⑤ 大总统指令第四百三十九号（中华民国十六年六月十七日）：令国务总理顾维钧：呈请准将简任职邢克让赖景煊核准荐任职章元浣等分别分发由［J］. 政府公报，1927（4007）.

用由各商分担，团丁职务为分班轮流巡查街卫，保护城内商民，维持市面秩序。

民国十一年（1922 年），丰镇县属第四区隆盛庄镇保商团成立。隆盛庄镇各商店为维持市面秩序，保护商民，也自发组织了保商团。共招募园丁 20 名，设队长 1 人，所需购备枪械及经费开支各费均由镇内各商店分别担负。民国十二年（1923 年），隆盛庄为土匪李青伙攻入，惨遭焚烧抢掠之祸，并勒索各商店现款 7000 元。后商会总结教训，基于商团力薄，便共同集资增募团丁 50 名，加上之前招募的兵丁共 70 名。其分马兵、步兵 2 种，马兵 20 名，每名月饷 11 元；步兵 50 名，每名月饷 7 元。设队长、副队长各一人。全年共支饷 12000 多元，费用由各商店负担。①

二、办理地方委托事宜，为政府筹备军需

民国年间，地方军阀混战不休，尤其是内蒙古城市，商会被迫充当了进驻归绥、包头军队的摇钱树。民国十三年（1924 年）底，冯玉祥接任西北边防督办，并于第二年派国民军第六师师长李鸣钟率部入驻绥远。民国十五年（1926 年），冯玉祥的西北军部队遭到晋、奉军的联合进攻被迫西退。此后，晋军接防，阎锡山属下商震任绥远都统。民国十六年（1927 年）东北奉军驻绥。

在此地方政权更换频繁之际，军队需用征发，为数浩繁，迭经军事紧急时期，均由商会筹供粮秣款项②。段履庄和邢克让担任商会会长期间，他们所在商号屡屡受到军需征调，强行掠夺，且两人都有因不合作被投入监狱的经历。民国五年（1916 年）北洋军阀将领蒋雁行任绥远都统，贪婪无节，饱其私囊，地方绅商不甘其扰，段履庄和包头乡绅卜梦庚便代表商会，进京请愿将其驱走③。

下列土默特左旗档案局保存的两则档案，可借以窥见商会在协调地方财政与政府军需之间的作用。

第一则档案为民国五年（1916 年）五月八日土默特总管署盖章的《总管署为提回息本银两事致归绥商务总会函》，拟写人为苏鲁岱，审核人为卜瑞机核、阿理雅。具体内容为：

迳启者案查

绥远都统饬开，以绥区现编警备队成立在即，□□经常等费，需款甚殷，应由该旗存储息本项下，借拨库平银一万两，讯即批解等因奏此。查上年贵总金领

---

①② 绥远通志馆．（民国）绥远通志稿［M］．第八册卷六十三《政党法团》，呼和浩特：内蒙古人民出版社，2007.

③ 云海，王奎元，于永发等土默特左旗编纂委员会．土默特志［M］．上卷第十七章《人物志——近现代人物》，呼和浩特：内蒙古人民出版社，1997.

借本旗库平银一万两，现本旗需措孔亟，相应函请。希息备，解送本署。

会费去年由本署承领库平银一万两，转发各商生息在案。现本旗财政艰窘，应支各费迫不及济，应函请，查照讯将前项发商成本库平银一万两，刻日提齐，并将应缴春季息利一并扫数清解，以济急需，并纫公谊。此致归绥商务总会。①

第二则档案为民国十五年（1926 年）十月时任土默特总务科科长殷德贺，军事科科长森额，教育科科长苏鲁岱核审核的《总管署为提回本旗息本银以济军需事致绥远总商会函》，具体内容为：

都署催解军饷急如星火，而本署库空如洗，无款应付，合将贵会原领本署息利本银共计四千一百六十六两一钞八分六厘先行提回，以济要需。除派本署财政科入□□□。前往贵会守提外，相应函达即请。查照，务将此项银两限于本月内如数提齐交②。

频繁的军事需索给经济造成极大困扰，致地方财政空虚，商会在此充当了为上一级政府向地方搜财敛税的角色，在不堪其扰的情况下，商会也会向上级政府提出政治诉求，这其中便有山西商人活动的身影。

三、调节商业劳资纠纷，代表商界向政府争取权益

民国时期的商会不仅仅只是地方政府向地方征税敛财的工具，同时在业界发生纠纷，政府需索过度的情况下，也会出面与政府协商，以争取权利保护正常的商业利益。民国初年，绥远商会曾因宁夏边境设局查征商税，有碍运输为由，派员晋谒时任宁夏省主席的马鸿逵进行协商洽谈，请求予以减免。同时，商会还联络其他社会组织，分呈主管部门，争取废免不合理税收③。民国十七年（1928年）五月，归绥市商会就曾以戎马倥偬，百业萧条为由，向国民政府呈请缓征所得税，并请省政府转呈国府，以示体恤④。

民国时期，商会在调解商业纠纷方面有重要作用，其在成立不久后，便积极试图与政府建立良好关系，调解商业纠纷，以争取更多政治上的支持从而维护地方商业秩序。1922 年，山西籍商人邢克让担任会长期间，对归绥电灯公司投资

---

① ② 呼和浩特塞北文化研究会，土默特左旗档案局. 土默特历史档案选［M］. 呼和浩特：内蒙古教育出版社，2009.

③ 绥远通志馆，（民国）绥远通志稿［M］. 第八册卷六十三《政党法团》，呼和浩特：内蒙古人民出版社，2007.

④ （民国）半月来之西北简讯. 归绥市商会呈请缓征所得税［J］. 西北导报，1937，2（12）.

权纠纷案进行过调解。归绥近代化先导绥远电灯公司成立初期，出现了地方商绅群起争办的局面，以山西籍商人荣耀宸和津籍商人沈文炳的竞争最为激烈，以邢克让为代表的商会为此可谓多方奔走，费尽心思。当然此案也不排除，总商会领导人存在为自身所在商铺谋私利的嫌疑。下面以 1922 年 6 月 17 日《绥远实业厅函总商会请讯召集绅商改组电灯公司》（绥远实业厅公函第 15 号）一则档案进行说明。首先，他在处理荣耀宸与沈文炳的纠纷时，有邀请双方到会调解之权。如在绥绅呈为恳请咨部维持电灯原案，以重条例，恤商艰之时。商会即会函沈某与地方士绅争执电灯公司一案，并邀集双方详细劝解，最后处理结果为双方同意将原案合并，归地方绅商改组等；其次，其有审核电灯公司章程及股东之权利。商会在得到地方都统的支持后，做出"嗣据该公司呈送章程暨股东名册到署，查核章程第二条内亦曾规定股份绅商合办，乃披阅集股名册，并无绅商之名，是该公司办理此事殊与的结果，与此同时又认定绅商原案继续办理与调理不相违悖的结论[1]"。最后，负责转达地方实业厅与电灯公司彼此意见，以保双方信息畅通。主管实业的实业厅厅长不直接与股东当面交涉，而是函绥远总商会代为传达。先是转令将章程等件呈送给股东，在股东开会拟定章程后，由商会将章程内容及股东姓名呈递给实业厅[2]。

民国初期至 1937 年抗日战争爆发之前，有关商会代表商界争取权益方面的史料有限。但抗战胜利后，有关同业公会的档案（1945～1949 年，同业公会由商会改组而来）保存下来的较多，对了解民国商会所起作用有一定的参考价值。下面选取三则档案进行分析：

（1）归绥市粮业公会呈请放宽粮食价格限度以苏民困之件（民国三十七年即 1948 年九月三日，银字第 30 号）。

窃查政府经济紧急，处分令颁行后，对于各种物资限以八月十九日为标准，属会暨全体粮商，唯有竭诚拥护，激（彻）底奉行，未敢少违。再查政府发布命令，前旬本市银根奇紧，供不应求，以致各货一落再落，尤以粮食为甚。原因不外新粮登场，农民踊跃，杂售之人承购之故。目下，正值征粮开始，粮源又复停滞。再来本市物价限制，粮价低于市外。一般农民俱存观望态度，未肯耀（粜）售。若长此以往，不但农民供求失调，尤对本市民食亦恐成严重问题。理合据实呈报，公顷转呈政府酌予放宽粮食价格限度，以疏粮源，而解民困。所请

① 内蒙古档案馆，1922 年 6 月 17 日《绥远实业厅函总商会请迅召集绅商研究改组电灯公司》，《内蒙古档案》1989（2）.

② 内蒙古档案馆，1922 年 4 月 4 日《绥远电灯公司呈公司章程暨股东名册》，《内蒙古档案》1989（2）.

是否有当伏祈。①

（2）归绥市小商贩公会呈请减轻军布负担以恤商艰由（民国三十八年即1949年五月十七日，总字第2号）。

归绥市警察局鉴，窃查敝会所属会员虽有四百余家，但其中只有大小布摊三十余家，均系小本营业而且还有本人无贷，向友东贷西借着很多，顷奉。钧局令派定敝会白市布二百五十疋，职奉令后当五月十五日，时在本会内召开理监事迹布摊会员临时紧急会议，商讨应付对策。由理事长主席报告开会意义，后各布摊商莫不惊惶，均感困难万分。皆称如此庞大负担，诚然负担不起，并非推诿，以上所呈事实，理合备文呈请。②

（3）归绥市警察局关于本市皮毛业工人酝酿罢工及经调解平息经过情形的呈报（民国三十五年即1946年十月三日，行字497号）。

市长王钧鉴本月有日，据第三分局长张恩福报呈，本市皮毛业三义公等五家工人，因待遇微薄，不足为生，正在酝酿罢工等情。覆查果有此种倾向，唯因三义公工人曾因要求增加工资，一度怠工半日，继又复工，其他四家尚未表现何种举动。当即于宥日召集皮毛业同业公会理事长张陶理事、李枝润、苏殿泉（三义公柜伙）职工会理事长庞霖候补理事，王宝、贺红工人代表，焦世鸿、李双喜、宋更安、王占元、朱三等到局详讯双方真相，并争取意见后施行调解，商议结果。劳资两方均同意酌加工资。又为慎重处理，计先给予考虑时间，令各回原号向其工人转达调解经过，晓以利害。约定感（改）日上午仍行来局，决定增加工资数目。届时社会处史主任、钧府社会科李科员均行参加商妥。每日每工由二千八百元增为三千二百元，并告以嗣后，如有要求，可由职工会以合法手续提出，不得有冒昧举动。双方均愿接受，遂告解决。谨将经过情形电呈鉴核警察局长。韩伯琴酉支干行叩。③

前文已有统计，归绥粮业公会领导成员中山西籍商人比例达83%，皮毛业公会则达80%。前两则档案反映了粮食同业公会、小商贩公会在行业商业利益发生争执时，充当了商业代表，向政府提出调高粮价和减免小商贩军需负担的诉求，为保护本行业利益与政府抗争。如此，公会的领导人可能处于政府与行业基

---

①②③ 刘宏. 1945～1949年归绥市工商业同业公会档案简况［M］. 呼和浩特：内蒙古大学出版社，2011.

层的夹缝之间，有时处理不当会对其前途发生影响。第三则档案反映了当商家与工人发生劳资纠纷时，警察局出于社会治安考虑对此进行调查，皮毛同业公会理事长协同地方治安机构在工人代表与店铺领事之间进行协调，最终的处理结果以增资而告终。

四、投资地方公益，增进社会商业福利

在积极投资地方公益，增进社会福利方面，商会在社会生活中所起作用更为积极。丰镇商人 90% 为晋籍，丰镇县商会于民国五年（1916 年）五月，为培养商业人才，便成立乙种商业学校一处，校址设在丰镇县文庙内，曾招生 40 名，年支经费 828 元，费用由各商店分摊。至民国十六年（1927 年）冬，因市面萧条，筹款艰难而停办①。包头忻定社在包头转龙藏西北有义瘗坟一处，四面筑有围墙，外有大门一座，内有大厅 3 间，专供忻定两县同乡去世后在此停放灵柩，待时起运回籍，另有宿舍 2 间，为看坟人住宿处，当时看坟人为李达忠。在抗战胜利后，包头忻定社改为山西同乡理事会，经常对山西同乡扶危济困，若有山西来包同乡，经熟人证明，借为其寻找职业，谋求生计，对生活无着者亦予以资助②。

---

① 绥远通志馆.（民国）绥远通志稿［M］.第八册卷六十三《政党法团》，呼和浩特：内蒙古人民出版社，2007.

② 邢野，王新民.旅蒙商通览［M］.（上册），呼和浩特：内蒙古人民出版社，2008.

第六章　旅蒙山西商人与
商人家族个案分析

　　某种程度上，典型商人及家族的兴衰历史，可谓特定年代区域商帮商业发展轨迹的缩影。清末民初，山西商人在经历了发展黄金期后走向衰落。长期以来，笔者有一个疑问，如此大规模的商人群体在经过商业辉煌后，他们如何面对突如其来的政治变革导致的商业破产？他们的后续发展命运如何？坐以待毙或继续从商，或寻求突破之道。本书选取的山西商人代表为清末至民国年间在归绥的段履庄和邢克让。段履庄曾任大盛魁掌柜，绥远商会会长，既是清代旧式商人代表，也兴办过内蒙古地区规模最大的近代工业绥远电灯公司；邢克让曾为大盛魁通盛远钱庄掌柜和绥远商会会长，在个人名下开办过粮店和皮毛店，参与过近代银行和近代工业的筹备运转，时人称绥远"第一商人"。选取的商人家族为山西晋中榆次车辋村常氏，是清代在蒙经商的大商人家族，常氏名下产业虽在内蒙古或其他城市，但其根依然扎在家乡。在商业兴盛期，常氏家族成员作为财东一般会扩大投资。由于东掌制的实行，在家族商业发展后期，财东一般不参与店铺的实际经营，由家族雇用有能力的掌柜为之筹划，大多子孙坐享股东红利。故本章拟撷取清末民初在蒙经商具有代表性的商人和家族，并置于全国及区域历史发展背景中，从微观角度，追溯曾经辉煌的山西商人近代没落轨迹，总结历史经验，供后人借鉴。

第一节　近代在蒙山西商人代表个案分析

案例1：段履庄生平事迹

　　段履庄（1874～1940），字敬斋，清祁县南社村人。自幼丧父，家境贫寒，只读三年私塾便辍学。苦难的生活，激起奋发图强的志向。三十岁，外出谋生，得时任大盛魁掌柜的李顺廷提携，进大盛魁商号学徒。聪明能干，办事敏捷，善于应对，深得号内掌柜赏识。十年间，数次提升。辛亥革命以后，外蒙古宣布"独立"，大盛魁在经济上受到巨大损失，为了维护本号利益，段履庄作为经理，在经济、政治诸方面进行了种种活动。

民国三年（1914 年），登上经理位置，兼任绥远省和库伦商会会长。时值局势动乱，大盛魁营业受到严重影响。内蒙古土默特旗骑兵军官玉禄叛乱，在百灵高庙一带骚扰，附近牧民逃避一空，袁世凯派员至绥远力主招抚，为商号利益挺身而出，主动偕同武尔功等当面向玉禄表示，愿以大盛魁全部财产及本人性命担保，收编后保证玉禄和全体人员的安全。动乱平息，声名大振，被北洋政府授予一等"书宪章"和二等"嘉禾章"，聘为农商部顾问，并赠"拱卫绥远"匾一块，表彰其功德。

同年冬，土默特旗派武尔功赴京请愿，要求专设副都统并归还全旗财政。行前段履庄慨然借助白银 500 两，并答应赴京后如经费困难，可径到大盛魁北京三小号（协盛昌、协盛公、协盛裕）借款。

民国五年（1916 年），北洋系将领蒋雁行任绥远都统，在收抚卢占魁部众的过程中贪婪无节，饱其私囊，引起地方绅商不满，段履庄（当时任归绥商会会长）和包头乡绅卜梦庚，进京投文请愿，控诉蒋氏罪恶，要求早日将其撤换。次年，段、卜二人在旅居北京的荣祥的协助下，经反复周旋，终于逐走蒋雁行。

民国八年（1919 年），西北筹边使兼边防军总司令徐树铮，率所部第三混成旅开赴库伦，段履庄被委任高级顾问，并以商会会长身份，安排旅蒙各商号为徐部供应军需给养。中俄交涉署成立后，受外交总长兼国务总理王正廷邀请，任交涉署委员。在交涉事宜中，极其活跃，起到了举足轻重的作用。但因过多参与政务，对商号事务有所放松，中俄断交后，大盛魁损失惨重。

民国十年（1921 年），大盛魁联股参办绥远地方电灯股份有限公司，因此耗资 70 余万元。

民国十六年（1927 年）3 月的"孤魂滩"事件当中，段以商会会长名义，号召市内商界为郊区农民提供饮食，支持了群众斗争。

民国十八年（1929 年），外国资本家企图通过天津某商人在归绥建立电灯公司，段履庄闻讯，积极出面活动，集资百万元，开设了绥远电灯股份公司，阻止了外商的经济侵略。是年，大盛魁歇业。民国二十年（1931 年），段履庄被开除出号。

民国二十六年（1937 年），日本侵占绥远，段在席力图召东院闲居，商界人士请其牵头组织维持会，严词拒绝。日军特务登门拜访，许以高官厚禄，也不为所动。故人劝其暂避，却处之泰然。不久加入蒙绥地区抗日救国会。

民国二十八年（1939年）参加"抗救会"。民国二十九年（1940年）9月，被日伪秘密逮捕入狱，遭严刑拷打，后经多方营救释归，然已遍体鳞伤，口不能言，弥留三日，与世长辞，在席力图召寺住持等的相助下，尸体运回原籍安葬。1989年5月，内蒙古自治区人民政府民政厅追认段履庄为烈士。①

案例2：邢克让生平事迹

邢克让，又名邢一清，字楫卿，乳名三丑。清同治十一年②（1872年）出生于崞县原平镇。其父邢德厚，厨工出身，开始在原平镇饭馆当厨工，后相继在崞县城及代县峨口镇阳明堡等地饭馆做厨师。人如其名德厚，在忻、崞地区享有名声，克勤克俭抚养三个儿子，使其从小接受了为商的熏陶。

邢德厚长子邢克宽，少年时在原平镇一家店铺当学徒，并承担起邢家顶门立户的重任。次子邢克恭，少年时由亲友拉引，前往西口归化城一家崞县人开设的"德义祥"钱铺当学徒，后渐成为坐堂掌柜。

三子邢克让，幼时在原平镇读四年私塾，十四岁时，父亲通过熟人保荐，到代县阳明堡刘玉田家中，为其孙子刘培仁开设的酿酒作坊当学徒。由于三子聪明伶俐，深得掌柜偏爱，在短短十余年中即从"小小"熬成了跑外"顶生意"的掌柜，后又升成账房先生。光绪末年一个冬天，邢克让二哥邢克恭回乡探亲，向邢克让介绍了归化城商贸繁荣、前景可观的情况，邢克让始不多理会，后经多方考虑，随二哥到归化城。

邢克让在二哥邢克恭介绍下，住进崞县同乡开设的"钱盛昌"钱铺当司账。由于他才干出众，很受大掌柜器重。其时，外蒙古尝试自治，蒙边时有战事，外蒙前后营路受阻，归化城内不少祁县、平遥钱庄票号相继停业闭铺。此时，平遥侯财东准备将其开设的"蔚盛厚"钱庄分店出卖，崞县富商投资接办了这家钱庄，更名为"蔚隆泰"，并慕名聘请邢克让任该钱庄经理。邢克让其时正在"熏生昌"钱铺当账房掌柜，权衡后便欣然应聘。"蔚隆泰"钱庄在邢克让的打理下发展很快，仅几年就成为归化城中资本雄厚、信誉度高的钱庄之一。

民国六年（1917年）底，巨商"大盛魁"为垄断归化城的金融业，存放周转银元，便投入巨资成立了"通盛远"钱铺，并聘请邢克让出任"通盛远"经理，并经过努力打拼很快成为稳操归绥地区金融界一巨头。

---

① 王雅安、李永宏、张璞等为主的晋中市志编纂委员会. 晋中市志第四册卷四十三人物［M］. 北京：中华书局，2010；云海、王奎元、于永发等土默特左旗编纂委员会. 土默特志［M］. 上卷第十七章《人物志——近现代人物》，呼和浩特：内蒙古人民出版社，1997.

② 原平县志编纂委员会. 原平县志·人物传［M］. 北京：中国科学技术出版社，1991.

民国八年（1919年）秋，北洋政府陆军次长兼督办外蒙古西北筹使徐树铮，积极开发创业并在西北及外蒙古等地，开设银行及垦牧公司、发行公债等以达其扩展"皖系"军事实力的目的。于是，晋北守使张树帜（崞县人）和库伦驻军骑兵司令高在田等共同投资，邀请邢克让兼任经理筹划，在归化城成立了"乾丰银行"。后邢克让还按原计划在库伦设立番号，发行债券、输入存款汇兑等事宜。

由于邢克让同时兼任几家经济实力雄厚钱庄的经理，又是官方、军方十分信赖的人物，社会影响日益扩大，不久被推选为绥远总商会会长，被队员都统蔡成勋聘为都统筹饷局顾问。人称"山西第一商人"。

民国十年（1921年）夏，大盛魁联号"通盛远"在包头抛出大量资本，企图控制包头金融市场。为防止"通盛远"资本侵入，包头祁县帮"复字号"支持"广生店"钱庄同"通盛远"做起银元和铜钱的"虎盘"生意。双方互不相让，竞争趋于白热化。这时，邢克让以绥远总会会长身份贿通官方，下令禁止铜板出城为名，终至"复字号"支持的"广生店"陷入困境宣告倒闭、掌柜胡振业被活活气死。经此一博，邢克让以各钱铺经理之名投资，在归化城于北沙一带设立了"天源公"粮店和"广义生"皮毛店，兼营牲口买卖。接着，时任绥远都统的马福祥任命邢克让为绥远筹饷局局长。邢克让成为集官商一体，绥远地区显赫一时的头号人物，不久，他又保荐其兄邢克恭出任归化城南茶坊税务分局局长。

民国十一年（1922年），京绥铁路通车，京津一带东路商店纷纷到归绥一带设店经营，使得归化城的商业竞争愈加激烈。因外蒙独立遭受巨大损失的"大盛魁"开始兴办实业以图东山再起，以总经理段履庄联合邢克让共同投资，在新旧城之间的卧龙岗东侧开办了"绥远电灯公司"。不久"蔚丰西北兴业公司"经理天津商人沈文炳也在归绥办起了电灯公司，并抢先在城内外居民、农民间架线送电。这一抗衡使段履庄很着急，让邢克让想办法挤兑"蔚丰公司"。翌年春夏间，归绥学联掀起了抵制日货的学生运动，邢克让便借机让学生捣毁了沈文炳的电灯公司，并强行锯倒电灯杆。虽经地方相关部门及商会调解，但邢克让时任商会会长，无奈另谋生机。

民国十三年（1924年）春，"大盛魁"因生意惨淡，而筹办电灯公司投资巨大，便先后向归化城等地负责的商号逼债，致城中的一些大商号如"隆和盛"等均因偿还债务宣告破产，导致诸多商号的产业抵在"大盛魁"名下。"大盛魁"又开设多家商号，邢克让则任这些商号的经理，垄断了武川等地的粮食买卖。

民国十四年（1925年）春，冯玉祥的国民军进了绥远城，部将李鸣钟奉命担任了绥远都统。不久，以筹饷为名，李鸣钟将绥远商界名流邀请到都统府开会，因条件苛刻，遭商界代表拒绝。李便下令将参会者拘捕，包括段履庄和邢克让，另还有许多大商号的老板，之后以贪污军饷、私吞公款为名将邢克让囚禁入狱，邢克让被强行勒索十万大洋后才得释放。另也有人言，其间李向"大盛魁"勒索了千匹战马。邢克让看到此地不可久留，便到天津另谋出路。在天津，在其好友时任直鲁联军师长高在田的扶持下，在其部下出任骑兵旅长。因不适应军旅生活，改任德国商人在津开设的"天利洋行"经理。邢克让充分发挥经商才能，很快在天津开设一座豪华交通饭店，并一度出任山西旅津同乡会长等职。

民国十六年（1927年），邢克让的侄子邢子华从归绥中学毕业，到天津投奔邢克让。邢克让不愿侄儿再步他商界凶险争斗的后尘，遂亲笔修书一封，介绍到河南彰德府国民军第六军军长功富魁处谋职，因功与邢家曾为世交，邢子华很顺利地当了教导团军官。后转入唐生智部在北京电话局科员。阎锡山的晋军统治平津后，邢克让通过阎保送邢子华前往美国留学。

民国十七年（1928年），邢克让在天津开设了"蔚泰汇"总庄，经营债券发放、钱钞汇兑业务。这样，邢克让个人资本逐步得以恢复元气，成为在津山西富商一员。

民国二十二年（1933年），"大盛魁"末任经理陈严甫（邱县人）将邢克让二哥邢克恭在武川经营的"四可堂"财产和资本抽走，并将他赶出"四可堂"致其破产。邢克让听闻此消息并证实后，激愤成疾，无力继续经营生意，民国二十三年（1934年）抱病回乡。民国二十五年（1936年），重病难医的邢克让在故乡去世。①

段履庄和邢克让均为民国时期旅蒙山西商人的典型代表，商业生涯与归绥城经济近代化历程同步，可谓内蒙古城市经济近代化过程中旅蒙山西商人的缩影。两人从商经历类似，又略有不同，段履庄和邢克让热衷于以商人代表身份参与政治事务，具有鲜明的时代气息和地域风格。比较两位商人在归绥的商业生涯，从时间上，他们都历经清末民初，从商号学徒起步，以突出的商业才干受到掌柜赏识，进而荣升为掌柜。进入民国，社会风气渐开，商人地位提高，两人又都先后担任过绥远商会会长，成为内蒙古地区商业领袖，实为当地商界呼风唤雨的人物。但他们最后的结局令人唏嘘，段履庄因以大盛魁商号掌柜名义，抽调"大盛魁"号内大量资金被开除出号，日军侵华后，因不愿与日人合作遭迫害致死；邢克让因得罪军阀和勒索巨额款项被迫出走归化，到天津谋生。他们被时人贴上旧

---

① 邢守平．山西省定襄县湖村邢氏原平支系（西南贾·原平镇）家谱续修本［M］．太原：山西省社科院家谱资料研究中心藏，2007；原平县志编纂委员会．原平县志·人物传［M］．北京：中国科学技术出版社，1991．

式商人的标签，采用旧式商业竞争手段如做"虎盘"生意竞争，却又热衷投资近代工业；虽立足商业，又对政治表现了旧式商人从未有过的政治热情，如筹备保商团、向政府请愿，积极支持群众运动等。透视他们为商的一生，掺杂了个体商业性格和时代烙印，基于此，笔者试图通过商人个案分析，探讨从旧式商号掌柜身份起家，实际参与商业实践的旅蒙山西商人于归绥经商成败的原因。

一、政局不稳和匪患频仍制约了商业持续发展

20 世纪初至 30 年代，内蒙古地区政局不稳和匪患频仍，无法为地方商业持续发展提供安定的环境，当然这不仅针对旅蒙山西商人而言，是当时在蒙商帮共同面临的问题。段履庄和邢克让担任商会会长期间，商会和他们所在商号屡屡受到军需征调，强行掠夺，两人均因不合作有过被投入监狱的经历。从民国元年（1912 年）到民国二十六年（1937 年）二十六年间，先后有 3 位绥远城将军、17 位绥远都统、4 位绥远省政府主席管理绥远省政务，其中潘矩楹是在民国三年（1914 年）由绥远省将军直接改为绥远都统①。频繁的地方人事更迭背后是北洋军阀内部派系之争和军阀混战，给内蒙古地区商业带来一次次重创。民国十四年（1925 年）春，冯玉祥的部将李鸣钟担任绥远都统期间，以筹饷为名，将绥远商界名流邀请到都统府开会，段履庄和邢克让也名列在内，遭商界代表拒绝后，便下令将参会者拘捕。②

《土默特历史档案选》记载的三则因地方军费告急向商号借款的档案，也证实了地方政府对商人赤裸裸的掠夺，具体内容见下文：

1. 总管署为提回本旗息本银以济军需事致绥远总商会函（1926 年 10 月）

阿理雅核，德善拟　中华民国十四年（1926 年）七月十三日

土默特总管署公函　迳启者现因

都署催解军饷急如星火，而本署库空如洗，无款应付，合将贵会原领本署息利本银共计四千一百六十六两一钱八分六厘先行提回，以济要需。除派本署财政科入□□□。前往贵会守提外相应函达即请，查照务将此项银两限于本月内如数提齐交。③

①　张建军. 民国北京政府时期都统制度初探［J］. 内蒙古大学学报（哲学社会科学版），2010（1）：107 – 111.

②　邢守平. 山西省定襄县湖村邢氏原平支系（西南贾·原平镇）家谱续修本［M］. 太原：山西省社科院家谱资料研究中心藏，2007.

③　呼和浩特塞北文化研究会，土默特左旗档案局. 土默特历史档案选［M］. 呼和浩特：内蒙古教育出版社，2009.

旅蒙山西商人与内蒙古城市经济近代化（1860～1937）

2. 总管署为提回当行息本归还聚义银号借款的呈书（1926 年 11 月）

为提款备案事查本署前因

都署派定饷项在急曾向聚义银号，息借洋一万元，订明两个半月本利清还。现以限期寻将届满。当经公同议定，拟将本城当行原领本署息本银八千四百七十五两八钱六分七厘，连同本年秋季，分应交息利银二百五十四两二钱七分六厘加平银八十七两三钱零二厘，统共银八千八百一十七两四钱四分五厘。一并提回以便归还，除将此项本息并加平银两业，经派员如数提回外，理合呈请。①

3. 总管署为借吉庆堂六百元事呈请备案书（1928 年 5 月）

时至 1928 年，土默特旗已经"奇穷，各费无着"，甚至区区六百元也需向商家告借。为立案备查事查，本署现因库款奇穷，各费无着，以致署内及各学校应领经费四至阅月之久，未能发放，而各职员等困苦颠连，已达万分。兹商由吉庆堂商号订借大洋六百元，暂准现状言明，自本年五月十六日起至八月十五日止三个月为限，如期满之日能奖清还其钞，并不出利，若逾期不能归还，仍行展借时，即按月以一分行，恩计算理合呈请。②

每届军阀政府还通过发行纸币维持金融和聚敛财富，造成物价飞涨，商人和百姓苦不堪言。民国十四年（1925 年），冯玉祥在包头设西北银行分行，发行大量纸币，可与中、交钞票等价通使。民国十五年（1926 年），国民军向西败退，军饷尽发西北银行钞票，商人无法拒绝使用，只有高抬市价，然后货架一空，家家闭市，四元钱一个饺子，四十元钱买不到一盒纸烟，两万元买不到一双布鞋。③晋军阎锡山部下商震统治期间，于民国十五年（1926 年）十月五日为维持市面金融，继之大量发行善后流通券，责成各县商会周行市面，与通用现银元无异④。民国十九年（1930 年），冯、阎倒蒋失败，又致晋钞狂跌，地方经济几近崩溃⑤。

除此之外，匪患也是困扰归绥商业不可忽略的因素，如段履庄和邢克让担任商会会长期间积极筹建保商团即可说明问题，由于前文已对此做过详细论述，在此不再重复。

二、倚托官商结合迅速走向商业巅峰又败于此

追溯清代山西商人发迹史，在他们发展鼎盛期，寻求官员庇护是发迹的秘诀

---

①② 呼和浩特塞北文化研究会，土默特左旗档案局. 土默特历史档案选［M］. 呼和浩特：内蒙古教育出版社，2009.

③⑤ 渠自安口述，刘静山笔记. 包头的钱行业［J］. 包头市工商业联合会，《包头工商史料》，1990.

④ 呼和浩特市民族事务委员会. 民族古籍与蒙古文化历史档案文献专辑［J］. 绥远都统署训令政字第一百三十九号：绥远流通券章程令转饬知照由，2010（13）.

· 158 ·

之一。但商人此举相当于一项政治投资，一旦作为政治投资对象的官员调离或政治生命结束，在没有规范的经济法律和健全的法制环境保护下，注定了高风险性。进入民国，虽然商人地位提高，商人组织商会兼具民间团体和半官方机构双重身份，政府在法律上也极其重视商业，但无论是当时的地方政府官员还是商人，对于自身角色和社会定位似乎很不习惯，带有浓厚的封建习性。如段履庄和邢克让担任商会会长期间都曾公开向政府提出减免税收的诉求，在私下则通过各种方式积极寻求政治靠山。段履庄和邢克让与地方西北筹边使兼边防军总司令徐树铮、马福祥等都私交甚好。民国十一年（1922年）马福祥被调离绥远之际，邢克让还以商会名义向北洋政府国务院发电挽留，内容如下：

> 大总统国务院钧鉴顷，风闻绥远马都统有升任新督之说是否属实，未便愚拟惟马都统到绥数月，诸政整理，渐有端倪，若竟升任他处，无论后任贤明与否，诸多停滞，有碍地方，势所难免。绥区困穷，已极亟待设法拯救，尚祈暂缓更动，以维边局而安地方。无任迫切待命之至。绥远总商会全体叩。①

邢克让此举遭到新任绥远都统李鸣钟记恨，最终以贪污军饷、私吞公款为罪名将他囚禁入狱，被强行勒索十万大洋后才得以了事②。段敬斋（段履庄）在马福祥当都统时，被任命为绥远全省财政整理处处长，李鸣钟任都统后，便把这个机关撤销③。段履庄筹办绥远电灯公司时，与平市官钱局陈敬堂交好，在大盛魁生意濒临倒闭，无法继续提供投资资金时，绥远电灯公司还可继续经营，但在电灯公司走上正轨开始盈利时，新任平市官钱局长仇砚田负平市官钱局的总责，以财政厅长的身份责备平市经理陈敬堂放给大盛魁的钱太多，向大盛魁催收债款，导致其失败④。旅蒙山西商人这种将商业前途投资在地方官员政治前途上的做法，在军阀混战、政权更换频繁的年代，注定了其商业生涯的不稳定性和复杂性。

三、虽投资近代工业寻求突破但缺乏政府支持

民国初期，因外蒙独立危机影响，清代旅蒙有实力的山西商号和票号如大盛魁等接连倒闭，许多财东从内蒙古撤资。作为实际参与商业运作的掌柜群体，面

①　绥远商会，归化总商会来电（一月四日）：大总统国务院钧鉴顷风闻绥远马都统［J］.政府公报，1922（2108）：6，7.

②　邢守平. 山西省定襄县湖村邢氏原平支系（西南贾·原平镇）家谱续修本［M］. 太原：山西省社科院家谱资料研究中心藏，2007.

③④　代林，马静. 大盛魁闻见录［M］. 呼和浩特：内蒙古出版集团、内蒙古人民出版社，2012.

对全国逐渐变化的政治、经济形势，并未一味抱残守缺，而是在困境中不断寻求突破。如段履庄联合旅蒙山西商绅兴办绥远第一家近代工业绥远电灯公司。为此段履庄还耗费了大盛魁可用的所有资金，引起号内其他经理严重不满，大盛魁财东因此和他打了官司，并将他开除出号。《大盛魁闻见录》曾是当事人的口述为后人提供了段履庄在创办电灯公司过程中面临的经营困境：

> 郝佩经是祁县人，段敬斋把买卖做坏，郝佩经气得出家住了庙啦！大盛魁的铺规，谁当家也不能顶一分生意，只顶九厘多些，只有财神爷才能顶一股，就是一分生意。段先生手里开了财神股，创办南电灯公司赔了三十万，以后又开办北电灯公司赔了五十万，把个买卖日塌倒了。历任当家的都不敢动用财神股，段先生动用了，因此王东家和他打官司[1]。民国十八年大盛魁歇业，王毓刀刺段敬斋（段履庄），段没有被杀死就打起了官司，把王毓气死了[2]。
>
> 在段敬斋办电灯公司几近成功之际，也即在大盛魁倒闭的前一两年，大约民国十六七年（1927年、1928年），他提拔的安承武经理偷携号内巨资回乡，导致资金断流。大盛魁分号宏盛久银号过不了票，经理王明甫给段敬斋来电报要十五万块银洋，派人如期送去。段敬斋凑了十五万，派安承武去送。安承武看见大盛魁的买卖不行啦，他在裕盛厚发款，其他小号经副理也有在裕盛厚存款的，他们串通一气，把这一张十五万元的支票提空了。安承武拿上钱，回了老家祁县再没有上来。王明甫看不见安承武，一再电催段敬斋，段亲自去张家口但无款可贷，才知道安承武变了心。宏盛久银号击垮了，只凭裕盛厚一家钱铺支垫不起电灯公司的用款。[3]

对于绥远电灯公司这样一个大型民用企业，政府出于维护公共利益目的理应予以大力支持，但时任平市官钱局总责的仇砚田厅长，以财政厅长的身份责备平市经理陈敬堂放给大盛魁的钱太多，因而平市向大盛魁收款[4]，这样，段履庄拼搏一生的事业被官方机构平市官钱局接手，他本人也破产。

四、无法摆脱绥远旧式商人投机经营的恶习

旅蒙山西商人近代整体逐步走向衰落的一个重要原因还在于旧式经营理念的羁绊，无法摆脱做虎盘生意，投机经营的恶习。清代旅蒙山西商人在取得巨大财富的同时，对处于游牧经济阶段的蒙古地区居民重利盘剥也是事实。如旅蒙商研究学者忒莫勒、邢野、李志国等都曾经对这个问题做过探讨，时人的一些考察日

---

①②③④　代林，马静. 大盛魁闻见录［M］. 呼和浩特：内蒙古出版集团，内蒙古人民出版社，2012.

记中也有相关记载。1933 年杨溥在《察哈尔口北六县调查记》中写道：

> 据一商人云。多伦当清咸同治最盛，商号增至四千余家，且多殷富，盖多伦
> 缩毂内外蒙，饶有牛马羊驼等牲畜皮毛，以兴内地出产之绸缎、布、棉、茶叶、
> 珠饰杂货，行实物交易，由多伦商客媒介其中，一转手间，市利倍蓰。山西河北
> 各地资本，往来活动，附丽而兴之事业，如汇兑运输当行杂货等商，亦盛极一
> 时，不惟多伦一埠，蔚为大观。①

日本人剑虹生《多伦诺尔记录》中也有对内地商人赢取高额利润的描述：

> 熟察商业状态如左所列，其贸易之活泼。虽乏商业之经验，亦未可侮中国
> 人，定于岁时，自行进商于蒙古之地，携带马牛羊及互市之杂货，以鬻于土民。
> 中国商与此可得二重之利益，即一方□其杂货而卖，一方得转售马、牛羊之利，
> 彼等不能不推为勇敢勤勉之国民，其见利之炯眼，亦有可惊者。②

　　由清代旅蒙商人遗留下来的这一商业思维习惯，一定程度上阻碍了他们转变
为具有近代商业理念的、开明的商人群体。在段履庄和邢克让的商业经历中，都
有进行不正当竞争和投机经营的痕迹，当然这和个人性格有一定关系。从邢克让
与包头乔氏商号"广生店"做虎盘生意，段履庄与津商沈文炳竞争电灯公司投
资权即可看出端倪。民国十年（1921 年）夏，邢克让主持的大盛魁连号"通盛
远"在包头抛出大量资本，企图控制包头金融市场。包头金融市场一向为山西祁
县乔氏商号把持，故包头祁县帮"复字号"支持"广生店"钱庄同"通盛远"
做起银元和铜钱的"虎盘"生意。双方互不相让，竞争趋于白热化。这时，邢
克让以绥远总会会长身份贿通官方，下令馒头铜板出城为名，使"复字号"支
持的"广生店"陷入困境宣告倒闭，掌柜胡振业被活活气死。③
　　段履庄与沈文炳的竞争中也存在不正当竞争手段的嫌疑。当时任绥远商会会
长的邢克让为大盛魁商号出身，他的发迹离不开段履庄的赏识提拔，当段履庄与
沈文炳发生商业利益冲突诉诸商会时，段履庄获胜，不免让人产生怀疑。邢克让
后人撰写的《邢氏家谱》中对此也无避讳，认为：由于蔚丰西北兴业公司经理
天津商人沈文炳也在归绥办起了电灯公司，并抢先在城内外居民、农民间架线送

①　（民国）杨溥. 察哈尔口北六县调查记［M］. 北京：京城印书局，1933.
②　剑虹生. 多伦诺尔记录［J］. 东方杂志，1908（10）.
③　邢守平. 山西省定襄县湖村邢氏原平支系（西南贾·原平镇）家谱续修本［M］. 太原：山西省
社科院家谱资料研究中心藏，2007.

电。于是段履庄便通过私人关系让商会会长邢克让想办法挤兑"蔚丰公司"。翌年春夏间，归绥学联掀起了抵制日货的学生运动，邢克让便借机让学生捣毁了沈文炳的电灯公司，并强行锯倒电灯杆，沈文炳无奈另谋出路①。

总而言之，在内蒙古城市经济近代化过程中，山西商人在内蒙古地区大多数行业中依然占有较大比重，其中不乏如段履庄、邢克让这样把准时代脉搏，有勇有识，不惜身家投资近代事业的杰出商人，但由于历史、社会制度、地理位置等综合因素，他们不可避免带有较多旧式商人习性，少了如同沿海地区江浙商人的开明之风，陷入官商结合的泥沼。加之，民国内蒙古地区军阀混战不已，也无江浙一带城市稳定的局部政治环境，都统如走马观灯般不停更换，注定了内蒙古城市经济及其老牌商人群体旅蒙山西商人的近代化之路曲折而艰辛。

第二节　旅蒙山西商人家族代际流动分析

前文分析了以掌柜身份参与商业实践的旅蒙山西商人的成败原因，作为投资者的财东家族发展趋势如何呢？笔者即从代际流动这一社会学视角进行分析。代际流动属于社会流动②的一种，指父母与子女两代人之间的社会地位变化，参照基点是父亲（母亲）在同一年龄时的职业或其他地位③。社会学对代际流动的研究，不但要考察代际流动的趋势，而且更注意研究影响代际流动的各种因素。笔者在查阅史料的过程中，发现一批有关大商人家族及中小商人家庭的族谱，其中曾在内蒙古地区经营活动甚多的常氏家族，其家谱《常氏家乘》对家族成员经商及从事其他职业经历的史料相对完备，有助于个案分析，而中小商人家庭的家谱资料，可为本书的佐证。通过对这些史料进行鉴别分析发现，旅蒙山西商人家族代际流动呈现出鲜明的地域特色和时代特征。

一、榆次常氏家族历代职业选择概况

榆次常氏是清代山西商人家族典型代表，其经商区域主要为张家口及内蒙

---

① 邢守平．山西省定襄县湖村邢氏原平支系（西南贾·原平镇）家谱续修本 [M]．太原：山西省社科院家谱资料研究中心藏，2007．

② 社会流动指人们在社会关系空间中从一个地位向另一个地位的移动。社会流动是社会学的研究领域，主要从动态的历史性角度研究社会地位结构。详见郑杭生．社会学概论新修（第三版）[M]．北京：中国人民大学出版社，2007；赵孟营．社会学基础 [M]．北京：高等教育出版社，2007．

③ 郑杭生．社会学概论新修（第三版）[M]．北京：中国人民大学出版社，2007．

古、外蒙地区和俄国。光绪年间，常氏资产在山西富户中排名第三①，其中从事对俄贸易150多年，为中俄外贸世家。康熙年间八世祖常威②始到塞外经商，其大儿子常万玘（南常）和三儿子常万达（北常）是将常家发扬光大、跻身当地巨商之列的开创性人物。常威的二儿子常万旺一支在第十世时迁至河北省万全县第八滩，从后代发展情况看，似乎弃商务农③。考虑到研究对象为商人家族，故选取仍在榆次经商传家的常万玘、常万达两支进行分析。

为便于比较常氏子代和父代同一年龄段的职业选择情况，将北常九世至十四世、南常九世至十五世（康熙至民国初年）常氏男性后代青壮年时期（20～50岁）为参考年龄段。此年龄段的确定依据如下：一为清代晋中地区男子成年平均年龄。与榆次毗邻的徐沟县，"贫寒家之子弟，自十五岁以上远出学商④"，据张正明对晋中男子适婚年龄统计表格，15岁至20岁结婚的男子比例达到50%以上⑤，可知，当时男子15岁左右即可视为成年。二为《常氏家乘》中男子外出经商年龄记载。九世常万育"未弱冠"，母亲命他学"陶朱术"，后经营商业二十年；常万达"未弱冠"时，弃举业，操计然术；十二世常恽自17岁至57岁"服贾四十年"等，不一一而论⑥。

（一）北常历代职业选择概况

常万达一支，也称北常，自乾隆三年（1738年）常万达经商至清末民初，历经六代150多年，同光年间，其商业区域仍遍及大半个中国，北至内蒙古、东北，南至苏州等地⑦。北常九世至十四世男性后代青壮年时期职业选择情况如表6-1所示。

由表6-1可见，北常一支中八世、九世及十世成员均从事经商，所占比例为100%；十一世5人经商，占83.3%，仅1人秉修读书，通过科举列入当地士

①　清人徐珂对七家资产在三十万两到七八百万两白银的山西富户做过统计，其中榆次常氏排第三位。详见徐珂．清稗类钞［M］．第5册，北京：中华书局出版社，1984；另晋中地区有民谚："乔家一个院，常家两条街。"徐珂的统计结果及史志中对榆次常氏的记载与晋中民间流传的常氏在山西富户排名情况也较为一致。

②　"故老相传，先人有经商张家口者。由家赴号不携川资，但以沿途卜卦云云。今此卦具无存，有一盛袋村南祠堂，殆为八世威公轶事也"，见常赞春，《常氏家乘》卷六《乘余》，1924年铅印本，太原：山西省社科院家谱资料研究中心藏，1924。

③　常赞春．常氏家乘［M］．卷二《族谱》，太原：山西省社科院家谱资料研究中心藏，1924．

④　刘文炳撰，乔志强点注．（民国）徐沟县志［M］．山西人民出版社，1992．

⑤　张正明．山西历代人口统计［M］．太原：山西人民出版社，1992．

⑥　常赞春．常氏家乘卷六艺文存（上编）［M］．太原：山西省社科院家谱资料研究中心藏，1924．

⑦　"（商业）咸在张城，他如辽潘、如京津，吴之苏淞、荆之汉沔，列肆而开场者犹数十所"，见常赞春．十三世立仁公墓志铭．常氏家乘［M］．卷六《艺文存（下编）》，太原：山西省社科院家谱资料研究中心藏，1924．

表6-1　北常九世至十四世职业选择情况

世代 \ 指标	年代	总人数	早殇（20岁以下）	经商		读书			行医及其他	清末从政	不详	捐官
				考取功名	考取功名	未考取功名	近代学校毕业				
九世	1738~1768年	3		3							1
十世	1768~1812年	3		2						1	3
十一世	1788~1848年	10		5		1				4	10
十二世	1817~1887年	17		9	3	5	1	1		1	17
十三世	1846~1923年	38	2	9		12	3			12	32
十四世	1861~1957年	74	1	3		18	16	10	1	8	27	26

注：①因本书选定以常氏子代与父代20~50岁时年龄段所从事职业为参考基点，故表6-1、表6-2中年代的确认以北常每一世出生年代最早的男性后代20岁时对应年份为上限，出生最晚的男性后代50岁时对应年份为下限。

②本书表6-1、表6-2、表6-3中统计数据来自常赞春. 常氏家乘［M］. 卷一《大事记》，卷二、卷四《族谱》，卷六《行实略》《艺文存（上、下编）》，太原：山西省社科院家谱资料研究中心藏，1924。

③表6-1、表6-2中，因早殇成员及生平活动不详的成员无法确认其从事职业的年龄段，故对从事职业比例进行统计时，将其从总人数中剔除。

林之列，占2%；十二世有经商经历9人，占56.2%，分别是锦、憬、寿、佶、炳、恰、恽、怿、怡，其中炳、怿在经商前已考取附贡生，炳在县童试中还取得第一名的成绩①，6人即佑、惇、恪、悌、惺、慎着意科举仕进，占37.5%，1人行医，占6%；十三世起，立贤、立仁、立政、立敬、立仁、立训、立宪、立瀛、立教共8人有涉足商业的经历，经商人数比例为37.5%，读书人数所占比例为62.5%；十四世经商人数比例仅占6.5%，接受旧式教育但没有从事经商及其他职业的人所占比例为73.9%，十四世年纪较小的后代，10人接受了近代教育，占21.7%，在这10人中，7人于清末民初选择从政，所占比例为15.2%。据表6-1，北常九世至十四世历代子孙从事职业人数比例如图6-1所示。

（二）南常历代职业选择概况

南常即常万玘一支，因家居住车辋村南得名。常万玘有两子，即常怀珣和常怀玫。从十世起，常怀珣一支没有涉足商业，故将其排除。南常从康熙年间九世至十五世职业选择情况如表6-2所示。

---

① 常赞春. 常氏家乘［M］. 卷一《大事记》，卷六《艺文存（下编）》，太原：山西省社科院家谱资料研究中心藏，1924.

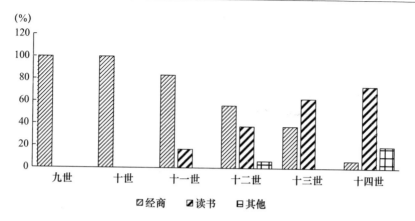

图6-1　北常九世至十四世历代子孙从事职业人数比例

表6-2　南常九世至十五世职业选择情况

世代＼指标	年代	总人数	早殇（20岁以下）	经商	考取功名	财政金融职业	清末从政	不详	捐官
九世	不详	3		3					
十世	1753～1783年	1		1					1
十一世	1771～1820年	1		1					1
十二世	1795～1846年	1		1					1
十三世	1811～1876年	2		2					2
十四世	1855～1903年	3		3					3
十五世	1873～1947年	15	1	2	5	3（2人考取功名）	2（1人考取功名）	5	15

　　南常较之北常，人丁稀少，九世公常万玘生有两子，即常怀玫和常怀珣。常怀玫一支十世至十四世均经商，是典型的商业世家。十五世后代职业选择呈现多样化特征，将职业选择不详的5人排除，科举仕进人数陡然增多，有5人通过科举考取功名，所占比例为50%，从政人数比例为20%，进入财政金融领域的为30%。据表6-2，南常九世至十五世历代子孙从事职业人数比例如图6-2所示。

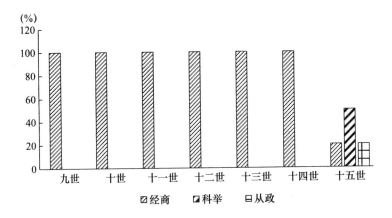

图 6－2　南常九世至十五世历代子孙从事职业人数比例

由上可知，常氏后代职业选择总体趋势由经商为主转向科举读书为主。19世纪末20世纪初，十四世、十五世出生较晚的子孙接受了近代教育，职业选择打破儒贾为业的传统，趋向多样化。

二、常氏家族代际流动特征

"士农工商"排序的中国传统社会，常氏家族由商人家庭转向书香门第，其家族社会地位必然随之一路攀升，其实不然。下文以考取功名人数最多的常赞春一支为例，总结其代际流动特点，如表6－3所示。

表6－3　常赞春、常旭春、常第春一支代际流动情况

世代	名字	主要职业	从事职业年龄段	代际流动原因	科考功名、近代学校	官职及捐输官职
九世	常万达	经商	弱冠至中年贸迁（20～50岁）	弃制举业，操计然术		结交官员，武功将军（从二品武职散阶）
十世	常怀玠	经商	青壮年（20～50岁）	继承父业		结交官员，乡饮大宾，朝议大夫（从四品文职散阶）
十一世	常秉郡	经商	青壮年（20～50岁）	继承父业		议叙盐运使司知事，中议大夫（从三品文职散阶）

续表

世代	名字	主要职业	从事职业年龄段	代际流动原因	科考功名、近代学校	官职及捐输官职
十二世	常惇（1807～1874）	读书	一生	科考、继承家业	附生	乡饮大宾，朝议大夫（从三品文职散阶）
	常佶（1819～1868）	经商	"叔（常佶）逝世，先生（常立仁）继任"（20～49岁）	继承父业		清议叙盐运使司运，武翼都尉（从三品武职散阶）
十三世	常立仁（1844～1897）	经商	"（21岁）去而服贾"至乙酉（1885，41岁）奉天商事亏折	"念父垂暮，肩家政"；"应童子试不利，去而服贾"		清监生，中议大夫（从三品文职散阶）
	常立义（1845～1866）	读书	21岁卒			清议叙布政使司经历，文林郎，貤赠中宪大夫（正四品文职散阶）
	常立智（1853～1881）	读书	一生	以诸生食饩举优	优廪生	议叙翰林院待诏，武翼都尉（正三品武职散阶），文林郎
	常立信（1858～1899）	读书	一生	后两叔（常立智、常立信）皆入邑庠	邑庠生	议叙都司加二级
十四世	常旭春（1873～1949）	致力实业，敦义蚕桑局保晋公司经理	一生	秉承父愿，"能读书，（家）败不至于亡"[①]	光绪壬寅举人(1902年)山西大学教授	法部䘏恤司员外郎、国民公会参议兼副会长

① 常赞春. 常氏家乘［M］. 卷六《艺文存（上编）》，太原：山西省社科院家谱资料研究中心藏，1924.

续表

世代	名字	主要职业	从事职业年龄段	代际流动原因	科考功名、近代学校	官职及捐输官职
十四世	常惠春（1875～）	读书	民国后（37岁后）不详	秉承父愿，"能读书，（家）败不至于亡"		议叙知府（从四品）
	常宝春（1880～1937）	从政	青壮年（清末至民初）	秉承父愿，"能读书，（家）败不至于亡"	优廪附生	花翎五品衔中文科中文抚宪，同蒲铁路太汾二府劝股员，保晋公司监事，榆次县第一届议员，查办口外官盐局委员
	常赞春（1873～1941）	教育	终生	秉承父愿，"能读书，（家）败不至于亡"	光绪壬寅举人，山西大学教授	宣统三年禁烟案内保□五品衔
	常第春（1873～1917）	家校任教	终生	秉承父愿，"能读书，（家）败不至于亡"	举人	敕授文林郎，吏部拣选知县
	常肇春（1874～）	读书	终生	秉承父愿，"能读书，（家）败不至于亡"	邑庠生	议叙守备
	常甸春（1875～1907）	读书	33岁卒	秉承父愿，"能读书，（家）败不至于亡"		
	常普春（1896～）	读书	不详	秉承父愿，"能读书，（家）败不至于亡"	清常氏私立中学堂毕业	

注：表6-3引用数据来自常赞春．常氏家乘［M］．卷一《大事记》，卷二、卷四《族谱》，卷六《行实略》《艺文存（上、下编）》，太原：山西省社科院家谱资料研究中心藏，1924；表6-3十五世常运元、常运吉（总理家政及从事偿还常家外债活动）从事经商职业的确定，来自常燕生的《家严七旬寿诞征书启》和《父亲节追述先父鉴堂公数事》，转载自程光，梅生．儒商常家［M］．太原：山西出版集团，山西经济出版社，2004；表6-3中十四、十五世常旭春、常宝春、常运藻职业年龄的确定来自王雅安．晋中市志（第4册）［M］．北京：中华书局，2010.

表6-4　常麟书一支代际流动情况

世代	名字	主要职业	从事职业年龄段	代际流动原因	科考、近代学校	官职及捐输官职
九世	常万达	经商	弱冠至中年贸迁（20～50岁）	弃"制举业，操计然术"		结交官员，武功将军（从二品武职散阶）
十世	常怀佩（1761～1822）	经商	青壮年	继承父业		朝议大夫（从四品文职散阶）
十一世	常秉聪（1797～1858）	经商	20～61岁	继承祖业，"久客于外"		武翼都尉（从三品文职散阶）
十二世	常怿（1822～1886）	经商	年幼至老	"谢章句"随父经商		游击（从三品武职）
十三世	常立屏（1844～1905）	读书	终生	秉承父愿，"先大夫（十二世常怿）以下，悉望以儒术起家①"	正白旗教谕	加封奉政大夫（正五品文职散阶）
十四世	常麟书（1869～1927）	读书、教育	终生	秉承父愿	进士，户部主事，四川司兼福建司行走加一级	
	常麟图（1876～?）	教育	终生	秉承父愿	光绪壬寅举人，候选知县，敕封文林郎	
	常麟惠（1880～?）			秉承父愿		
	常麟嘉（1884～1900）		17岁早卒	秉承父愿		
	常麟徽（1888～?）	从政	清末	汾西县承审员	本省法政专门学校政别科毕业	

①　常赞春．常氏家乘［M］．卷六《艺文存（上编）》，太原：山西省社科院家谱资料研究中心藏，1924．

表6－5 十五世常运元一支代际流动情况

世代	名字	主要职业	从事职业年龄段	代际流动原因	科考功名、近代学校	官职及捐输官职
九世	常万圮	经商	青年至老	继承父业		
十世	常怀玾（1733～1811）	经商	青年至老	精计然术		武翼都尉（从三品武职散阶）
十一世	常秉公（1751～1775）	经商	25岁早卒	继承父业		武翼都尉（从三品武职散阶）
十二世	常麒麟（1775～1840）	经商	青年至老	继承父业		武翼都尉（从三品武职散阶）
十三世	常维城（1791～1841）	经商	青年至老	弃举继承父业	邑庠生	中议大夫（从三品文职散阶）
十四世	常光祖（1835～1890）	经商	"年未冠（20岁），随子固公北出直隶宣化府张家口营商"至晚年	"念生家需人治理，遂抛弃笔砚事，留神龉龃经纪"		奉政大夫晋赠中议大夫（从三品文职散阶）
十五世	常运元（1853～1917）	家政	终生	家族商业败落，处理家族债务		例贡生，候选都司赏戴花翎分发直隶试用知县诰封昭武都尉
	常运亨（1861～1884）	不详	不详	不详		议叙都察院都事例授承德郎
	常运利（1865～1908）	读书	终生	读书科举	附贡生	议叙游击例授武翼都尉
	常运贞（1867～）	不详	不详	不详	附贡生	都察院都事分发行走都司卫，例授昭武都尉
	常运隆（1869～）	从政	清末至民国元年（20岁至40岁）	捐输	附贡生	同知卫分发陕西试用知县，奉政大夫
	常运吉（1871～1918）	家政	终生	家族商业败落、处理家族债务		议叙光禄寺署正例授宣德郎

续表

世代	名字	主要职业	从事职业年龄段	代际流动原因	科考功名、近代学校	官职及捐输官职
十五世	常运藻 （1873～1942）	从政	光绪二十二年民国七年（17～65岁）	家族商业败落、处理家族债务	附贡生	詹事府主簿，授河南商城县知县运同衔加二级，第一届省议会议员陈请股长候补参议院议员代理河曲县知事
	常运衡 （1878～）	金融财政领域	终生	家族商业败落	附贡生	银行行长（任中国银行陕西、云南、归绥分行行长，负责京印花税务等）
	常运枢 （1881～）	金融财政领域	20世纪初至民国初年（20～40岁）	家族商业败落	例贡生	例贡生，邢都宥恤司员外郎法律馆行走，民国财政部金事上行走会计司科员
	常运文 （1884～）	金融财政领域	20世纪初至民初年（20～40岁）	家族商业败落	附生	议叙中文科中文，本县自治会宣讲员义赈奖章，本省印花税处咨议省银行总司券生
	常运清 （1886～）	不详	不详	不详		议叙守备

　　结合第一部分，由表6-3至表6-5可知，常氏代际流动有三个明显特征：

　　其一，常氏从事经商的成员以结交官员或捐纳的途径向上流动。20世纪前，捐官比例达100％。九世常万达、十世常怀玫、常怀玠通过结交官员彰显身份①，十二世常憬于咸丰五年（1855年）为"大吏筹济军饷"，"慨输巨赀当道"，授

---

　　① 由江南庐州府府知府史必大、嘉庆丙辰湖北汉黄德道田日潢为常万达作寿序，翰林院修撰石韫玉、大学士英和、己卯进士内阁侍□陶嘉植等为十世常怀玫和常怀玠作寿序可知，详见常赞春. 常氏家乘卷六《艺文存（上编）》，太原：山西省社科院家谱资料研究中心藏，1924.

钦赐举人，一时名噪乡里①；山西"丁戊（1877）奇荒"时，南常十四世常光祖和叔父常维丰"荣输万金"，后又"输金七千有奇"，被"赏给五品封典并赏戴花翎"②，北常也捐金三万③等。走科举一途的后代在没有取得举人、进士较高功名的情况下，仍需通过捐纳获得较高官职。常惇、常立智、常立信等通过科考获得功名为附生、优廪生、邑庠生，仅为秀才级别，但通过捐官所得品级为朝议大夫（从三品文职散阶）、议叙翰林院待诏，武翼都尉（正三品武职散阶）、议叙都司加二级。

其二，北常九世至十三世，南常九世至十四世，家族成员从事职业单一，从事经商及读书的原因为"继承父业"和"秉承父愿"，先赋性因素起了决定性作用。其热衷于科举时间肇始于嘉道年间，19世纪末达到高潮。此段时间主管家族商业的十二世常怿、常恽、常寿，十三世常立仁，十四世常光祖等都表达了希望子孙读书起家的希望，且付诸实践④。例如，十三世常立仁认为让子孙读书可以避免家族衰败，"吾见人家覆败，子弟不肖者多不读书，能读书败不至于亡，是可信者居"⑤。

其三，19世纪中叶至20世纪初，晋商家族商业频遭损失，常氏后人代际流动自致性因素起了一定作用。继承家族商业传统的后人中，常运元、常运吉、常运藻兄弟疲于应付家族巨额债务，常运衡、常运文、常运枢从事金融、会计等工作，常际春、常立瀛等投资敦义和蚕桑局、敦睦织布工厂等近代工业，于辛亥革命后"资竭而废"⑥；秉承先人"读书起家"期望，走科举一途的子孙，取得举人、进士较高功名的时间已是19世纪末20世纪初。随着科举制度废除，清政府倒台，取得进士的常麟文，考中举人的常立教、常赞春、常第春、常麟图等开始转向近代教育领域；而常宝春、常麟徵等在地方从政，仅维持生计而已。

综上所述，在常氏商业发展期，选择经商的子孙比例远大于读书科举的子孙比例。19世纪末20世纪初，常氏在外商业破产，利源顿涸，大部分子孙生活潦倒，家族社会地位向下流动。正如常赞春所言"民国改元后，吾南北常氏家均落，侘傺不自得"⑦。可见，常氏家族代际流动趋势和商业兴衰紧密相连，家族商业兴盛，社会地位上升，反之，下降。

---

①②③④⑥⑦　常赞春. 常氏家乘［M］.（卷六）《艺文存（下编）》. 太原：山西省社科院家谱资料研究中心藏，1924.

　　⑤　常赞春. 常氏家乘［M］.（卷六）《艺文存（上编）》. 太原：山西省社科院家谱资料研究中心藏，1924.

三、晋商家族代际流动趋势原因分析

将其他晋商家族①与常氏相比较，各个家族社会地位变动情况大致相同，均经历了类似的代际流动曲线。在晋商家族集中的晋中地区，19 世纪中叶之前，晋商家族从事经商的子孙比例远高于读书科举或从事其他的比例，榆次常氏，介休冀氏②、侯氏③，祁县渠氏、乔氏④等每代子孙经商比例都在 60% 以上。19 世纪中叶之后，中国社会结构面临剧烈变革，"士首商末"主流价值观念的影响日趋减弱，晋中社会经商风气也愈演愈烈，家庭"凡有子弟者，不令读书，往往俾学商贾，谓读书多而困穷，不若商贾之能致富也"，但此时很多晋商家族如常氏、曹氏等经商人数比例大幅下降，从事读书科举一途及其他的子孙人数日趋增加。这种现象从表面上看十分矛盾，笔者认为造成晋商家族代际流动变化趋势的原因，除子承父业这一先赋性因素外，还需将其置于地方社会文化背景下，从晋商家族企业管理方式、家庭教育等方面进行思考。

（一）特殊的地方社会背景

清代捐纳制度及晋中地区崇商风气浓厚是晋商家族保持经商传统的重要社会背景。

1. 捐纳成为商人阶层上行流动的主要渠道

四民分野的中国传统社会，士农工商分别代表着四个最基本的社会阶层。"万般皆下品，唯有读书高"，反映了人们职业选择的普遍价值取向。费孝通先生认为：士农工商虽并不能说是一个梯子的四级，但是士的地位却总是被认为高于其他职业⑤。商人家族虽经济地位有所提高，但为商的自卑感始终无法摆脱，只有向士阶层靠近，才能获得相应的社会声望和地位。

清代捐纳制度的实行为商人向上流动成为士绅阶层开辟了捷径。各晋商家族

① 徐珂记载光绪年间资产在百万以上的富户有：介休侯氏、冀氏，祁县乔氏、渠氏，榆次常氏、侯氏、王氏、何氏，太谷曹氏；广西道监察御史章嗣衡的奏折中提到的百万以上的富户有太谷曹氏、贾姓、平遥侯姓，介休张姓，榆次许姓、王姓。然在以上晋商家族中只有介休侯氏、冀氏，祁县乔氏、渠氏，榆次常氏、王氏，太谷曹氏有史料遗存；另本文讨论的还有学界及民间公认的具有代表性的晋商家族平遥达蒲村李氏和邢村毛氏。详见（清）徐珂. 清稗类钞第 5 册［M］. 北京：中华书局出版社，1984. 章嗣衡的《军机处录副》咸丰三年三月十日《广西监察御史章嗣衡奏折》，转引自张正明、薛慧. 明清晋商资料选编［M］. 太原：山西人民出版社，1989.

② 黄鉴晖. 山西票号史料［M］. 太原：山西经济出版社，2002.

③ （民国）卫聚贤. 山西票号史［R］. 民国中央银行经济研究处，1944.

④ 黄鉴晖. 明清山西商人研究［M］. 太原：山西出版社，山西经济出版社，2002；葛贤慧. 商路漫漫五百年［M］. 太原：山西经济出版社，2009.

⑤ 费孝通. 费孝通文集（第五卷）（1947 – 1948）［M］. 北京：群言出版社，1999.

热衷捐纳、赈济乡民或结交文人名士、权贵①，可谓其内心期望取得社会主流价值认同的外在表现。伍跃（2012）在对中国历代捐纳制度梳理的基础上，认为至少在明清社会中，捐纳与科举同样，都是社会成员在致力于上行流动时使用的工具②。捐纳制度虽为时人所诟病，导致政治、文化、吏治败坏的弊端不言而喻，但冲击了科举制度，为商人社会地位上升提供了渠道，一定程度上保持了商人家族的经商传统。

2. 晋中社会的崇商风气

关于晋中社会崇商风气浓厚的问题，很多学者已进行诸多讨论③。笔者认同晋中地区民众职业兴趣向经商转移是从商经济地位提升诱导下的现实选择。在通过科举上升为士阶层难以走通的情况下，通过经商致富向上流动为士绅阶层不失为明智之选。崇商风气影响了人们择业重心的转移，带动经商之风愈演愈烈，家庭"凡有子弟者，不令读书，往往俾学商贾，谓读书而多困穷，不若商贾之能致富也"④。

在商业气息浓厚的社会氛围中，晋商家族形成了独立的从商意识，介休侯氏家族侯培余（生活于嘉道年间）家中对联"读书好经商好学好便好"，反映出其为商之坦然、从容；汇商达人张石麟（1844~1915）"人生事业在社会，果有济益，身即未服官政，对国家无不小补，奚汲汲仕宦为⑤"，则表达了经商济世的思想。另外，重视家族商业继承人培养。榆次车辋常氏家族对家族子弟的择业标准为"使秀者□，黠者贾，朴诚者理家"。家族商业管理接班人的首要标准须有"干济"之才。常万达、常立敬、常维丰、常光祖等因自幼显露"干济"性格特征，被前辈重点培养⑥。

（二）经营方式变化致家族富余人口产生

在中国商业发展史上，企业资本经营方式主要有独资经营、合资经营、合伙

① 相关研究表明："榆次常氏世代捐官比例几乎为100%，祁县乔致庸六个儿子均拥有官衔，太谷曹氏、介休冀氏、侯氏、平遥达蒲村李氏、邢村毛氏皆如此。"详见葛贤慧. 商路漫漫五百年［M］. 太原：山西经济出版社，2009；程素仁，程雪云. 曹氏家族［M］. 太原：文海出版社，2003；（民国）卫聚贤. 山西票号史［M］. 民国中央经济研究室民国三十三年，1944；黄鉴晖. 山西票号史料［M］. 太原：山西经济出版社，2002.

② 捐纳制度研究的回顾与思考.［日］伍跃. 明清论丛（第十二辑）［M］. 北京：故宫出版社，2012.

③ 寺田隆信. 山西商人研究［M］. 太原：山西人民出版社，1986；刘建生. 晋商研究［M］. 太原：山西人民出版社，2002；殷俊玲. 盛世繁华——晋商与晋中社会叙事［D］. 博士学位论文，山西大学中国社会史研究中心，2005.

④ （清）刘大鹏. 退想斋日记［M］. 太原：山西人民出版社，1990.

⑤ 黄鉴晖. 山西票号史料［M］. 太原：山西经济出版社，2002.

⑥ 常赞春. 常氏家乘［M］. 卷六《艺文存（上、下编）》. 太原：山西省社科院家谱资料研究中心藏，1924.

经营、合股经营四种方式。清代晋商家族始祖创业之初，由于资金有限，店铺规模较小，他们主要采取前两种经营方式，为节约成本，很少雇工或不雇工，店主充当财东、雇主和职员三重角色，这需要父子兄弟共同参与家庭管理经营。祁县乔氏和秦氏合资经营①；太谷曹氏始祖曹三喜在东北"三座塔"开豆腐坊、烧锅坊，生意有起色后，因缺人手，将两个儿子曹玉台、曹玉藩召至东北作为帮手②。此外，还可从其他小商人家庭的发展历程对晋商家族早期经营方式进行佐证。五台徐氏高祖品望公生活小康后，与两兄"合赀而贾"③；忻州孝子杨生荣的祖父、父亲、仲父和他弟弟都至新疆贸易④，原平南贾村邢克让自幼跟随兄长在口外经商⑤等。

随着商业资本的不断积累，晋商家族有足够的财力聘用职业经理进行东掌合作经营，至嘉庆道光年间，这种经营方式趋于完善。晋商家族企业尤其是票号业普遍采用东掌合作制的经营管理方式，晋商家族也由最初的商业投资者和经营者，转为只坐享股份分成，而不直接参与企业经营活动的资本家。东掌制实行后，晋商家族只需少量人员执掌商业即可，其他兄弟坐享股份分成，从而造成家族成员出现人口富余。

家族内部富余人口的出现，当然与子孙繁衍、人口自然增长有一定关系，但最根本的还在于晋商家族经营方式的改变。如榆次常氏北常商业有"十大玉"，共有12家商号⑥，其中三和源、大德玉为票号，大泉玉、大升玉兼营茶叶贸易和账局⑦，若非采取东掌制经营方式，其庞大的家业足以容纳其家族子弟就业。北常十二世（1887～1887）时，子孙总数17人，在外主理商政的先后有常悖、常佶、常恽，有涉足商业记载的9人，十三世总人数为38人，但在外主持商政只有常立仁和常立训2人，涉足商业记载的子孙也只有9人，家族商业所得利润供

① 黄鉴晖．明清山西商人研究［M］．太原：山西出版社，山西经济出版社，2002.

② 程素仁，程雪云．太谷曹氏家族［M］．太原：文海出版社，2003.

③ （民国）徐培伦．山西五台徐氏宗谱3（卷七）传记［M］．太原：山西省社科院家谱资料研究中心藏，1934.

④ （清）方戊昌修，方渊如纂．光绪忻州志，山西府县志辑（第17册）［M］．南京：凤凰出版社，2005.

⑤ 邢守平．山西省定襄县湖村邢氏原平支系（西南贾·原平镇）家谱［M］．太原：山西省社科院家谱资料研究中心藏，2007.

⑥ 据光绪年间的碑刻记载，北常商号有12个字号，分别是大昌玉、大德玉、大泉玉、三德玉、保和玉、慎德玉、大升玉、三和源、大涌玉、大顺玉、泰和玉、独慎玉。详见《重建山西会馆筹收厘金、布施小引》，张正明、科大卫、王永红，《明清山西碑刻资料续二》，太原：山西出版社，山西经济出版集团，2009年：第652－700页。

⑦ 黄鉴晖．明清山西商人研究［M］．太原：山西出版社、山西经济出版社，2002.

整个家族生活开销及其他子弟读书[1]；介休侯氏票号商业主要由（二十世至二十三世）侯培余—侯荫昌—侯从杰—侯崇基一门主持，但其他兄弟子孙均可按股获得分红[2]；其他改营或兼营票号的晋商家族管理模式基本如此。笔者认为这促使晋商家族未参与商业经营的子孙不得不另谋他途，从家族内部的角度看，也是诱致晋商家族经商人数比例越来越少、从事读书科举及其他的主因。

（三）家庭教育作用日益突出

家庭教育是影响代际流动的重要因素，在封闭的社会流动体系中，先赋性因素如家庭出身，父母从事职业对子代的影响较强，一旦固有社会结构被打破，子代的教育程度决定了其后天获得社会地位高低的能力，清代晋商家族的代际流动也遵循了这一规律。

由于东掌制的实施，晋商家族内部出现大量富余人口，这些剩余人口的职业选择及社会地位升降关乎家族未来命运发展。在晋商家族商业发展初期，企业经营活动的正常运转需要家族子弟的共同参与，在"万般皆下品，唯有读书高"的主流价值观念影响下，他们一般会选择捐纳、赈济乡民或结交文人名士、权贵这条捷径向上流动，这样可以在保有经济地位的同时提升社会地位。道光年间，在晋商家族企业普遍采用东掌制后，其有足够的财力和精力让子孙专心读书科举。于是，重视子代家庭教育的晋商家族，不惜巨资兴办家塾、延请名师、购买书籍及制定严格家训等方式教导子弟成才。榆次常氏"馆于君家者皆名士"，"广购书籍"，制定"鸦片烟四戒"以避免子孙败家等[3]；太谷曹氏给予塾师额待遇优厚，每年束脩金在百两以上等。

随着19世纪后半期至20世纪初，科举制废除，清政府倒台，中国社会也发生巨变，士农工商结构趋于瓦解，旧的士绅阶层逐步退出历史舞台，新精英阶层产生。晋商家族成员能否顺应时代潮流，向新阶层转型成为晋商家族兴衰成败的关键，晋商家族命运也在此发生分野。重视家庭教育的晋商家族，虽走科举考取功名的职业选择破灭，但其后人由于接受了良好的家庭教育，更容易晋升为社会的精英阶层。如常氏考中进士的常麟文与考取举人功名的常赞春、常第春等，曹氏曹克让等兴办近代学校，转向教育领域；常氏常宝春、常麟徵、常运藻，渠氏渠本翘进士出身等选择从政。即便是没有考取功名的子孙，有的选择行医，如常氏十二世常龄；有的选择专攻金石、书画，如常立方、常立本、常怡、常运吉

① 据表6-1及常赞春. 常氏家乘［M］. 卷六《艺文存（上、下编）》，太原：山西省社科院家谱资料研究中心藏，1924.

② 黄鉴晖. 山西票号史料［M］. 太原：山西经济出版社，2002.

③ 常赞春. 常氏家乘［M］. 卷六《艺文存（上、下编）》. 太原：山西省社科院家谱资料研究中心藏，1924.

等；有的醉心于古董鉴赏，如常庆春等。另外，由于20世纪初晋商家族在外商业及票号招致破产，具有危机意识的晋商家族子弟顺应时代潮流，为挽家族商业颓局，热衷于投资或投身于近代实业，常旭春担任保晋公司经理近十年，渠本翘参与并资助山西保矿运动①、创办双福火柴厂、出任保晋公司第一任经理②等。

清代传统社会半封闭的社会流动体系中，由于晋中社会崇商风气，促使其独立经商意识觉醒，晋商家族择业兴趣发生转移，注重商业继承人培养。在家族商业发展平稳期，其成员通过捐官及结交官员等方式与清政府捆绑在一起，向上流动为绅商一族，子代多继承父业进行经商，重复父辈的职业经历，家族中经商人数比例大于读书科举及从事其他职业的比率。嘉道年间，晋商家族主要经营管理方式东掌制趋于完善，导致家族未从事商业的子孙或另谋职业，或无所事事、贪图享受。

综上所述，掌柜身份参与商业实践的旅蒙山西商人在遭受民国初期破产危机后，为商业复兴做了种种努力，但终因内蒙古地区政治局势不稳致其发展困难重重，作为投资者的财东家族后人又大多远离了商业活动，少数投资近代工业的旅蒙山西商人家族后人也将投资重点放在了山西。1937年日军入侵则将中华民国初期以来所有的经济建设成果中断，旅蒙山西商人及家族的发展无一例外，故近代晋商整体惨败，除去个体因素外，还有社会政治环境等更深层次的原因。

---

① 刘建生，任强，郭娟娟.《石艾乙巳御英保矿纪闻》中"崇儒公"的史料辨析［J］. 山西大学学报（哲学社会科学版），2011（1）；刘建生，郭娟娟. 晋抚胡聘之与晚清山西矿案新论［J］. 山西大学学报（哲学社会科学版），2012（3）.

② 雒春普. 晋商渠本翘与山西保晋矿务公司［J］. 经济问题，2007（2）.

结　语

　　本书从旅蒙山西商人和内蒙古城市经济近代化的角度入手，围绕旅蒙山西商人在内蒙古城市经济近代化背景下的发展态势这一核心问题，从历史学、经济学和社会学的角度进行多方面探索分析。清末民初，山西商人在全国的商业遭受大规模惨败，那么，作为曾经在清代内蒙古地区活动过两百余年，数量规模庞大的旅蒙山西商人后续发展如何，成为笔者长期思考的问题。由这一思考出发，引发一系列问题，如备受学界关注的旅蒙商中山西商人所占确切比例、经营特点和内容、呈现如此经营特点的原因何在、在内蒙古城市经济近代化过程中商业、工业、商人组织中的发展态势、商人个人经历和命运轨迹等。对这些问题的考察和剖析，不仅展示了近代内蒙古城市经济发展进程，还揭示了旅蒙山西商人在适应时代和环境变革中的种种努力及难以避免的商业命运，也从微观角度揭示了商人群体及商业社会如何一步步走向中国近代社会。

　　本书主要观点包括：

　　第一，山西独特的自然环境，与内蒙古地区毗邻的得天独厚的地理位置，孕育了清代旅蒙山西商人这一商人群体，而清代为稳定边疆统一的鼓励经商政策保证了旅蒙山西商人商业两百余年的持续发展。

　　第二，清代内蒙古地区大部仍处于游牧社会，商业发展和城市形成几乎同步。旅蒙山西商人成为进入内蒙古地区最早的居民之一，与当地城市兴起关系密切，以归绥、包头等为代表的商业城镇即是如此。为更准确了解旅蒙山西商人群体，对旅蒙山西商人两大商帮群体规模、结构、经营内容及其在内蒙古各地区的分布进行统计，进一步揭示了旅蒙山西商人和内蒙古城市发展的关系。

　　第三，旅蒙山西商人虽然在清末民初遭受重创，但仍是内蒙古各城市参与工业近代化的主体力量，如归绥、包头城规模最大和运营状况最好的近代工业企业绥远电灯公司和面粉厂，就是由清代蒙古三大商号之首、老牌山西商人商号大盛魁投资创办。但由于社会、政治及大盛魁商号自身原因，绥远电灯公司最终因欠债被绥远平市官钱局接手。另外，在内蒙古城市近代化过程中，随着平绥铁路开通，京津商人成为内蒙古城市商业新秀，旅蒙山西商人在内蒙古城市工业近代化发展中面临着遭受破产危机、缺乏社会资金支持、固守传统行当，鲜有涉足新兴产业、经营方式陈旧、改革创新意识渐失等经营困境。

第四，旅蒙山西商人在清代掌握着内蒙古金融主导权，在内蒙古城市金融近代化过程中，他们掌握着调控内蒙古金融市场的权利。但随后在政府支持下过渡到官办金融机构绥远平市官钱局手中。民国初期，受外蒙古独立和汇兑风波影响，旅蒙山西商人开办的钱庄票号纷纷倒闭，但局势暂时安定后，山西商人经营的钱庄、票号业局部恢复了往日繁荣。此时，钱庄业倒闭的原因并非仅仅来源于近代银行的竞争，与地方政治局势动荡不安有很大关系。实际上，在商品经济未充分发育的内蒙古市场，一定程度上他们还成为近代银行的有益补充。故内蒙古城市政局稳定时期，钱庄、票号数量激增，而一旦政局动荡则急速下降。

第五，旅蒙山西商人在清代传统商业行社中占有领导地位，民国初期传统行社改组为近代商会后，他们又成为商会中的领袖人物，为内蒙古城市商人组织近代化做出了应有的贡献。

第六，旅蒙山西商人及家族的兴衰历史可谓特定年代内蒙古城市经济发展轨迹的缩影。以掌柜身份参与商业实践的旅蒙山西商人经过商业辉煌后，面对突如其来的社会政治变革，他们通过投资近代工业寻求突破之道，终因地方政局不稳、匪患频仍、无法摆脱官商结合模式及固有的商业思维习惯而失败。作为投资者的财东家族后人又大多远离了商业活动，少数投资近代工业的旅蒙山西商人家族后人也将投资重点放在了山西，决定了旅蒙山西商人群体发展呈整体下滑的态势。

当然，进入近代，内蒙古地方局势较为复杂，决定了本书探讨问题涉及面较广，但笔者无法面面俱到一一顾及，仅撷其梗要进行论述。因此本书在很多方面还有很大探讨空间：

第一，本书讨论时间段内，对内蒙古西部城市近代工业发展较早的归绥、包头两地着墨较多，由于资料缺失，没有对内蒙古东部城市如赤峰、通辽、呼伦贝尔等城市旅蒙山西商人及其经济近代化进行概述。

第二，目前关于内蒙古地区商业、经济方面的各类史料，大多以某一地区、某一行业统而论之，将其与旅蒙山西商人和内蒙古城市经济近代化的资料单独区分开来，具有一定难度。如《绥远通志稿》第八册卷六十三《政党法团》中有关于绥远商会每届领导成员姓名、职务的记载，但对其籍贯并无说明，只在概述中交代晋籍商人较多，这便为准确统计商会中山西商人所占比例增加了难度，需采用其他史料进行互相佐证分析，由于史料的甄别和选择有一定困难，尽管笔者在写作过程中对所用史料反复考量，但难免出现纰漏和失误。

第三，本书对旅蒙山西商人与京津商人在投资近代工业和新式行业中的表现还有进一步探讨的必要，第四章近代银行入驻后，旅蒙山西商人经营钱庄、票号状况和特点，第五章旅蒙山西商人在商会职能转变中的作用和弊端等还需进一步细化。

第四，本书对旅蒙山西商人与内蒙古城市经济近代化关系的阐述也较为松散。如何将目前的研究继续深入下去，将商人群体和地区经济发展的关系上升到理论层面，还需继续花费大量时间和精力深入探索。

最后，笔者希望今后能够继续深入研究，为当今社会经济提供一定的经验借鉴。

参考文献

（一）档案

［1］陈志明．土默特历史档案集萃［M］．呼和浩特：内蒙古人民出版社，2007.

［2］蒙古国国家档案局，内蒙古自治区档案局．旅蒙商档案集萃［M］．呼和浩特：内蒙古大学出版社，2009.

［3］中国第一历史档案馆，右玉县人大常委会教科文卫工作委员会．清宫珍藏杀虎口右卫右玉县御批奏折备编［M］．北京：中华书局，2010.

［4］中国第一历史档案馆．乾隆朝上谕档（第一册）［M］．北京：档案出版社，1991.

［5］中国第一历史档案馆．军机处录副奏折［Z］．

［6］土默特旗档案馆藏．清代历史档案．

［7］内蒙古档案馆．内蒙古档案（第2期）［J］．1989.

［8］刘宏．1945～1949年归绥市工商业同业公会档案简况［M］．呼和浩特：内蒙古大学出版社，2011.

［9］呼和浩特塞北文化研究会，土默特左旗档案局．土默特历史档案选［M］．呼和浩特：内蒙古教育出版社，2009.

（二）游记、日记、调查报告、报纸杂志

［1］（清）李宏龄．同舟忠告［M］．太原：山西人民出版社，1989.

［2］（清）李燧．晋游日记［M］．太原：山西人民出版社，1989.

［3］（清）纪昀．阅微草堂笔记［M］．清道光二十七年（1847）刻本．

［4］［俄］波兹德涅耶夫．蒙古及蒙古人（第一卷）［M］．刘汉明译．呼和浩特：内蒙古人民出版社，1989.

［5］［俄］波兹德涅耶夫．蒙古及蒙古人（第二卷）［M］．刘汉明译．呼和浩特：内蒙古人民出版社，1983.

［6］程演生，李季同，王独清主编．中国内乱外祸历史丛书［M］．上海：

神州国光社，1946.

　　［7］内蒙古图书馆．哲里木盟十旗调查报告书［M］．呼和浩特：远方出版社，2007.

　　［8］陈庚雅．西北视察记（1936年）　［M］．兰州：甘肃人民出版社，2002.

　　［9］（民国）盛福尧．包头都市地理之研究［N］．长城（绥远），1936年，1（4）.

　　［10］全国图书馆文献缩微复制中心．中国边疆史志集成［M］．卷三十一《内蒙古史志》，北京：全国图书馆文献缩微复制中心，2002.

　　［11］［法］古伯察．鞑靼西藏旅行记［M］．耿升译．北京：中国藏学出版社，1991.

　　［12］剑虹生．多伦诺尔记录［N］．东方杂志，1908（10）.

　　［13］绥远省教育会．绥远省各县乡村调查纪实［M］．内蒙古图书馆复印本，1934.

　　［14］马鹤天．内外蒙考察日记［M］．新亚细亚学会边疆丛书之三，1932.

　　［15］刘大鹏．退想斋日记［M］．太原：山西人民出版社，1990.

　　［16］黄书弼．第二次蒙新考察记［N］．禹贡半月刊，1935，4（5）.

　　［17］（民国）杜赓尧．张库通商（第一、二辑）［M］．天津大公报社代印，1933.

　　［18］　（民国）贺扬灵．察绥蒙民经济的解剖［M］．上海：商务印书馆．1935.

　　［19］［日］江上波夫等著，蒙古高原行纪［M］．赵令志译．呼和浩特：内蒙古人民出版社，2008.

　　［20］　（民国）林竞．蒙新甘宁考察记［M］．兰州：甘肃人民出版社，2003.

　　［21］（民国）北京银行周刊［N］.1920，1（20）.

　　［22］钟秀，张曾．古丰识略（卷二十《市集》），徐丽华．中华少数民族古籍集成（汉书版）第27册［M］．成都．四川人民出版社，2002.

　　［23］（民国）实业公报［N］.1932（70）：64－65.

　　［24］（民国）西北导报［N］.1937，2（12）.

　　（三）口述史料、家谱、史料汇编、丛书、文集类

　　［1］代林，马静．大盛魁闻见录［M］．呼和浩特：内蒙古出版集团，内蒙古人民出版社，2012.

　　［2］中国人民政治协商会议内蒙古自治区委员会书史资料研究委员会．内蒙

古书史资料（内部发行）［M］，1984.

［3］商务印书馆. 书津阁四库全书清史资料汇刊［M］. 北京：商务印书馆，2006.

［4］张正明，薛慧林. 明清晋商资料选编［M］. 太原：山西人民出版社. 1989.

［5］［俄］班蒂什－卡缅斯基. 俄中外交文献汇编（1619~1792）［M］. 北京：商务印书馆，1982.

［6］山西财经学院，中国人民银行山西省分行. 山西票号史料［M］太原：山西人民出版社，1990.

［7］王铁崖. 中外旧约章汇编［M］. 北京：生活·读书·新知三联书店，1982.

［8］史若民，牛白琳. 平、祁、太经济社会史料与研究［M］. 太原：山西古籍出版社，2002.

［9］邢野. 旅蒙商通览［M］. 呼和浩特：内蒙古人民出版社，2009.

［10］左宗棠. 左文襄公文集［M］. 上海：上海书店，1986.

［11］包头市民族宗教志编修办公室，政协包头市东河区书史委员会. 包头回族史料［M］. 内部资料，1987.

［12］包头市志史馆，包头市档案馆. 包头史料荟要第4辑［M］. 内部发行，1980.

［13］常赞春. 常氏家乘［M］. 太原：山西省社科院家谱资料研究中心藏，1989.

［14］沈云龙. 近代中国史料丛刊续编（第42辑）［M］. 台北：书海出版社有限公司印行，1974~1982.

［15］山西省政协《晋商史料全览》编辑委员会，忻州市政协《晋商史料全览·忻州卷》编辑委员会. 晋商史料全览·忻州卷［M］. 太原：山西人民出版社，2006.

［16］呼和浩特政协文史资料委员会. 呼和浩特文史资料（第7辑）工商经济专辑［M］，1989.

［17］邢野. 走西口通鉴［M］. 呼和浩特：内蒙古人民出版社同，2009.

［18］包头市工商业联合会. 包头工商史料［M］. 内部资料，1990.

［19］政协内蒙古自治区委员会文史资料委员会. 内蒙古工商史料［M］. 呼和浩特：内蒙古文史书店，1990.

［20］高学忠. 张垣蒙汉交易史，政协张家口委员会文史资料委员会. 张家口文史资料（21）［M］. 内部资料，1992.

［21］任月海．多伦文史资料（第一辑）［M］．呼和浩特：内蒙古大学出版社，2006.

［22］原平县志编纂委员会编．原平县志·人物传［M］．北京：中国科学技术出版社，1991.

［23］呼和浩特市民族事务委员会．民族古籍与蒙古文化历史档案文献专辑（总第13期）［M］．呼和浩特：呼和浩特市民族事务委员会，2010.

［24］张正明，科大卫，王永红．明清山西碑刻资料续二［M］．太原：山西出版社，山西经济出版集团，2009.

［25］（民国）徐培伦．（山西五台）徐氏宗谱3·卷7·传记［M］．太原：山西省社科院家谱资料研究中心藏，1934.

（四）方志、地理类著作

［1］（民国）绥远通志馆．绥远通志稿［M］．呼和浩特：内蒙古人民出版社，2007.

［2］顾祖禹．读史方舆纪要［M］．北京：中华书局，2005.

［3］山西史志研究院．山西通志［M］．北京：中华书局出版，1996.

［4］（清）高可，刘英．山西通志［M］．曾国荃，王轩等纂修，北京：中华书局，1990.

［5］张鼎彝．绥乘［M］．北京：全国图书馆文献缩微中心，1992.

［6］下村修介．蒙古地志［M］．南京启新书局，民国二十九年印本．

［7］（清）黄可润纂修．口北三厅志［M］．清乾隆二十三年（1758年）刻本．

［8］不著纂修．土默特志［M］．清光绪间刊本影印．台北：成文出版社，1968.

［9］（民国）郑裕孚纂，郑植昌修．（民国）归绥县志［M］．台北：成文出版社，1968.

［10］（清）高赓恩等纂修．（光绪）绥远全志［M］．台北：成文出版社印行，1968.

［11］孙斌．（民国）包头市志［M］．呼和浩特：内蒙古出版社，远方出版社，2007.

［12］（清）张崇德纂修．（顺治）浑源州志［M］．顺治十八年刻本影印．

［13］（清）宋起凤原本，岳宏誉增订．（康熙）灵丘县志［M］．（清）宋起凤顺治十七年（1660），据岳宏誉康熙二十三年（1684）铅印本影印．

［14］（清）何显祖修，袁镕珩纂．（康熙）岢岚州志［M］．清康熙十一年（1672）刻本影印．

［15］（清）王克昌修，殷梦高纂.（康熙）保德州志［M］.清康熙四九年（1710）铅印本.

［16］（清）觉罗石麟.（雍正）山西通志［M］.雍正十二年（1734）刻本.

［17］（清）徐三俊纂修.（雍正）辽州志［M］.清雍正十一年（1733）石印本影印.

［18］（清）刘士铭修，王露纂.（雍正）朔平府志［M］.清雍正十三年（1735）刻本影印.

［19］（清）王时炯原本，王会隆续纂修.（雍正）定襄县志［M］.清雍正五年（1727）增补王时炯康熙五十一年（1712）刻本影印.

［20］（清）吴辅宏修，王飞藻、书光校订.（乾隆）大同府志［M］.清乾隆四十一年（1776）修，四十七年（1782）重校刻本.

［21］（清）吴炳纂修.（乾隆）应州续志［M］.清乾隆三十四年（1769）刻本影印.

［22］（清）郭磊纂修.（乾隆）广灵县志［M］.清乾隆十九年（1754）刻本影印.

［23］（清）费淳，沈树声纂修.（乾隆）太原府志［M］.清乾隆四十八年（1783）刻本影印.

［24］（清）魏元枢，周景贵纂修.（乾隆）宁武府志［M］.清乾隆十五年（1750）刻本影印.

［25］（清）周人龙原本，窦谷邃增订.（乾隆）忻州志［M］.清乾隆十二年（1747）刻本影印.

［26］（清）邵丰缜，顾弼修，贾赢纂.（乾隆）崞县志［M］.清乾隆二十二年（1757）刻本影印.

［27］（清）王克昌原本，王秉韬续纂修.（乾隆）保德州志［M］.康熙四十九年（1710）刻本.据清乾隆五十一年（1785）增刻康熙本影印.

［28］（清）曾国荃等修，王轩等纂.（道光）山西通志［M］.清道光十八年刻本.

［29］（清）黎中辅纂修.（道光）大同县志［M］.据清道光十年（1830）刊本影印.

［30］（清）李方蓘，李方芄纂.（道光）阳曲县志［M］.清道光二十三年（1843）修.据民国二十一年（1932年）铅印本影印.

［31］（清）马振书增修,（民国）王有宗校订.（道光）偏关志［M］.据清道光间刊本.民国四年（1915年）铅印本影印.

［32］（清）员佩兰修，杨国泰纂．（道光）太原县志［M］．据清道光六年（1826）刻本影印．

［33］（清）金福增修，张兆魁，金锤彦纂．（同治）河曲县志［M］．据清同治十一年（1872）刻本影印．

［34］（清）薛元剑修，王孝尊纂．（光绪）续太原县志［M］．据清光绪八年（1882）刻本影印．

［35］（清）洪汝霖，鲁彦光修，杨笃纂．（光绪）天镇县志［M］．据民国二十四年（1935），铅印本影印．

［36］（清）李长华修，姜利仁纂，汪大浣续修，马蕃续纂．（光绪）怀仁县新志［M］．据清光绪三十年（1904）增补续刻本影印．

［37］（清）贺澍恩修，程绩纂．（光绪）浑源州续志［M］．据清光绪七年（1881）刻本影印．

［38］（清）李翼圣原本，余卜颐增修，兰炳章增纂．（光绪）左云县志［M］．光绪七年（1881）增修嘉庆本．据民国间石印本影印．

［39］（清）俞廉三修，杨笃纂．（光绪）代州志［M］．据清光绪八年（1882）代山书院刻本影印．

［40］（清）方戊昌修，方渊如纂．（光绪）忻州志［M］．据清光绪六年（1880）刻本影印．

［41］（清）郑继修等修，邢澍田纂．（光绪）定襄县补志［M］．据清光绪六年（1880）刻本影印．

［42］（清）赵冠卿、龙朝言修，潘肯堂纂．（光绪）续修崞县志［M］．据清光绪八年（1882）刻本影印．

［43］（清）徐继畬纂修，孙如明、王步墀续修，杨笃续纂．（光绪）五台新志［M］．清同治四年（1865）修．据清光绪九年（1883）续修刻本影印．

［44］（清）何才价修，杨笃纂．（光绪）繁峙县志［M］．据清光绪七年（1881）刻本影印．

［45］（清）杨亦铭纂修．（光绪）广灵县补志［M］．据清光绪七年（1881）刻本影印．

［46］（清）阿克达春，文秀等纂修．（光绪）绥远省清水河厅志［M］．据清光绪九年（1883）刊本影印．

［47］（清）王轩等纂修，高可点校．（光绪）山西通志［M］．中华书局，1990.

［48］无著纂修人名氏．（光绪）绥远省土默特志［M］．据清光绪年间刊本影印．

［49］陈廷章修，霍殿鳌纂．（民国）马邑县志［M］．据民国七年（1918）铅印本影印．

［50］（清）冯秋航．山西乡土志［M］．清宣统二年影印本．

［51］河曲县治编纂委员会．河曲县志［M］．太原：山西人民出版社，1989.

［52］（清）吴大猷．（光绪）保德乡土志［M］．民国五年石印本．

［53］（清）姚启瑞，方渊如，刘子俊．永宁州志［M］．光绪七年刻本，山西大学图书馆藏，1989.

［54］（清）茹金．（道光）壶关县志［M］．南京：凤凰出版社，2005.

［55］（清）张鸿逵，茅丕熙纂修．（光绪）续修曲沃县志［M］．南京：凤凰出版社，2005.

［56］（清）徐品山，陆元锡．（嘉庆）介休县志［M］．南京：凤凰出版社，2005.

［57］（清）吴葵之，裴国苞．（光绪）吉州全志［M］．南京：凤凰出版社，2005.

［58］（民国）乔本情，张桂书，卫怀仁．浮山县志［M］．南京：凤凰出版社，2005.

［59］（民国）李焕扬．新绛县志［M］．南京：凤凰出版社，2005.

［60］（民国）余宝滋修，杨跋田等纂．闻喜县志［M］．台北：成文出版社印行．1968.

［61］（清）张淑渠，姚学瑛．（乾隆）潞安府志［M］．南京：凤凰出版社，2005.

［62］（清）赖昌期，高乃炘，李瑞映．（同治）阳城县志［M］．南京：凤凰出版社，2005.

［63］（清）王谋书，雷大兴，李生栋．乾隆《介休县志》卷九《人物》［M］．南京：凤凰出版社，2005.

［64］原平县志编纂委员会编．原平县志［M］．北京：中国科学技术出版社，1991.

［65］（民国）王金绂编．西北地理［M］．北京：北平立达书局，1932.

［66］王雅安，李永宏，张璞等为主的晋中市志编纂委员会．晋中市志［M］．北京：中华书局，2010.

［67］云海，王奎元，于永发等土默特左旗编纂委员会．土默特志［M］．呼和浩特：内蒙古人民出版社，1997.

［68］白眉初．中华民国省区全志［M］．北平师范大学史地系，1924.

（五）史稿、实录、政书类

[1] 赵尔巽．清史稿［M］．北京：中华书局，1997．

[2] 清实录［M］．北京：中华书局影印，1987．

[3] （清）徐珂．清稗类钞［M］．北京：中华书局，2010．

[4] （清）徐世昌等编纂，李澍田等点校．东三省政略［M］．长春：吉林文史出版社，1988．

[5] 刚毅．晋政辑要［M］．上海：上海古籍出版社，1997．

[6] 张荣铮，金懋初等点校．钦定理藩部则例［M］．天津古籍出版社，1980．

[7] （清）方略馆．清代方略全书（第五册）［M］．北京：国家图书馆，2006．

（六）今人著作

[1] 马汝珩，成崇德．清代边疆开发［M］．太原：山西人民出版社，1998．

[2] 黄鉴辉．明清山西商人研究［M］．太原：山西经济出版社，2002．

[3] 张正明．晋商兴衰史［M］．太原：山西古籍出版社，1995．

[4] 刘建生．晋商研究［M］．太原：山西人民出版社，2005．

[5] 刘建生，刘鹏生，燕红忠．明清晋商制度变迁研究［M］．太原：山西人民出版社，2006．

[6] 张正明，薛慧林．明清晋商资料选编［M］．太原：山西人民出版社，1989．

[7] 葛贤慧．商路漫漫五百年［M］．武汉：华中理工大学出版社，1996．

[8] 李希曾，穆雯瑛．晋商史料与研究［M］．太原：山西人民出版社，1996．

[9] 张正明．明清晋商及民风［M］．北京：人民出版社，2003．

[10] 张世满．逝去的繁荣：晋蒙粮油故道研究［M］．太原：山西人民出版社，2008．

[11] 田际康，刘存善．山西商人的生财之道［M］．北京：中国文史出版社，1986．

[12] 孔经纬．中国东北地区经济史［M］．哈尔滨：黑龙江人民出版社，1990．

[13] 卢明辉．清代蒙古史［M］．天津：天津古籍出版社，1990．

[14] 王尚义．晋商商贸活动的历史地理研究［M］．北京：科学出版社，2004．

［15］程光，梅生．儒商常家［M］．太原：山西出版集团，山西经济出版社，2004.

［16］孙建中．晋商北路贸易［M］．太原：山西古籍出版社，2006.

［17］赵荣达．晋商万里古茶路［M］．太原：山西古籍出版社，2006.

［18］常士宣，常崇娟．万里茶路话常家［M］．太原：山西经济出版社，2009.

［19］山西省戏剧研究所．晋商会馆［M］．太原：山西出版集团，山西教育出版社，2009.

［20］卢明辉，刘衍坤．旅蒙商——17～20世纪中原与蒙古地区的贸易关系［M］．北京：中国商业出版社，1995.

［21］邢野，王新民．旅蒙商通览［M］．呼和浩特：内蒙古人民出版社，2008.

［22］［日］田山茂．清代蒙古社会制度［M］．潘世宪译．北京：商务印书馆，1987.

［23］［日］后藤十三雄．蒙古游牧社会（蒙古书）［M］．呼和浩特：内蒙古人民出版社，1990.

［24］黄丽生．从军事征掠到城市贸易——内蒙古归绥地区的社会经济变迁（14世纪中至20世纪初）［M］．台湾：台湾师范大学历史研究所专刊，1995.

［25］安介生．山西移民史［M］．太原：山西人民出版社，1999.

［26］闫天灵．汉族移民与近代内蒙古社会变迁研究［M］．北京：民族出版社，2004.

［27］乌云格日勒．十八至二十世纪初内蒙古城镇研究［M］．呼和浩特：内蒙古人民出版社，2005.

［28］［美］艾美霞．茶叶之路［M］．范蓓蕾，郭玮，张恕，张行军译．北京：中信出版社，五洲传播出版社，2007.

［29］乌仁其其格．18～20世纪初归化城土默特财政研究［M］．北京：民族出版社，2007.

［30］许涤新，吴承明．中国资本主义发展史（第二卷）［M］．北京：人民出版社，2003.

［31］［日］寺田隆信．山西商人研究［M］．张正明译．太原：山西人民出版社，1986.

［32］冯改朵，张喜琴，刘建生，石涛．西口研究——以杀虎口为中心［M］．太原：山西经济传媒集团，山西经济出版社，2012.

［33］张纪仲．山西历史政区地理［M］．太原：山西古籍出版社，2005.

[34] 周清澍. 内蒙古历史地理 [M]. 呼和浩特：内蒙古大学出版社，1991.

[35] 曹永年. 内蒙古通史 [M]. 呼和浩特：内蒙古大学出版社，2007.

[36] 晋商与西口文化论坛组委会. 纵论西口 [M]. 太原：山西春秋电子音像出版社，2006.

[37] 高延青. 呼和浩特经济史 [M]. 北京：华夏出版社，1995.

[38] 牛敬忠. 近代绥远地区的社会变迁 [M]. 呼和浩特：内蒙古大学出版社，2001.

[39] 孙燕京. 晚清社会风尚研究 [M]. 北京：中国人民大学出版社，2002.

[40] 张正明. 明清晋商及民风 [M]. 北京：人民出版社，2003.

[41] 张凤鸣. 中国东北与俄国（苏联）经济关系史 [M]. 北京：中国社会科学出版社，2003.

[42] 陈志华. 古镇碛口 [M]. 北京：中国建筑工业出版社，2004.

[43] 殷俊玲. 晋商与晋中社会 [M]. 北京：人民出版社，2006.

[44] 赵世瑜. 小历史与大历史：区域社会史的理念，方法与实践 [M]. 北京：三联书店，2006.

[45] 行龙. 走向田野和社会 [M]. 北京：生活·读书·新知三联书店，2007.

[46] 孔祥毅. 晋商学 [M]. 北京：经济科学出版社，2008.

[47] 卢明辉. 清代北部边疆经济发展史 [M]. 哈尔滨：黑龙江教育出版社，1994.

[48] 佟靖礼，张德祥. 呼和浩特史话 [M]. 呼和浩特：内蒙古大学出版社，1997.

[49] 阿岩，乌恩. 蒙古族经济发展史 [M]. 呼和浩特：远方出版社，1999.

[50] 沈斌华. 内蒙古经济发展史札记 [M]. 呼和浩特：内蒙古人民出版社，1983.

[51] 阎天灵. 汉族移民与近代内蒙古社会变迁研究 [M]. 北京：民族出版社，2004.

[52] [日] 今堀诚二. 中国封建社会的构造. [M]. 日本学术振兴会，1978.

[53] 许涤新，吴承明. 中国资本主义发展史（第二卷）[M]. 北京：人民出版社，2003.

［54］汪敬虞．19 世纪西方资本主义对中国的侵略［M］．北京：人民出版社，1983.

［55］蒙古族通史编写组．蒙古族通史（下卷）［M］．北京：民族出版社，2001.

［56］郑杭生．社会学概论新修（第三版）［M］．北京：中国人民大学出版社，2007.

［57］赵孟营．社会学基础［M］．北京：高等教育出版社，2007.

［58］张正明．山西历代人口统计［M］．太原：山西人民出版社，1992.

（七）论文

［1］李辅斌．清代直隶山西口外地区农垦述略［J］．中国历史地理论丛，1994（1）：211－226.

［2］刘焕波．清代山西乡村人口流动［D］．陕西师范大学硕士学位论文，2007.

［3］曾谦．近代山西城镇地理研究［D］．陕西师范大学博士学位论文，2007.

［4］宋伦．明清时期山陕会馆研究［D］．西北大学博士学位论文，2008.

［5］王艺丹．旅蒙商与蒙古城市的形成与发展［D］．内蒙古师范大学硕士学位论文，2009.

［6］许檀．清代山西归化城的商业［J］．文史哲，2009（4）：119－129.

［7］庞义才，取绍淼．论清代山西驼帮的对俄贸易［J］．晋阳学刊，1983（4）：12－20.

［8］刘书智．清代前期的山西商人［J］．天津社会科学，1987（3）：70－74.

［9］魏丽英．明清时期西北城市的"商帮"［J］．兰州学刊，1987（2）：15－20.

［10］葛贤慧．清代山西商人与边地贸易［J］．山西财经学院学报，1994（2）：72－76.

［11］谢元鲁．明清北方边境对外贸易与晋商的兴衰［J］．四川师范大学学报（社会科学版），1994（2）：69－75.

［12］李易书．清中后期蒙古地区的对俄茶叶贸易［J］．中国边疆史地研究，1996（4）：49－56.

［13］陶德臣．晋商与西北茶叶贸易［J］．安徽史学，1997（3）：40－44.

［14］高春平，田晓红，高小平．晋商与北部市场开发［J］．晋阳学刊，2002（4）：41－44.

［15］赵旭峰．清代旅蒙晋商与蒙汉经济文化交流［J］．忻州师范学院学报，2006（1）：58－60.

［16］冀福俊．清代山西商路交通及商业发展记［J］．山西大学经济与工商管理学院，2003～2006.

［17］张淑利．清末民初晋商由盛转衰原因探讨——以包头地区的旅蒙商为个案［J］．内蒙古社会科学（汉书版），2007（5）：48－57.

［18］乔南．清代山西商人行商地域范围研究［J］．晋阳学刊，2008（2）：36－40.

［19］杨俊国，杨俊强．清代新疆晋商初探［J］．晋中学院学报，2008（1）：33－35.

［20］王璐．明清晋商对外贸易地理方向选择原因分析［J］．山西高等学校社会科学学报，2008（1）：125－128.

［21］王玉萍．清代山西商人在西北地区行商初探［J］．长治学院学报，2009（8）：21－23.

［22］周建波，项凯标．旅蒙晋商明清时代开发蒙古市场研究［J］．商业研究，2010（4）：199－203.

［23］姚红．明清时期西商与西北的民族贸易［D］．青海师范大学硕士学位论文，2007～2010.

［24］王阿丽．简析清代晋商对蒙俄贸易的人员流动［J］．山西大学经济与工商管理学院，2008～2011.

［25］殷俊峰．内蒙古呼包地区晋风民居调查与空间研究［D］．西安建筑科技大学硕士学位论文，2008～2011.

［26］付海晏．山西商人曹润堂与清末蒙旗垦务［J］．暨南学报（哲学社会科学版），2013（1）：77－85.

［27］冯君．清代归化城商业贸易的兴衰及其影响［D］．内蒙古大学硕士学位论文，2004～2007.

［28］马春英．旅蒙商与蒙古族谋生手段的变迁［D］．内蒙古师范大学经济学院法学专业硕士学位论文，2006～2009.

［29］李学诚．旅蒙商与内蒙古西部地区经济—文化变迁［D］．内蒙古师范大学经济学院法学专业硕士学位论文，2006～2009.

［30］张晓辉．旅蒙商与近代包头经济—文化变迁［D］．中央民族大学历史文化学院中国近现代史专业硕士学位论文，2008～2011.

［31］马红杰．嘉道时期归化城的工商业［D］．内蒙古大学历史文化学院中国古代史硕士学位论文，2008～2011.

［32］卢明辉．清代蒙古地区与中原地区的经济贸易关系［J］．内蒙古社会科学，1982（5）：21-29.

［33］牛国祯，梁学诚．张库商道及旅蒙商述略［J］．河北大学学报，1988（2）：6-11.

［34］陈东升．清代旅蒙商初探［J］．内蒙古社会科学，1990（3）：89-98.

［35］邢亦尘．试析旅蒙商业的宏观经营［J］．内蒙古师大学报（哲学社会科学版），1994（2）：57-62.

［36］张百路．旅蒙商经营之道及其启示［J］．北方经济，1996（5）：5-28.

［37］宁有常．近代最大的旅蒙商号大盛魁［J］．文史精华，1996（3）：30-36.

［38］牛建山，张建国．走西口·旅蒙商·晋商［J］．文史学刊，2005（10）：60-62.

［39］钱占元．旅蒙商的兴衰［J］．思想工作，2005（6）：44-45.

［40］张淑利．清末民初晋商由盛转衰原因探讨——以包头地区的旅蒙商为个案［J］．内蒙古社会科学，2007（5）：48-51.

［41］姜永军．呼伦贝尔地区的旅蒙商贸易［J］．北方经济，2007（18）：72-73.

［42］刘国俊．19世纪末科布多买卖城及旅蒙商［J］．文史月刊，2007（7）：42-43.

［43］望江湖．晋籍旅蒙商［J］．商业文化，2008（10）：68-71.

［44］王秀艳．旅蒙商与呼伦贝尔地区少数民族经济—文化变迁［J］．前沿，2010（17）：125-129.

［45］李志国．复杂的利益分配——旅蒙商予以蒙古负面影响的再认识［J］．兰州学刊，2011（4）：142-150.

［46］鲍海燕．旅蒙商对呼和浩特的影响——以大盛魁商号为例［J］．呼伦贝尔学院学报，2011（3）：10-22.

［47］任晓凡．乾隆年间旅蒙商票照申请制度初探［J］．晋中学院学报，2012（2）：79-81.

［48］乌云格日勒．清代边城多伦诺尔的地位及其兴衰［J］．中国边疆史地研究，2000（2）：79-86.

［49］王建革．拨子商与近代东蒙的商业圈和物流［J］．中国历史地理论丛，2005（3）：14-24.

［50］付丽娜．察哈尔地区的商业与城市近代化（1840～1935）——以张家口、多伦诺尔、贝子庙城市（镇）为中心［D］．内蒙古大学硕士学位论文，2005～2008.

［51］许檀．清代多伦诺尔的商业［J］．天津师范大学学报（社会科学版），2007（6）：37－42.

［52］黄正林．近代西北皮毛产地及流通市场研究［J］．史学学刊，2007（3）：103－112.

［53］张娟．交通运输与近代包头城市的兴起与发展（1850～1937）［D］．中央民族大学硕士学位论文，2008～2011.

［54］赵海荣．蒙古商贸制度研究［D］．内蒙古师范大学硕士学位论文，2006～2009.

［55］李建国．试析自然和人文环境对西北近代商贸经济的影响［J］．中国边疆史地研究，2012（4）：110－119.

［56］虞和平．试论中国近代化的概念含义［J］．社会学研究，1991（2）：111－117.

［57］梁四宝，武芳梅．明清时期山西人口迁徙与晋商的兴起［J］．中国社会经济史研究，2001（2）：54－60.

［58］韩晓莉．明清山西人地关系的演变及调整［J］．沧桑，2002（6）：52－54.

［59］梁四宝，燕红忠．清代边疆开发的经济动因及其影响［J］．中国经济史研究．2003（3）：127－133.

［60］吴瑞娟．人口迁徙在明清晋商发展中的作用［J］．菏泽学院学报，2010（1）：73－76.

［61］张世满．晋蒙粮油故道初探［J］．清华大学学报（哲学社会科学版），2009（2）：109－121.

［62］张永江．论清代漠南蒙古地区的二元管理体制［J］．清史研究，1998（2）：29－40.

［63］赖惠敏．山西常氏在恰克图的茶叶贸易［J］．史学集刊，2012（6）：39.

［64］徐中煜．左宗棠收复新疆过程中的军粮采运［J］．新疆大学学报（哲学·人文社会科学版），2010年第38卷第2期：54.

［65］王景丽．清前期内务府皇商范氏的商业活动探析［D］．中央民族大学硕士学位论文，2004～2007.

［66］魏书享．民国时期的工商同业公会研究（1918～1949）［D］．华中师

范大学中国近代史研究所，2004（5）.

　　［67］刘建生，任强，郭娟娟.《石艾乙巳御英保矿纪闻》中"崇儒公"的史料辨析［J］. 山西大学学报（哲学社会科学版），2011（1）：136 – 139.

　　［68］刘建生，郭娟娟. 晋抚胡聘之与晚清山西矿案新论［J］. 山西大学学报（哲学社会科学版），2012（3）：206 – 210.

　　［69］雒春普. 晋商渠本翘与山西保晋矿务公司［J］. 经济问题，2007（2）：126 – 128.